KB116798

트럼프 아베 문재인

터놓고 풀어낸 한미일 게임 체인저의 속내

트럼프 아베 문재인

1판 1쇄 인쇄 2020. 3. 4.
1판 1쇄 발행 2020. 3. 11.

지은이 박영규

발행인 고세규
편집 이한경 디자인 유상현 마케팅 백미숙 홍보 김소영
발행처 김영사
등록 1979년 5월 17일(제406-2003-036호)
주소 경기도 파주시 문발로 197(문발동) 우편번호 10881
전화 마케팅부 031)955-3100, 편집부 031)955-3200 | 팩스 031)955-3111

값은 뒤표지에 있습니다.
ISBN 978-89-349-9585-2 03910

홈페이지 www.gimmyoung.com 블로그 blog.naver.com/gybook
페이스북 facebook.com/gybooks 이메일 bestbook@gimmyoung.com

좋은 독자가 좋은 책을 만듭니다.
김영사는 독자 여러분의 의견에 항상 귀 기울이고 있습니다.

이 도서의 국립중앙도서관 출판예정도서목록(CIP)은 서지정보유통지원시스템 홈페이지
(http://seoji.nl.go.kr)와 국가자료공동목록시스템(http://www.nl.go.kr/kolisnet)에서
이용하실 수 있습니다. (CIP제어번호 : CIP2020005849)

표지사진_ⓒNatig Sharifov/flickr, ⓒ연합뉴스

박영규 지음

터놓고 풀어낸 한미일 게임 체인저의 속내

트럼프
아베
문재인

김영사

1부 너무나 다른 세 정상의 인생 여정

현재형 역사에서
한미일 삼국 정상의 속내 찾기

만찬장에서 만난 세 정상

2017년 7월 6일(한국 시간 7월 4일 새벽 4시경), 독일 함부르크의 미국 총영사관에서 중년을 훌쩍 넘긴 세 남자가 한자리에 앉아 저녁 식사를 시작했다. 첫 번째 남자는 1953년생으로 한국의 문재인, 두 번째 남자는 1946년생으로 미국의 도널드 트럼프, 세 번째 남자는 1954년생으로 일본의 아베 신조였다. 각국의 정상인 이들이 함께 만난 것은 이날이 처음이었다. 정상회의라는 이름으로 자리한 만찬장이었다.

식탁에 오른 메뉴는 다소 무섭고 칙칙한 느낌이 드는 핵과 미사일. 이 메뉴가 식탁에 오른 지는 벌써 30년에 이르렀다. 맛도 없을 뿐 아니라 이름만 들어도 지겨울 만했다. 식감이 질기고 소화

문재인 대통령, 도널드 트럼프 미국 대통령, 아베 신조 일본 총리는 2017년 G20 정상회의에서 한자리에 모였다. 이들은 미국 총영사관에서 열린 한미일 정상 만찬에 참석했다. 새로운 한미일 정상의 첫 만남이었다.

도 잘되지 않아 씹기도 힘들고 삼키기도 쉽지 않은 음식이었다. 더구나 세 사람 모두 노년에 접어든 나이라 치아도 좋지 않았고 내장도 변변찮았다. 자칫 잘못 삼켰다간 소화불량이나 설사는 기본이고 까딱하면 대장염에 걸리기 십상이었다. 그럼에도 그들은 선배들의 전통이라며 30년이나 된 이 요리를 주문한 뒤, 슬쩍슬쩍 서로를 곁눈질하며 나이프와 포크를 천천히 놀렸다.

그 맛에는 제법 노련한 요리사의 전문성은 물론이고 세월의 더께가 쌓인 전통마저 배어 있었다. 처음 이 레시피를 만든 요리사는 북한 국적의 김일성이었다. 이후 아들 정일과 손자 정은으로 이어지면서 요리는 한층 세련되고 과감해졌다. 특히 서양 물을 좀 먹은 손자 정은은 대담하게도 할아버지로부터 이어져 오던 한식의 전통을 깨고 양식을 곁들여 퓨전 요리로 전환했다. 후추를 팍 팍 넣고 양고기와 칠면조 고기까지 재료로 가미했다. 덕분에 미국 인 트럼프는 제법 호기심을 보이며 잘만 하면 괜찮은 식사가 될 수도 있겠다는 표정을 지었다. 하지만 얼큰하고 깊은 맛을 즐기 는 문재인에겐 속을 부대끼게 하는 음식이었고, 담백하면서도 짠 맛을 즐기는 아베에겐 거부감을 들게 했다. 그래도 문재인은 아직 살아 있는 한국 전통의 매운맛에 기대어 느끼함을 피했다고 판단 했고, 일찍부터 남몰래 양식을 즐기던 아베는 일그러진 표정이면 서도 내심 양고기와 칠면조 고기가 꽤 부드럽다고 생각했다.

이렇듯 북한산 30년 전통 요리를 대하는 그들의 속내는 겉으로 드러난 표정과 사뭇 달랐다. 사실, 그들의 표정과 속내가 다른 것 은 맛이 아니라 계산서 때문이었다. 더치페이로 계산했음에도 음 식 값이 제각각이었다. 각자 계산 방식에 차이가 있었던 탓이다.

그들의 계산 방식을 설명하는 일은 안타깝게도 간단할 수가 없 다. 거기엔 각자가 살아온 개인사는 물론이고, 그들이 속한 국가 의 지난한 역사까지 뒤엉켜 있는 까닭이다.

이중 행보에 감춰진 속내

문재인, 아베, 트럼프. 이들 세 사람은 한 식탁에서 같은 요리를 먹고 있지만 걸어온 길은 너무나도 달랐다. 또한 각자 나아갈 길도 너무나 다르다. 그럼에도 억지웃음을 지으며 어깨동무를 하고 보조를 맞춘다. 물론 속내는 전혀 딴판이다. 하지만 얼굴에선 속내를 파악하기 쉽지 않다.

흔히들 상대가 어떤 사람인지 알기 위해서는 얼굴을 보지 말고 발을 보라고 말한다. 그러나 사람의 행보란 실제 겪어보기 전까지는 예측하기 힘들다. 특히 그 상대가 여느 개인이 아닌 국가를 대표하는 정상이라면 발을 보는 일이 얼굴을 보는 것보다 더 어려울 수 있다. 이중 행보가 그들의 습성인 까닭이다. 그래서 택하는 차선책이 현재의 발이 아니라 과거의 행보를 살피는 것일 게다.

사람의 표정은 언제든지 가장할 수 있지만 과거의 행보는 감추기 쉽지 않다. 물론 그럼에도 역사 속에서 행보를 속이고 악행을 선행으로 바꾼 사례는 얼마든지 발견된다. 특히 강자의 행보는 항상 베일에 가려져 있기 마련이다. 약자는 늘 강자의 손아귀에서 놀아나지만 강자는 약자의 시선 밖에서 움직이기 때문이다.

한국, 미국, 일본 삼국을 강자와 약자의 관점에서 분류한다면 당연히 한국이 가장 약한 존재다. 일본은 한때 한국을 식민지로 삼아 지배했던 국가고, 미국은 그런 일본을 패전국으로 만들어 품에 끼고 있으니, 이미 강약의 순서는 정해진 셈이다. 따라서 한국의 발놀림은 일본의 시선을 벗어나기 힘들고, 일본의 발놀림은 미국의 시선을 벗어나기 쉽지 않다. 이를 뒤집어 생각하면 한국은 일본의 발을 제대로 볼 수 없고, 일본은 미국의 발을 제대로 볼 수 없다는 의미다.

이런 현상은 한국의 처지가 형편없었던 과거로 돌아갈수록 더욱 심화되었을 것이므로 한국의 과거사는 일본과 미국에 의해 수없이 왜곡되고 뒤틀렸을 것이다. 특히 해방 이후 현대사에 이르면 절대 강자로 군림한 미국이 일본과 손을 잡고 뒤틀어버린 일들이 헤아릴 수 없을 정도로 많은 탓에 한국은 눈을 뻔히 뜨고도 그들의 발을 제대로 본 적이 거의 없다. 그나마 다행히도 현재에 와서야 시야가 다소 넓어진 덕에 가까스로 그들의 발을 주시할 수 있는 처지가 되었다. 덕분에 과거에 미국과 일본이 왜곡하고 비틀어놓았던 행적들을 다시 살필 수 있는 시력이 생겼고, 그것은 다시 우리와 그들의 미래 행보를 읽어내는 힘이 되고 있다.

한국이 일본과 미국의 발이 어디로 움직일지 예측할 수 있다는 것은 문재인이 아베와 트럼프의 웃는 얼굴 뒤에 감춰진 속내를 파악하고 있다는 뜻이다. 물론 아베와 트럼프도 문재인의 속내를 들여다보고 있긴 매한가지다.

하지만 정상에 선 그들이 상대의 심중을 파악하는 데엔 한계가 있다. 세밀한 정보를 종합하여 상대의 의중을 파악하더라도 알아내기 힘든 요소들이 많은 까닭이다. 또 정상들은 상대의 속내를 파악하고 있다손 치더라도 한미일 삼국의 국민이 모두 타국의 속사정을 꿰뚫긴 쉽지 않다. 그래서 필자는 그들 정상의 속내를 삼국 국민에게 좀 더 자세하게 알릴 필요가 있다고 생각했다. 누가 뭐래도 민주주의 국가의 주인은 국민이고, 주인이 모르는 일을 청지기들만 알고 감춰버리게 놔둘 순 없는 까닭이다.

그들의 인생 여정과 꿈꾸는 세상 속으로

문재인, 아베, 트럼프라는 정상의 속내를 파악하기 위한 첫 번째 작업은 무엇보다도 그들이 국가 정상이 되기 이전에 어떤 삶을 살아왔는지 살피는 것일 테다. 비록 그들이 한 국가를 대표하는 정상의 입장에 있다고는 하지만 그들의 향후 행보는 지금껏 그들의 삶을 지탱해온 삶의 궤적과 가치관을 벗어나기 쉽지 않을 것이기 때문이다. 그래서 필자는 우선 1부에서 '너무나 다른 세 정상의 인생 여정'이라는 제목 아래 세 사람의 뿌리에서부터 정상에 이르는 과정을 비교 및 분석하였고, 이를 다섯 개의 장 속에 담았다.

'그들의 뿌리를 찾아서'에서는 이민자의 자손 도널드 트럼프와 피란민의 아들 문재인, 그리고 전범의 후손 아베 신조가 그들의 조상과 부모에게서 어떤 생활환경과 인생 가치관을 물려받았는지를 서술했다.

'그들의 타고난 기질과 성정'에서는 신녀기를 중심으로 이들 세 정상의 기질과 성정 형성에 부모와 환경이 어떤 영향을 끼쳤는지 살폈다.

'청년 시절과 사회로의 첫발'에서는 세 사람의 이십 대 시절을 주로 다루면서, 그들이 청년 시절에 품었던 포부가 실제 사회생활에서 어떤 형태로 드러났는지 서술했다.

'정치의 길목에 선 세 사람'에서는 각각 사업가, 변호사, 회사원이었던 그들이 어떤 경로를 통하여 정치인의 길로 들어서게 되었는지 조명해보았다.

'정상에 이르는 길'에서는 정치의 길로 들어선 그들이 어떤 과정을 거쳐 각국의 정상이 되었는지 살피면서 각자의 승리 전략을 집중 분석했다.

이렇듯 1부에서는 개인의 인생 여정을 살핀 뒤 한 국가의 정상으로서 그들이 어떤 포부를 펼치고 행보를 이어갔는지 짚어보았다. 각 나라마다 상황과 사정이 다르고 생존 전략이 다른 까닭에 그들은 정상에 오른 뒤에는 개인의 가치관보다 국가의 상황과 국민의 이익에 부합하는 행동을 할 수밖에 없었다. 그래서 문재인은 '나라다운 나라'를 만들겠다고 다짐했고, 아베 신조는 '아름다운 나라'를 건설하겠다고 자신했으며, 도널드 트럼프는 '미국을 다시 위대하게' 재탄생시키겠다고 장담했다.

그렇다면 그들의 '나라다운 나라'와 '아름다운 나라', 그리고 '위대한 나라'는 어떤 나라일까? 이 물음에 대한 대답으로 2부는

'그들의 나라, 그들의 국민'이라는 제목 아래 각국 정상의 국정 목표와 그에 대한 역사적 배경, 그리고 구체적인 실천 방안을 네 개의 장에 나눠 담았다. 2부의 서술 순서는 아베, 트럼프, 문재인 순으로 잡았는데, 이는 트럼프와 아베를 통해 문재인의 현실과 미래를 읽는다는 의미를 환기하기 위함이다.

'아베의 일본, 일본인의 아베'에서는 아베가 꿈꾸는 '아름다운 일본'이 어떤 나라인지 설명하고 그 배경과 현실성에 대해 분석했다. 이 과정에서 일본 역사상 가장 위대한 사건으로 여겨지는 메이지 유신과 일본 보수주의자들에게 역사상 가장 화려한 시대로 인식되는 군국주의 시대가 오늘날 억눌린 일본 사회와 추락하는 일본의 위상에 어떤 역습을 가하고 있는지 살폈다.

'트럼프의 미국, 미국인의 트럼프'에서는 트럼프가 '미국을 다시 위대하게' 만들기 위해 어떤 행보를 보이는지 설명하고 분석했다. 이 과정에서 위대한 미국의 재건을 위해 장사치 트럼프가 세계의 경찰을 자임하던 미국을 악덕 보안 업체이자 '주식회사 USA'로 변모시키는 과정을 살피고 그 현상을 분석했다.

'한국사 속 미국의 재발견'에서는 미국인이 한반도에 처음 등장한 시기부터 현재에 이르기까지 미국이 한반도를 어떤 존재로 취급해왔는지 살피는 한편, 한일 관계에서 미국의 행동들이 어떤 특징을 보이는지 분석했다. 이 과정에서 이해관계의 관점으로 을사늑약, 분단, 친일파 청산, 6·25 전쟁, 4·19 혁명과 5·16 군사정변,

독도 영유권, 소위 '일본군 위안부', 지소미아, 주한 미군, 사드 배치 등에 관한 내용을 살폈다.

'문재인의 한국, 한국인의 문재인'에서는 문재인이 '나라다운 나라'를 만들기 위해 제시한 5대 국정 목표와 100대 국정 과제를 분석하고 그 현실성을 비판적으로 점검했다. 문재인이 내놓은 100대 과제라는 거대한 청사진은, 적폐 청산과 남북 평화 관계 구축 외에는 대부분 화려한 수사에 그친 과제들이다. 그런 까닭에 검찰 개혁을 포함한 적폐 청산과 남북 관계를 중심으로 서술하였고, 소득 주도 성장론과 개헌과 같은 문제는 사안을 환기하는 차원에서 덧붙였다. 그러면서 몇 마디 조언 아닌 조언을 사족으로 달아두었다.

이 정도로 책에 대한 소개는 갈음하고자 한다. 부디 이 책이 우리의 차가운 현실을 직시하는 데 조금이나마 보탬이 되길 바란다.

너무나 다른
세 정상의
인생 여정

그들의 뿌리를 찾아서

이민자의 후손 도널드 트럼프

한 나라의 정상이 되어 식탁에 둘러앉은 세 사람은 어떤 인물들일까? 흔히 누군가를 알려면 그의 부모를 보라는 말을 한다. 그만큼 부모는 자식에게 지대한 영향을 끼친다는 뜻일 게다. 그래서 세 사람의 삶을 알아보기 전에 우선 그들의 조상과 부모의 삶을 먼저 살폈다.

첫 번째로 세 사람 중에 가장 연장자인 도널드 트럼프의 뿌리부터 캐보자.

도널드 트럼프는 1946년 6월 14일 뉴욕주 뉴욕시 퀸스에서 독일 이민자 출신의 아버지 프레드와 영국 스코틀랜드 출신의 어머니 메리 매클라우드의 3남 2녀 중 차남으로 태어났다.

트럼프 집안이 미국에 정착한 것은 증조부 때부터였다. 독일 출신의 증조부는 아들 프레더릭 트럼프를 대동하고 1885년에 미국으로 이민 왔고, 당시 16세였던 프레더릭은 아버지의 사업을 물려받아 뉴저지에서 식당을 하며 성공적으로 미국 땅에 정착했다.

프레더릭의 식당은 그런대로 잘됐지만, 그는 지나치게 술을 많이 마시는 바람에 건강을 유지하지 못해 젊은 나이에 죽고 말았다. 프레더릭이 죽었을 때, 그의 아들 프레드의 나이는 불과 11세였다. 1905년생인 프레드는 위로 다섯 살 많은 누나 엘리자베스가 있었고, 아래로 두 살 어린 동생 존이 있었다.

프레더릭이 죽자, 생계는 오로지 그의 아내 엘리자베스가 이끌어가야 했다. 그녀는 세 자녀를 키우며 재봉 일로 근근이 집안을 유지했다. 그 때문에 프레드는 소년 시절부터 과일 가게 배달부, 구두닦이, 공사장의 잡역부 등을 하며 집안을 도와야 했다. 그러다 프레드는 건축에 관심을 두게 되었다. 목수가 될 생각으로 고등학교 때부터 별도의 강좌를 듣기도 했다. 설계도 보는 법을 익혔고 측량 기술도 배웠다. 덕분에 16세의 어린 나이에 이웃집의 주문을 받아 차고를 만들어주기도 했다. 그 일을 인연으로 차고 건축 사업을 시작했다. 일개 고등학생이 사업가가 된 셈이다. 그렇다고 거창한 사업가가 된 것은 아니었다. 불과 50달러로 시작한 사업이라 그저 흉내를 내는 데 불과했다. 성과라면 건축 사업가가 되겠다는 꿈을 꾸게 된 정도였다.

이후 프레드는 17세 때인 1922년에 가까스로 고등학교를 졸업했다. 하지만 가족을 부양해야 했던 그는 대학 진학을 포기했고, 대신 목수의 조수로 취직했다.

그는 건축 일을 좋아했다. 하지만 사업가의 꿈을 버리지 않았다. 그래서 월급쟁이로 만족하지 않고 18세 어린 나이에 직접 집을 지어 팔기 시작했다. 그의 회사명은 '엘리자베스 트럼프 앤드 선Elizabeth Trump & son'이었다. 엘리자베스 트럼프와 그의 아들이 함께하는 회사라는 뜻이다. 그가 미성년자였고 어머니 엘리자베스가 사업주로 등록된 까닭에 이런 이름을 붙였다.

그가 첫 번째로 지은 집은 5,000달러의 자본을 들여 7,500달러에 팔렸다. 투자 대비 50퍼센트의 수익을 올렸으니, 꽤 성공한 셈이었다. 이후로 그는 계속해서 집을 건축해 팔았다. 주로 하층민이 사는 주택이었지만, 세월이 흐르면서 점점 규모가 큰 상가나 아파트를 지으며 사업을 확장했다. 그가 29세 때인 1934년 무렵엔 2,500채의 집을 지어 판매할 정도의 사업체로 성장했다.

그로부터 2년 뒤인 1936년에 그는 메리 매클라우드와 결혼했다. 부부는 3남 2녀의 자녀를 얻었다. 첫째가 메리앤, 둘째가 프레디, 셋째가 엘리자베스였고, 우리의 주인공 도널드는 넷째로 태어났다. 도널드 아래로 남동생 로버트가 있었다.

프레드는 가정을 매우 보수적으로 이끌었다. 아이들에게 엄격했고, 생계에 대해서는 자신이 전적으로 책임졌다. 또한 자녀들에게 늘 근검절약을 강조했다.

도널드는 자서전 《거래의 기술》에서 자신에게 가장 큰 영향을 끼친 인물이 아버지라고 했다. 그는 사업가인 아버지에게서 '험한 사업을 하며 거칠게 대응하는 법을 배웠고, 사람들을 리드하는 법을 배웠으며, 경쟁과 효율성에 대해서 배웠다'고 쓰고 있다. 도널드는 '아버지의 일생은 아동문학가 허레이쇼 앨저의 작품에 나오는 전형적인 성공담'이라고 표현한다. 말하자면 가난한 소년이 정직함을 바탕으로 근면하고 절약하며 노력을 게을리하지 않고 산 덕에 성공했다는 것이다.

이렇듯 도널드는 아버지에 대해 강한 자부심을 드러낸다. 그렇다고 아버지의 모든 면을 존경했던 것은 아닌 모양이다. 이와 관련하여 그는 이런 글을 남겼다.

나는 지금도 아버지가 반쯤 공사가 진행 중이던 트럼프 타워를 방문하셨던 그날을 기억하고 있다. 트럼프 타워의 전면은 유리로 장식됐는데 물론 벽돌보다 비용이 훨씬 많이 들었다. 더구나 우리가 사용한 유리는 최고급 '브론즈 솔라'였다. 건물을 둘러보신 아버지는 이런 말씀을 하셨다.
"너는 왜 저 망할 놈의 유리만 쓰느냐? 4층이나 5층까지만 유리를 쓰고 나머지 위층은 벽돌로 짓는 게 어때? 아무도 꼭대기까지는 쳐다보지 않아."

아버지가 잔돈 몇 푼을 절약하기 위해 애쓰는 것은 옛날 방식이다. 물론 그러한 정신력에는 감동받았으나 따로 독립해야 되겠다는 결심을 하는 계기가 되었다.

이 내용으로 볼 때, 도널드는 아버지에게 존경심은 있었지만 아버지의 비즈니스 스타일은 못마땅하게 여긴 듯하다. 그 때문에 사업에 있어서만큼은 아버지를 추종하지 않았다. 그는 오히려 아버지의 사업 방식을 타산지석으로 삼아 자기만의 새로운 스타일을 추구했다.

프레드는 처음에는 주택이나 상가를 지어 팔았지만, 점차 아파트를 지어 임대하는 것을 주업으로 삼았다. 그러나 도널드는 주력이 된 주택 임대 사업에서 큰 매력을 느끼지 못했다. 첫 번째 이유는 이 사업이 임대료를 받기 위해 발품을 많이 팔아야 할 뿐 아니라 세입자와 자주 충돌을 일으켜야 하는 부담이 있기 때문이고, 두 번째는 이 사업에 들이는 시간과 노력에 비해 이윤이 낮다는 것이었다. 그리고 무엇보다 별다른 비전이 없다고 판단했다.

도널드의 분석은 매우 정확했다. 사실, 프레드는 큰 사업을 벌일 만큼 꿈이 원대하지 않았고, 사업 마인드도 뛰어나지 못했으며, 미래에 대해 야심찬 계획도 없었다. 그는 그저 임대 사업으로 가족을 편안하게 부양하는 수준에 만족했으며 지나치게 사업을 확장하는 것을 경계했다. 그래서 작은 이윤 때문에 큰 이윤을 보지 못하는 한계를 드러냈고, 때론 그런 가치관을 자식들에게 주입하곤 했다. 도널드는 아버지 프레드의 이런 면면을 유심히 관찰한 뒤, 필요한 부분만 본받고 나머지는 배척했다.

도널드는 성격 면에서도 아버지 프레드와는 달랐다. 프레드는 위트를 모르고 농담도 많이 하지 않는 성격이었다. 근면과 절약은 강조하되 화려함이나 예술적인 것에는 관심이 없었다. 그러니 당연히 쇼맨십이 부족했다.

도널드는 아버지의 이런 성격을 별로 좋아하지 않았다. 도널드는 위트 있는 농담과 유머러스한 재치야말로 사업가의 필수 요건이라고 생각했다. 또한 자신을 매우 쇼맨십이 넘치는 인물이라고 자평했다. 예술적인 면에서도 누구에게도 뒤지지 않는 관심을 보이고 있다고 자부했다.

도널드는 이런 자신의 성정은 아버지가 아니라 어머니로부터 물려받은 것이라고 단언한다. 이와 관련하여 자서전에 이런 글을 남겼다.

옛날을 돌아보면 나는 어머니로부터 쇼맨십을 물려받은 듯하다. 어머니는 극적이고 위대한 것에 대한 육감을 가지고 계셨다. 물론 보수적인 가정주부였지만 어머니는 외부 세계에 대한 감각도 지니고 계셨다.

어머니는 스코틀랜드에서 태어났으나, 엘리자베스 여왕의 대

관식을 TV를 통해 온종일 꼼짝 않고 시청하시기도 했다.

어머니는 화려한 광경에 매료되었고, 충성심이나 영광 등의 느낌에 푹 빠진 듯하셨다. 아버지는 옆에서 안절부절못하시며 "됐어. 이제 그만 봅시다. 예술가들이나 좋아할 내용 아니오?"라며 채근하셨다. 하지만 어머니는 꼼짝 않으셨다.

아버지와 어머니는 그런 의식에서는 정반대였다. 어머니는 화려하고 우아한 것을 좋아했으나 아버지는 몹시 현실적이어서 효율성을 따지는 일에만 흥미를 느끼셨다.

이렇듯 도널드는 사업을 향한 꿈은 아버지의 영향을 받았지만, 성격 면에서는 어머니의 영향이 더 컸다고 술회하고 있다. 즉, 현실주의적인 성향의 사업 기질은 아버지로부터 물려받은 것이지만, 감성적인 면은 어머니로부터 물려받았다는 것이다. 부모로부터 물려받은 기질을 바탕으로 그는 위대한 사업가를 꿈꾸었다. 그가 꿈꾸는 위대한 사업가란 곧 사업을 예술적 경지로 끌어올릴 수 있는 사람이었다. 그래서 그는 사업의 가장 중요한 수단인 '거래'를 자신을 가장 행복하게 하는 일이라고 규정하였고, 한발 더 나아가 '거래는 예술이다'라고 단언하게 된다.

피란민의 아들 문재인

문재인은 1953년 1월 24일 경상남도 거제군 거제면 명진리에서 문용형과 강한옥의 2남 3녀 중 장남으로 태어났다.

아버지 문용형은 6·25 전쟁 때 함경도 흥남에서 피란해 온 월남민이었다. 그의 고향은 함경남도 흥남시 운성리 송내松內 마을이다. 그곳 사람들은 송내를 '솔안'이라고 불렀는데, 이는 송내에 대한 우리말 명칭이다. 이 마을을 솔안이라고 부르게 된 것은 마을 주변을 소나무가 둘러싸고 있었기 때문이다.

솔안 마을은 남평 문씨들의 집성촌이었다. 남평 문씨 중에 역사상 잘 알려진 대표 인물로는 고려에 목화씨를 가져온 문익점이 있다. 문재인은 바로 문익점의 24세손이다. 남평 문씨가 함경도에 뿌리를 내린 것은 문익점의 증손자 문천봉이 조선 태종 9년(1409년)에 동북면 별패 첨절제사로 파견되면서부터가 아닌가 싶다. 이후로 남평 문씨 문중에서는 문천봉의 후손을 관북파라고 불렀다.

남평 문씨가 솔안 마을에 집성촌을 이루게 된 연원은 조선 정조 때로 거슬러 올라간다. 문재인의 6대조인 문조격이 솔안 마을에 터를 잡고 호를 송내라고 하였는데, 이후로 남평 문씨 관북파 송내공계 문중이 형성되었다고 전해진다.

문조격 이후로 송내공계는 5대조 문흥조, 고조 문진홍, 증조 문도종, 조부 문정기, 아버지 문용형으로 이어졌다. 이렇게 대를 잇는 과정에서 조부 대까지는 관직에 진출한 인물이 없었던 듯하다. 다만 문용형에 이르러 일제 총독부 치하에서 흥남시 관원이 되었다. 일제강점기 시절에 지방공무원 시험에 합격한 것을 보면 문용형은 그 주변 지역에서 공부를 곧잘 했던 모양이다.

문용형은 함흥고보와 더불어 함경도 지역의 명문 학교였던 함흥농업학교*를 나왔다. 덕분에 인근에서는 그를 수재라고 칭송했다고 한다. 흥남 촌구석에서 함흥농업학교로 진학했다는 것은 시골 집안의 자랑거리가 될 만했다.

함흥농업학교 졸업 후 문용형은 총독부에서 주관한 보통문관 시험에 합격하여 흥남시 농업과에 근무하게 된다. 당시 보통문관 시험에 합격하면 대개 자기 고장에서 근무했기 때문에 흥남시청에 근무하게 된 것이다.

이 무렵에 문용형은 진주 강씨 한옥과 결혼했다. 그리고 몇 년 되지 않아 해방이 되었고, 문용형은 북한 노동당 치하에서도 흥남시청 농업과에서 계장을 지냈다. 이후 6·25 전쟁이 발발하였고, 1950년 11월에 중공군이 개입하면서 12월에 흥남철수작전이 이뤄졌다. 그 상황에서 수많은 피란민이 미군 배를 타고 남쪽으로

• 함흥농업학교는 1910년에 세워졌는데, 문용형이 이곳에 진학했던 1930년대 중반엔 함흥상업, 함흥고보, 함흥사범, 함남상업 등이 모두 중학교 과정이었다. 해방 직전에 이들 학교는 고등학교 과정으로 채변뇌었고, 이후로 함흥농업학교는 함흥농고로 불렸다

내려왔는데, 문용형도 아내와 딸을 데리고 그 대열에 합류했다.

흥남항을 떠난 피란민 선박은 그들 가족을 남해의 거제도에 내려놓았다. 문용형은 아내와 젖먹이 딸 재월, 그리고 함께 피란길에 올랐던 친지들과 함께 한동안 피란민 수용소에서 지내야 했다.

문용형과 강한옥 부부의 거제도 생활은 이후로도 한참 동안 지속되었다. 수용소를 떠난 그들은 거제도 어느 시골 마을의 집에 방 한 칸을 얻어 세 들어 살았고, 그 와중에 첫아들 재인을 낳았다.

급작스럽게 내려온 피란길에 이들 부부는 거의 맨몸으로 거제도에 정착했다. 그 때문에 지독한 가난에 시달려야 했는데, 설상가상으로 재인이 태어나는 바람에 경제 사정은 더욱 악화되었다. 북쪽에서 내려온 탓에 일자리를 찾을 수 없었던 문용형은 거제도 포로수용소에서 잡역부로 일했고, 강한옥은 등에 재인을 업은 채 행상을 하며 계란을 팔러 다녔다. 그렇게 그들은 가까스로 입에 풀칠을 하며 자식을 길렀고, 그나마 그동안 몇 푼 저금한 돈으로 거제도를 떠나 부산 영도로 이사했다.

부산으로 나온 문용형은 장사를 시작했지만 그다지 성공적이지 못했다. 비록 고향 마을에서는 수재 소리를 듣던 그였지만 장사에는 영 소질이 없었던 모양이다. 그는 사람들하고 어울리는 것도 즐기지 않았고 술도 잘 마시지 못했다. 거기다 말이 많은 성격도 아니었다. 그저 공무원이 체질에 맞는 사람이었다.

그래도 가족을 먹여 살리기 위해선 뭐라도 해야 했고, 그래서 손을 댄 것이 양말 공급상이었다. 부산의 양말 공장에서 양말을 구매해 농촌 지역인 전남에 공급하는 일이었는데, 돈을 벌긴커녕 빚만 잔뜩 졌다. 북한에서 내려온 피란민이었으니 연고도 없고 기댈 곳도 없는 그가 장사를 시작한 것부터 잘못이었는지도 모른다. 어쨌든 그는 거제도에 정착한 이후로 줄곧 경제적으로 무능했고, 그 때문에 집은 늘 가난에 허덕였다.

그의 가난은 단순히 경제적 무능에서 비롯된 것이 아니라 한반도에 닥친 시대적 고통에 뿌리를 두고 있다. 문재인은 자라면서 그런 아버지를 바라보는 것이 너무나 가슴 아팠다고 술회한 적이 있다. 어쩌면 문재인은 시대의 아픔을 지고 사는 아버지를 통해 온몸으로 역사적 시련을 처절하게 경험했는지도 모른다. 그런 의미에서 보자면 아버지 문용형은 문재인에겐 살아 있는 역사였을 것이다.

문용형이 역사의 벽에 갇혀 무력한 개인으로 전락하자, 그의 아내 강한옥은 오히려 몸속에 내재되어 있던 강인하고 끈질긴 생존 능력을 발휘했다. 그녀는 남편 대신 집안의 생계를 책임지기 위해 온갖 일을 마다하지 않았다. 구호물자 옷가지를 시장 좌판에 늘어놓고 팔기도 했고, 작은 구멍가게를 운영하기도 했으며, 공장에서 연탄을 사 와 직접 배달하기도 했다.

그 무렵엔 이미 가족도 세 명이 더 늘어 있었다. 문재인 아래로 1남 2녀를 더 낳았으니, 부부는 모두 2남 3녀를 거느린 상태였다.

강한옥은 그렇게 일곱의 대식구를 책임진 가장으로 살아야 했다. 문재인은 그런 어머니를 돕기 위해 연탄 리어카를 끄는 일도 잦았다.

강한옥은 가족의 생계를 유지하기 위해 안간힘을 썼지만 늘 가난의 늪에서 헤어 나오지 못했다. 하지만 문용형 부부가 그 지독한 가난 속에서도 결코 포기하지 않은 것이 있었다. 그것은 자식들을 올바르게 키워야 한다는 신념이었다. 이를 위해 그들은 적어도 세 가지는 확실히 이행했다. 아무리 가난하더라도 자존심을 지키게 하는 것과 세상에는 돈보다 더 가치 있는 것이 많다는 것, 그리고 비록 밥은 굶더라도 배워야 한다는 것이었다.

문재인은 부모의 실천적인 가르침을 통해 인생의 가치관을 세우고 스스로 자존심을 지키는 법을 배웠다. 덕분에 그는 돈보다는 사람을 중시하고, 이익보다는 가치에 헌신하는 삶을 추구할 수 있었는지도 모른다.

정치 가문의 아들 아베 신조

아베 신조는 1954년 9월 21일 도쿄도 신주쿠에서 아베 신타로와 기시 요코의 2남 중 차남으로 태어났다. 그가 태어난 곳은 신주쿠지만 그의 정치적 활동 무대는 본적지인 야마구치현이었다. 야마

1956년의 아베 가족사진. 왼쪽부터 아베의 어머니 기시 요코, 아베 신조, 아버지 아베 신타로, 형 아베 히로노부.

구치현은 아베 신조의 본가와 외가의 정치적 터전이기도 했다. 사실, 아베 신조를 제대로 알기 위해서는 반드시 야마구치현에 대한 지식이 선행되어야 한다.

 야마구치현이라는 지명이 처음 생긴 것은 메이지 유신으로부터 3년 뒤인 1871년이었다. 그 이전의 지명은 조슈長州번*이었다.

---

* 　막부 시대에 일본은 번 단위의 지방분권 체제였는데, 메이지 유신이 단행되면서 번이 사라지고 천황 중심 중앙집권제의 일환으로 군현제가 실시되었다. 그래서 각 지역의 번은 모두 현으로 바뀌었고, 현 안에 여러 군을 두는 행정 단위가 만들어졌다.

조슈번은 도쿠가와 막부를 종식하고 메이지 유신을 성공적으로 이끈 핵심 세력이었다. 그 때문에 메이지 유신 이후 일본 정부의 요직은 조슈번 출신이 장악했다. 대표 인물이 이토 히로부미, 데라우치 마사타케 등으로 이어지는 일본의 총리들이었으며, 아베 신조의 외조부 기시 노부스케도 그중 하나였다.

아베 신조는 늘 입버릇처럼 자신이 가장 존경하는 인물은 외조부 기시 노부스케라고 말하곤 한다. 그래서 대개 그가 정치적 자산을 모두 기시 노부스케로부터 이어받은 것으로 알려져 있다. 그러나 아베 신조의 아버지인 아베 신타로는 아들의 그런 말에 결코 동의하지 않을 것이다. 아베 신타로가 존경하던 인물은 장인 기시 노부스케가 아니라 아버지 아베 간이었기 때문이다.

아베 간의 고향은 아베 신조의 본적인 야마구치현 오츠군 헤키촌이며, 아베 집안은 이곳에 넓은 산림과 많은 전답을 소유했다. 또한 양조업을 하여 꽤 부를 축적했다. 아베 간의 아버지 효우스케는 아베 타메와 결혼하여 아베 집안에 데릴사위로 들어온 인물이다. 이후 효우스케와 타메는 1894년에 아들 간을 낳았는데, 불행히도 효우스케는 간이 채 돌도 되기 전인 1895년에 사망하였고, 타메도 간이 네 돌이 되기 전인 1898년에 사망했다. 그 바람에 고아 신세가 된 아베 간은 타메의 언니인 요시의 품에서 자랐다.

간은 비록 부모를 잃고 이모 슬하에서 자랐지만 머리가 좋고 학습 능력이 뛰어난 덕분에 학창 시절 성적이 아주 우수했다. 그래서 도쿄제국대학 법학부 정치학과에 진학하여 정치가의 꿈을 꾸었다. 그는 정치가가 되려면 우선 돈을 벌어야 한다는 생각에 대학 졸업 후에는 자전거 사업에 뛰어들었다. 하지만 사업에 실패하였고 그 여파로 이혼까지 했다. 그의 아내 시즈코는 육군 장성 집안 출신이었다. 그런데 아베 간이 사업에 실패하자 시즈코 집안에서는 빌려준 사업 자금을 돌려달라고 했고, 이에 화가 난 이모 요시는 간과 시즈코를 이혼시켜버렸다.

그런데 그들이 이혼하기 직전에 태어난 아이가 바로 신타로였다. 간은 이혼 후 신타로를 데리고 낙향하여 다시 이모 요시와 함께 살았다. 이후 아베 간은 마을 촌장을 하며 지내다가 1935년에 야마구치현 현의원에 당선되어 정치가의 길로 들어선다. 이후 1937년에 중의원 선거에서 무소속으로 출마, 당선됨으로써 중앙 정계로 진출했으며, 1942년의 중의원 선거에서도 역시 무소속으로 출마하여 당선되었다.

당시는 태평양 전쟁이 한창이던 때였다. 하지만 아베 간은 전쟁에 반대한 평화주의자였다. 그 때문에 제국주의 군부 정권과 대치할 수밖에 없었다. 선거 중에는 경찰까지 동원된 방해 공작에 시달려야 했다. 그럼에도 아베 간은 자신의 의지를 꺾지 않았다. 그렇게 아베 간이 군부 정권과 대립하는 가운데 태평양 전쟁은 일본의 패배로 끝났다. 그 무렵, 아베 간은 젊을 때부터 시달렸던 폐결핵이 재발하여 건강이 몹시 악화된 상태였다. 그는 낙향하여 몸을 추슬렀지만 끝내 건강을 회복하지 못하고 1946년 1월에 51세의 나이로 사망하고 말았다.

이렇듯 아베 신조의 조부 아베 간이 진보주의자이자 평화주의자였던 것에 반해 외조부 기시 노부스케는 보수주의자이자 전쟁 지지자였다. 두 사람은 같은 지역 출신에다 도쿄대 법학부 선후배 사이였지만, 가는 길은 확연히 달랐다.

기시 노부스케는 아베 간보다 2년 늦은 1896년에 태어났다. 야마구치현 현청 관리의 아들이었던 그는 정치가가 될 꿈을 꾸며 도쿄제국대학 법학부로 진학하였고, 졸업 후에는 농상무성 고등문관시험에 합격하여 엘리트 관료의 길을 걸었다. 이후 고속 승진해 상공성 공무국장을 거쳐 1939년에는 상공성 차관, 1941년에 상공대신으로 입각했다. 이후 태평양 전쟁이 발발하였고, 전쟁 중에 치러진 1942년의 중의원 선거에 출마한 그는 야마구치현 2구에서 중의원 의원으로 당선되었다.

당시 그는 가장 강력한 정치단체인 익찬정치체제협의회의 일원으로 추천을 받아 출마했다. 아베 간은 무소속이었지만 두 사람 모두 당선됨으로써 그들은 함께 중의원이 되어 중앙 정치 무대에 서게 되었다.

하지만 두 사람이 가는 길은 너무도 판이했다. 무소속 출신이자 반전론자인 아베 간은 정계의 아웃사이더로서 험난한 여정을 걸어야 했고, 군부와 정부의 시책을 등에 업고 형성된 익찬회 일원이었던 기시 노부스케는 권력의 핵심이 되었다. 노부스케는 당선되자 바로 국무대신 겸 군수차관에 발탁되었던 것이다.

당시 일본 내각의 총리는 도조 히데키였는데, 그는 육군대신과 군수대신을 겸직했다. 따라서 국무대신과 군수차관을 겸직한 노부스케는 도조 히데키에 이어 정권의 2인자 반열에 오른 셈이었다.

하지만 군인 출신인 도조 히데키와 문관 출신인 기시 노부스케의 관계는 원만하지 않았다. 두 사람의 갈등은 사이판이 미군에 함락되면서 시작되었다. 사이판이 함락된 이후 노부스케는 군수물자 부족을 강조하며 더 이상 전쟁을 지속하지 말아야 한다고 주장했고, 히데키는 그를 향해 '너 같은 문관 출신이 뭘 아느냐?'며 노부스케를 몰아세웠다. 이후로 히데키는 헌병을 동원해 노부스케를 협박하며 국무대신과 군수차관 자리에서 물러나라고 압박했다. 이에 노부스케는 내각 총사퇴를 요구했고, 결국 도조 히데키 내각은 1944년 7월 22일에 총사퇴했다.

그런데 결과적으로 이때 히데키와 충돌한 덕분에 노부스케는 목숨을 건질 수 있었다. 패전 이후 전범들에 대한 사형이 집행되었는데, 그는 사형자 명단에서 제외됐던 것이다. 패전 이후 노부스케는 3년간 감옥 생활을 했지만 요행히도 1948년 12월에 불기소 처분으로 풀려났다. 물론 그와 대립했던 도조 히데키는 A급 전범으로 사형되었다.

1952년에 이르러서는 사면 복권까지 되었고, 노부스케는 곧 일본재건연맹을 조직하여 정치적으로 재기의 기회를 노렸다. 그리고 1953년 총선에 출마하여 중의원 의원으로 당선되어 정계에 복귀했다. 이후 자유민주당(자민당) 초대 간사장을 거쳐 이시바시 단잔 내각에서 외무대신이 되었고, 1957년에는 뇌경색으로 쓰러진 이시바시 단잔을 대신하여 총리대리가 되었으며, 1957년에는 제56대 총리에 취임했다. 이어 1958년에는 제57대 총리가 된다.

그는 총리로 있으면서 친동생 사토 에이사쿠*를 대장대신으로 임명하여 내각에 참여시켰다. 사토는 훗날 제61~63대 총리를 지내는데, 이로써 이들 형제가 총리를 다섯 차례나 하게 되었고, 이 때문에 아베 신조의 집안은 정치적 입지를 탄탄하게 다질 수 있었다.

하지만 아베 신조의 아버지 아베 신타로는 총리를 다섯 번이나 지낸 처가 쪽 사람들보다는 자신의 아버지 아베 간의 정치적 신념을 더 존경했다. 그렇다면 그는 어떻게 기시 노부스케의 사위가 됐을까?

아베 신타로는 1924년에 태어났는데, 아버지 아베 간처럼 머리

---

* 노부스케의 친동생인 에이사쿠가 사토 성을 쓰게 된 이유는 이렇다. 기시 노부스케의 아버지는 기시 히데스케였는데, 처가인 사토 집안의 데릴사위가 되면서 사토 히데스케가 된다. 그런데 그의 차남이었던 노부스케가 다시 본가인 기시 집안의 양자가 되면서 기시 노부스케가 된 것이다. 그래서 동생 에이사쿠는 외가의 성인 사토 성을 쓰고 노부스케는 기시 성을 쓰게 되었다.

가 좋아 공부를 잘했고, 아버지의 뒤를 이어 1944년에 도쿄제국 대학 법학부 정치학과에 진학했다. 하지만 태평양 전쟁 막바지였기 때문에 제대로 대학 생활을 할 수가 없었다. 대다수 학생이 학도병으로 차출되었고, 그 역시 학도병으로 입대하여 1945년 봄에 소위로 임관했다. 임관 직후 휴가를 나온 그는 병상에 누워 있던 아버지를 만났는데, 이때 아베 간은 그에게 일본이 패전할 것이라며 결코 헛되이 죽지 말고 최선을 다해 살아남을 것을 당부했다.

이후 군대로 복귀하여 해군 시가항공대로 가서 복무하던 중에 일본이 패전하고 태평양 전쟁이 끝나자 학교에 복학했다. 그리고 졸업 후에는 마이니치 신문사 기자로 일하면서 정치가의 야망을 키웠다. 그 무렵인 1951년 신타로는 다섯 살 어린 기시 요코를 만나 결혼했는데, 그녀가 바로 기시 노부스케의 딸이었다.

그들이 결혼할 당시 기시 노부스케는 아직 A급 전범 용의자였고, 공직 추방자 신분이었기에 정치 활동을 할 수 없는 상황이었다. 따라서 아베 신타로가 요코와 결혼한 것이 정치적 야망 때문은 아니었다는 것을 알 수 있다. 당시 노부스케가 총리급이었다면 오히려 두 사람의 결혼은 성사될 수 없었을 것이다. 노부스케가 아베 간의 아들인 신타로를 사위로 받아들이지 않았을 가능성이 크기 때문이다.

만약 두 사람이 정략결혼을 했다면 결혼을 강하게 원한 쪽은 오히려 요코였다고 보아야 한다. 요코는 아버지 노부스케가 재기하지 못할 경우 신타로를 통해서 정치가 집안을 부활시키려는 야망이 있는 인물이었기 때문이다. 그만큼 요코는 기시 집안을 다시 일으키는 것을 사명으로 아는 여인이었다.

어쨌든 신타로와 요코의 결혼은 그런 상황에서 이뤄졌고, 죽고 없던 아베 간과 기시 노부스케는 운명적으로 사돈 관계가 되었다.

그렇다고 두 사람의 결혼이 순조로웠던 것은 아니다. 두 사람이 결혼한다고 하자 요코의 외조모가 반대하고 나섰다. 그녀는 손녀를 정치적 기반이 탄탄한 집안이나 유망한 재계 집안에 출가시키길 원했다. 그런데 부모도 없고, 변변한 정치 기반도 없는 한낱 기자 따위를 데려오자 몹시 실망했던 것이다. 외조모의 반대가 심하다는 말을 듣고 아베 신타로 역시 발끈했다. 기시 집안이 뭐 대단할 것이 있다고 자기 집안을 얕잡아 보느냐는 것이었다. 둘은 결혼에 성공했지만 아베 신타로는 늘 자신이 기시 집안에 장가 든 것이 아니라 요코가 아베 집안에 시집온 것이라고 강조하곤 했다. 그만큼 신타로는 집안에 대한 자부심이 강했다.

말은 그렇게 했어도 신타로의 정치 여정은 장인 기시 노부스케의 비서관을 맡으면서 시작되었다. 1956년에 노부스케가 외무대신이 되자 신타로는 외무대신의 비서관이 되었고, 다시 노부스케가 총리가 되자 신타로도 총리의 비서관이 되었다. 일본의 세습 정치가들의 상당수는 이런 식으로 정계에 입문한다. 대개 유력한 정치인인 아버지나 장인, 또는 숙부나 집안 혈족의 비서관으로 시작하여 다시 지역구를 물려받는 식으로 성장하는 것이다.

아베 신타로는 1958년에 34세의 나이로 총선에 출마하여 중의원 의원으로 당선됐다. 당시 장인 노부스케의 반대가 심했지만 신타로는 장인과 인연을 끊을 각오로 출마를 강행했다. 신타로는 유세장에서 노부스케의 사위가 아니라 아베 간의 아들임을 강조했다. 하지만 그것은 큰 효과가 없었다. 이미 아버지 아베 간이 죽은 지 12년이나 지난 때였다. 오히려 그를 당선시키는 데 결정적 역할은 한 사람은 아내 요코였다. 요코는 자신이 총리의 딸이고, 신타로가 총리의 사위라는 점을 강조하며 유세장을 휘젓고 다녔다. 그 때문에 신타로의 의도와는 상관없이 그는 노부스케를 등에 업고 중의원이 될 수 있었다.

그럼에도 늘 신타로는 자신이 아베가의 후손이며 아베 간의 아들이란 점을 강조하곤 했다. 그만큼 처가인 기시 집안에 대해 콤플렉스가 심했던 것이다. 물론 정치인 생활을 지속하기 위해서는 처가의 도움을 받지 않을 수 없었다. 현직 총리인 기시 노부스케와 장인의 동생이자 자민당 실권자인 사토 에이사쿠, 그리고 아내 요코의 지지가 없다면 그의 정치 인생은 끝날 것이기 때문이었다.

어쨌든 신타로는 처가의 도움에 힘입어 1960년의 총선에서도 당선되었다. 하지만 1963년의 총선에서는 낙선하고 말았다. 이때 그는 당시 11세였던 큰아들 히로노부와 9세였던 둘째 아들 신조가 보는 앞에서 울었다고 한다. 하지만 그 모습을 지켜보던 요코는 오히려 잘된 일이라고 생각했다. 남편이 처가의 도움이 아니라 자신의 힘으로 두 번이나 당선되었다고 여기는 오만한 태도를 반성할 기회라고 보았던 것이다.

그는 비록 낙선했지만 1967년 11월에 제2차 사토 에이사쿠 내각에서 농림정무차관으로 발탁되었고, 1971년에는 자민당 부간사장이 되었으며, 1974년에는 농림대신이 되었다. 이후로 내각관방장관, 자민당 정조회장, 통상산업대신 등을 역임했다. 그리고 1982년에는 자민당 총재에도 도전했지만 나카소네 야스히로에게 패배했다. 하지만 나카소네 내각에서 외무대신이 되어 약 4년간 재임했다.

아베 신타로의 도전은 그 이후에도 계속되었다. 나카소네 후임으로 총리를 노리며 1987년 자민당 총재에 도전했지만 실패했다. 대신 자민당 간사장이 되어 2인자에 오르긴 했다. 그는 다음 총리는 당연히 자신이라고 생각했지만 1988년에 일본 정계를 뒤집어놓은 리크루트 사건이 터지면서 그의 꿈은 물거품이 되고 말았다. 엄청난 파장을 불러일으킨 이 뇌물 사건의 파도를 넘지 못하고 그는 결국 간사장 자리를 내놓고 정계에서 밀려났다.

하지만 요코는 건재했다. 요코는 남편에 이어 아들을 정치인으로 데뷔시키려 했다. 그는 아베 가문뿐 아니라 기시 가문의 후계자까지 모두 자기 아들들로 채웠다.

요코는 세 명의 아들을 낳았는데, 첫째가 히로노부, 둘째가 신조, 셋째가 노부오였다. 그런데 히로노부는 정치에 관심이 없었다. 그래서 남편 신타로를 이을 적임자로 둘째 신조를 택했고, 셋째 노부오는 기시 집안의 양자로 입적시켜 아버지 노부스케의 대를 이을 적임자로 삼으려 했다. 요코의 오빠 기시 노부카즈 부부에겐 자식이 없었기 때문에 셋째 아들 노부오는 태어나자마자 노부카즈 부부의 양자가 되어 기시 집안에서 자랐다.

이렇듯 요코는 남편 신타로보다 훨씬 더 가문에 대한 집착이 강한 사람이었다. 아베 신조는 아버지 신타로보다 요코의 영향을 더 많이 받았다. 아베 신조에게 어머니 요코가 어떤 존재인지는 총리가 된 이후 보인 신조의 행보에서 잘 드러난다.

신조는 2012년 12월 두 번째로 총리에 취임했지만, 생활은 총리 관저에서 하지 않았다. 그가 총리 관저 대신 머문 곳은 어머니 요코가 소유하고 있던 맨션 2층이었다. 그는 거기서 출퇴근하며 총리 임무를 수행했다. 그는 매일 아침 식사를 3층에 거주하고 있는 요코와 함께했다고 한다. 신조는 대장이 좋지 않은데 그 때문에 항상 요코가 만든 요구르트를 마셨다고도 한다. 이렇듯 신조가 총리 관저에 살지 않았기 때문에 2017년 7월 28일 밤 11시 42분에 북한이 미사일을 발사했는데도 제대로 대응하지 못했다는 말이 있을 정도였다. 총리로서 다소 황당하기까지 한 신조의 이런 행동은 그의 삶에 어머니 요코가 얼마나 지대한 영향을 끼치는 존재인지를 단적으로 보여주는 것이라 하겠다.

그들의 타고난 기질과 성정

독단적 현실주의자 도널드 트럼프

한미일 세 정상의 조상과 부모에 대해 간략하게 소개했으니, 이제 이들 세 사람의 타고난 기질과 성정을 살펴보려 한다. 몇 가지 어린 시절 일화를 통해 기질과 환경이 성정에 어떠한 영향을 미쳤는지도 짚어볼 것이다. 먼저 가장 연장자인 트럼프부터 시작하자. 트럼프의 기질과 성정은 어린 시절부터 매우 분명하게 드러났다. 그의 자서전 《거래의 기술》에 실린 다음 일화를 보자.

> 두 살 아래인 로버트는 나보다 조용하고 얌전했지만 무척 다정하게 지냈다. 어느 날 우리 둘은 우리 집 놀이방에서 나무 벽돌로 집 짓는 놀이를 했다. 나는 높은 건물을 짓고 싶었지만 나무

벽돌이 모자라 동생에게 빌려달라고 말했다. 동생은 "좋아, 그렇지만 다 만든 뒤에 돌려줘야 해"라고 했다.

나는 내 벽돌과 동생의 벽돌을 모두 사용하여 멋진 건물을 지었다. 만들어놓고 보니 하도 멋있어서 그만 벽돌들을 접착제로 붙여버렸다. 이것이 동생 벽돌의 마지막 운명이었다.

이 내용은 트럼프가 자신이 어릴 때부터 얼마나 건축에 집착했는지 알리기 위한 목적으로 쓰였을 것이다. 물론 이 글을 통해 그가 자신의 빌딩을 짓는 것에 얼마나 집착했는지 잘 알 수 있다. 더불어 이 글은 그의 성정과 기질을 명확하게 드러내기도 한다. 목적을 달성하기 위해서는 다른 사람과의 약속이나 다른 사람이 입을 피해 같은 것은 그다지 크게 신경 쓰지 않는 성향을 여실히 나타내고 있는 것이다. 이런 성향을 트럼프 스스로도 잘 알고 있었던 모양이다.

초등학교 때부터 나는 공격적이고 단호한 아이였다. 2학년 때 나는 선생님의 얼굴에 멍이 들게 한 일이 있다. 어리석게도 음악 선생님이 음악에 대해 아무것도 모른다고 생각하여 주먹을 휘두른 것이다. 그 일로 하마터면 학교에서 쫓겨날 뻔했다.

그 사건을 자랑하고 싶지는 않지만, 어릴 때부터 자립하려는 생각이 있었으며, 폭력적 방법을 통해서라도 내 생각을 알리고자 했던 것만은 분명하다. 지금에 와서는 주먹 대신 머리를 쓰려고 하는 점이 바뀌었을 뿐이다.

이 이야기에서 알 수 있듯이 트럼프는 기질적으로 수단보다는 목적을 중시하는 성향이었고, 그 목적을 이루기 위해서는 무리한 수단을 동원해도 무방하다는 생각을 지녔다. 거기다 그는 우두머리 기질도 강했다. 이에 대해 그는 이렇게 말한다.

나는 항상 주위에서 리더로 군림했다. 지금은 그러한 경향이 더욱 강해져 사람들이 나를 좋아하든 말든 리더가 되려고 한다. 우리 또래 사이에는 나를 좋아하는 사람들이 많았으며 나 자신도 남들이 따르는 인물이 되려고 애썼다.

이 말들은 그가 매우 권력 지향형의 외향적 성격임을 보여준다. 또한 독선적인 구석이 다분했음을 알 수 있다. 그는 독선적이라는 말을 들어도 리더가 될 수 있으면 괜찮다고 생각했던 것이다. 그뿐만 아니라 그는 짓궂은 구석도 많았다. 그의 회상을 보자.

꽤 자란 뒤에는 일을 꾸미는 데 관심이 많았다. 왜냐하면 사건을 일으켜서 시험하는 것이 재미있었기 때문이다. 나는 물이 든 볼을 던지거나 종이를 씹어 던지는 장난을 쳤고 학교 운동장과 생일 파티에서 소동을 일으키기도 했다. 그러한 장난은 공격적이기는 했으나 아주 못된 짓은 아니었다.

이 글은 자신이 소년 시절에 장난기가 좀 심한 아이였다는 뜻으로 쓴 것이다. 그런데 그 장난 속에 그의 성격이 고스란히 드러나 보인다. 그 짓궂은 행동들이 다소 과하더라도 재미만 있다면 큰 문제 될 것이 없다는 태도를 엿볼 수 있다. 그것이 비록 누군가의 생일 파티를 망치거나 불쾌감을 주거나 때론 괴롭히는 일이라고 해도 크게 개의치 않는다. 중요한 것은 재미다. 자신의 감정적 즐거움이나 정서적 이익을 위해서는 남을 좀 괴롭혀도 크게 문제 될 것이 없다는 의식이 바탕을 이룬 행동이라는 것이다.

하지만 그도 강한 상대 앞에서는 함부로 이런 의식을 드러내지 않는다. 그는 상대가 너무 강하다고 생각하면 힘을 행사하기보다는 상대를 자기편으로 끌어들일 타협책을 궁리한다. 13세에 진학한 뉴욕군사학교 시절의 다음 이야기 속에서 그의 이런 면모를 찾아볼 수 있다.

그 학교에서 내게 큰 영향을 준 특별한 선생님을 만났다. 전직 해병 상사인 시어도어 도비어스인데, 아주 강인하고 거친 사람이었다.

그는 어느 누구의 부탁도 들어주지 않았으며 특권층 자녀에 대해서도 아무런 배려를 하지 않았다. 줄이 틀리면 누구든 후려쳤다. 재빨리 나는 그런 사람은 육체적으로 다루어서는 안 된다고 간파했다.

나는 제3의 방식을 선택했고, 머리를 짜내 도비어스를 살폈다. 어떻게 그를 내 편으로 끌어넣을까 궁리했다. 내가 운동을 잘한 것이 도움이 됐다. 그는 야구 코치였고, 나는 팀의 주장이었기 때문이다.

나는 그를 다루는 방식을 터득했다. 그 방법이란 내가 그의 권위를 존중하고 있음을 넌지시 알리는 것이었다. 도비어스는 나를 억지로 위협하지 않았다. 미묘한 균형이 지속된 셈이다. 힘이 센 사람들이 보통 그렇듯이 도비어스도 약점을 발견하면 뒤통수를 노리는 습관이 있었다. 반면 상대방이 강하지만 공격할 의사가 없음을 눈치채면 상대방을 남자로서 대접했다. 사고에 의해서라기보다는 본능적으로 이러한 사실을 간파한 뒤 우리는 아주 친해졌다.

트럼프가 자서전에 이런 내용을 쓴 이유는 힘세고 무지막지한 상대를 만난다고 하더라도 자신은 결코 위축되지 않으며 상대와 매우 지능적으로 타협할 수 있는 사람임을 강조하기 위해서다. 그래서 그는 마치 엄청난 힘을 지닌 도비어스를 자신이 조종이라도 했던 것처럼 보이기 위해 '그를 다루는 방식을 터득했다'는 식의

1964년 도널드 트럼프의 뉴욕군사학교 졸업 사진.

표현을 사용했다. 이런 그의 표현 방식은 어디서 어떤 상대를 만나더라도 누구보다 상대를 잘 다룰 수 있다는 자신감의 발로라고 볼 수 있다.

트럼프의 성정이 형성되는 데 군사학교 시절의 경험이 큰 영향을 끼친 것은 사실인 것 같다. 엄격한 규정을 적용하는 군사학교 과정을 거치면서 그는 강한 상대와 타협하는 방법을 배웠고, 싸움에서 규칙을 지키는 것이 매우 중요하다는 사실도 깨우쳤다. 이런 깨침은 타고난 그의 독단적 기질에 현실주의적 성향을 강화했다.

독자적 이타주의자 문재인

트럼프와 달리 문재인은 자서전《운명》에서 개인사나 어린 시절에 대한 이야기를 그다지 많이 쓰지 않았다. 특히 학교 이전의 유년 시절은 거의 언급조차 하지 않고 있다. 이를 볼 때 문재인은 개인사를 쉽게 드러내지 않는 다소 내성적인 성격임을 알 수 있다. 실제로 어린 시절 그는 눈에 잘 띄지 않는 아이였다고 한다. 선생님의 눈에 들지도 않았고 잘 나서지도 않아서 스스로 손을 들고 발표를 하는 일도 거의 없었다. 그저 선생님이 시키면 마지못해 대답하는 정도였다.

문재인은 자신의 성격을 설명하기 위해 초등학교라는 사회적인 공간을 가장 먼저 언급한다. 대개는 자신의 성격에 대해 이야기할 때 유년 시절, 그것도 집에서 있었던 일화를 언급하는 게 일반적이다. 하지만 문재인의 자서전 어디에서도 유년 시절의 자기 자신, 특히 집에서 일어난 일에 대한 일화는 찾아볼 수가 없다. 문재인에게 유년에 대한 기억이 없기 때문은 아닐 것이다. 오히려 어린 시절, 특히 유년 기억을 남에게 알리고 싶지 않은 의지가 작용한 결과로 보인다. 그리고 그 의지 이면에 감춰진 것은 가난으로 인한 아픔일지도 모른다. 지독한 가난이 천진난만해야 할 유년기를 아픈 기억으로 뒤덮어버렸던 것은 아닐까.

그는 가난 때문에 하지 못한 일이 많았다. 돈이 드는 일이라면 스스로 포기하기 일쑤였다. 심지어 당시 아이들 대부분이 익혔던 자전거도 탈 줄 몰랐다. 그는 자신이 자전거를 타지 못하는 이유를 집에 자전거가 없었기 때문이라고 말한다. 당시 대여점도 많았지만 돈이 없어서 자전거를 빌린 적이 없다고 덧붙이기도 했다.

하지만 자전거를 타지 못하는 것이 정말 가난 때문이었을까? 그때 문재인만큼 가난했던 친구들은 모두 자전거를 탈 줄 모를까? 오히려 너무 가난해서 자전거를 잘 타야만 했던 사람들도 있었을 것이다. 자전거가 생활의 방편이었던 경우도 있었으니 말이다. 그렇다면 무엇이 문재인을 자전거도 탈 줄 모르는 사람으로 만들었을까? 그의 타고난 기질과 성정 때문은 아니었을까?

사실 그는 아주 어린 시절부터 부모의 가난을 먼저 생각할 줄 아는 아이였다. 초등학교 3학년 무렵엔 부엌칼로 자치기용 자를 깎다가 실수로 왼손 집게손가락을 내려쳐서 손톱 위 3분의 1가량이 잘려나가는 부상을 입고도 혼자 헝겊을 감고 버텼을 정도였다. 초등학교 3학년 어린 시절에 이미 그는 부모의 입장에 서 있었던 것이다. 적어도 경제적인 문제에서만큼은 그랬다. 그래서 돈이 드는 일은 가급적이면 부모에게 말하지 않았다. 말을 한다고 해도 부모가 해결할 수 있는 일이 아니라고 미리 예단한 것이다.

당시 문재인과 함께 학교를 다니던 아이들 중 상당수는 월사금을 내지 못했다. 월사금을 내지 못하는 아이들은 선생님에게 혼이 나고 집으로 쫓겨 가는 일도 많았다. 물론 문재인도 그런 아이 가운데 하나였다. 학교에서 쫓겨난 아이들 대다수는 집으로 가지 않았다. 집으로 간다고 해도 월사금을 받아 올 수 없다는 사실을 너무도 잘 알고 있었기에 아이들은 그저 학교 주변에서 시간을 때우다가 교실로 돌아가기 일쑤였다. 문재인 역시 그랬다. 집에 가서 월사금 이야기를 해봤자 어른들 마음만 아프게 할 뿐이라는 것이 그의 생각이었다.

어린 문재인이 부모를 걱정하는 마음은 거기서 그치지 않았다. 당시 어린아이들의 놀이도구였던 팽이, 연 등은 아버지나 형이 만들어주는 것이 일반적이었다. 하지만 문재인은 늘 직접 만들어 썼지, 단 한 번도 아버지에게 놀이도구를 만들어달라는 부탁을 한 적이 없었다. 아버지가 장사 일로 바빠 놀이도구를 만들어줄 시간이 없을 뿐 아니라 손재주도 없어서 도움을 줄 수 없을 것이라고 생각하고 부탁조차 하지 않았던 것이다.

이처럼 부모를 배려하는 마음이 다른 사람에게로 확장되면 자기보다는 타인을 먼저 생각하는 이타주의적 성향으로 발전할 가능성이 크다. 거기다 그는 스스로 할 수 있다는 자신감이 강했다. 그런 의미에서 볼 때 문재인은 이타적인 성향과 함께 매우 독자적인 기질을 지닌 아이였음을 알 수 있다.

이에 대해 문재인은 힘들어 보여도 가능하면 혼자 해결하려 했다고 회고했다. 이러한 자세는 자립심과 독립심을 키우는 데 많은 도움이 되었을 것이다. 그는 자립심과 독립심을 가난이 준 선물이라 여겼다고 말한 적 있다. 그러나 가난만으로 독자성이 강해질 수는 없다. 그의 독자적인 성향엔 타고난 기질도 한몫했다.

지배적 선민주의자 아베 신조

아베 신조는 자서전 《아름다운 나라로》에서 자신의 성장기에 대한 언급을 거의 하지 않았다. 그에게 성장기가 크게 좋은 기억으로 남아 있지 않기 때문일 것이다. 사실, 신조는 어린 시절을 다소 외롭게 보냈다. 집안은 부유했지만 부모는 늘 정치를 하느라 정신없이 바빴다. 이 때문에 어머니보다는 보모의 얼굴을 더 많이 보아야 했고, 아버지와는 거의 대화를 나누지 못한 채 자랐다. 시쳇말로 금수저 출신의 아이들이 겪는 부모 부재 현상에 시달린 것이다.

아베 신조에 관해 이야기하려면 그의 집안에 대한 언급을 하지 않을 수 없다. 명문 정치가 가문으로 외가에서는 외조부와 외종조부가 총리를 다섯 차례나 했고, 본가에서도 조부가 중의원 의원을 지냈다. 또한 아버지는 장관과 자민당의 간사장을 역임했다. 거기다 외가와 친가의 인물들이 대부분 일본 최고의 명문인 도쿄대를 나왔을 정도로 두뇌마저 뛰어난 집안이었다. 덕분에 그는 부족할 것 없는 풍요로운 환경에서 어디를 가나 대접받는 것을 당연하게 여기며 성장했다. 따라서 이런 환경이 그의 성정에 지대한 영향을 끼칠 수밖에 없었을 것이다.

하지만 성장 환경이 한 사람의 기질과 성정을 모두 결정하는 것은 아니다. 같은 환경에서 자란 형제라고 해도 기질이 판이한 경우가 다반사다. 아베 신조 역시 친형인 히로노부와 같은 환경에서 자랐지만 성정은 전혀 달랐다.

1960년 여름에 있었던 일화 하나가 이를 잘 보여준다. 당시 히로노부와 신조는 각각 초등학교 3학년, 1학년이었고, 여름방학 마지막 날이었다. 이날 히로노부는 숙제를 다 하지 못해 울상을 하고 있었는데, 신조는 아무 걱정이 없는 표정이었다. 가정교사가 신조에게 숙제를 다 했느냐고 묻자 신조는 자신 있는 말투로 다 했다고 답하며 태평스러운 모습까지 보였다. 하지만 신조는 숙제를 전혀 하지 않은 상태였다. 그럼에도 아무 걱정도 없이 잠을 잘 잤고, 다음 날엔 학교 잘 다녀오겠다는 우렁찬 인사까지 남기고 학교로 갔다. 물론 담임 선생님이 그냥 넘어갈 리 없었다. 신조는 숙제를 안 한 벌로 일주일 안에 노트 한 권을 모두 채워 오라는 과제를 받았다. 하지만 신조는 여전히 태평이었다. 숙제를 할 생각도 하지 않았고 불안감도 보이지 않았다. 결국 신조의 숙제는 어머니와 가정교사가 대신 했다.

히로노부와 신조의 성격은 이처럼 판이했다. 형 히로노부가 다소 겁이 많고 정직한 성향의 아이라면 신조는 당돌하고 뻔뻔스러운 성향의 아이였다. 신조는 선생님이 야단치며 숙제를 해 오라고 해도 전혀 위축되지 않았을 뿐더러 숙제를 하지도 않았다. 어찌 보면 나이가 어려서 상황을 이해하지 못하는 듯도 하고, 어찌 보면 부끄러움을 모르는 것처럼 보이기도 한다.

이 일화를 세간에 알린 사람은 구보 우메라는 여인이었다. 그는 신조가 두 살 5개월, 히로노부가 네 살 9개월 되던 때부터 형제를 키운 보모 겸 가정교사이자 아베 집안의 집사였다. 그는 당시를 회상하며 신조를 배짱이 좋다고 평가했지만, 그것은 배짱이라기보다는 지나친 자기애로 인한 뻔뻔스러움이라고 표현하는 것이 옳을 것이다. 거기다 가관인 것은 엄마와 가정교사가 함께 아이의 숙제를 대신 해서 학교에 제출했다는 것이다.

구보 우메는 대신 숙제를 해준 이야기를 대수롭지 않게 늘어놓지만, 엄마와 가정교사의 이와 같은 행동은 어린 신조에게 악영향을 끼치기에 충분했다. 엄마 요코와 가정교사 구보 우메가 신조의 담임교사를 속이기 위해 왼손으로 글을 써서 노트를 채운 것은 단순히 신조가 학교에서 혼날까 염려해서만은 아닐 것이다. 아이가 숙제를 해 가지 않으면 엄마인 자신의 체면은 물론 정치가 집안인 친정과 시집의 체면까지 구길까 봐 우려한 것이다.

신조는 어릴 때부터 이런 집안의 분위기를 잘 파악하고 있었던 것 같다. 자기가 굳이 숙제를 하지 않더라도 엄마와 가정교사가 알아서 다 해줄 것이라는 사실을 일찌감치 간파하고 있었던 것이다.

　실제로 기시 요코는 친정인 기시 가문이나 시집인 아베 가문에 누가 되는 일은 결코 용납하지 않았다. 비록 자신이 정치인은 아니었지만 남편과 아버지의 정치 활동을 위해서는 물불을 가리지 않고 뛰어들었고, 그 연장선상에서 가문의 명예를 실추시키는 일은 극도로 조심했다. 신조가 숙제를 하지 않아서 학교에 가 혼이 나는 일도 그녀에겐 가문의 명예를 실추시키는 일이었고, 그 때문에 숙제를 대신 하는 것으로 실추된 명예를 회복하려 한 것이다. 그만큼 요코는 가문을 중요시했으며, 그래서 어디서든 자랑하고 드러내려는 경향이 강했다. 그것은 요코뿐 아니라 남편 아베 신타로도 마찬가지였다. 그 역시 정치가 집안에서 태어나 명문 대학을 졸업하고 정치가로 살아가는 자신에 대한 자부심이 매우 강한 인물이었다. 그런 집안 분위기는 당시 총리였던 외조부 기시 노부스케에 이르면 더욱 심화된다.

　이런 집안 분위기를 대하는 두 아들의 태도는 대조적이었다. 장남 히로노부는 갑갑해하고 싫어한 반면, 둘째 신조는 아주 긍정적으로 받아들였다. 심지어 어린 신조는 집안의 분위기를 잘 이용하는 측면마저 있었다. 신조는 자신이 권력 있고 부유한 집안 아이라는 것을 꽤나 자랑스럽게 생각했다. 그래서 툭하면 친구들을 무더기로 불러들여 함께 자는 일이 많았다. 그때마다 신조는 가정부에게 밥을 넉넉하게 해달라고 부탁하곤 했다. 그에 비해 형 히로

노부는 집 안에 친구들을 끌어들이지 않았고, 항상 밖으로 돌았다. 형제의 이 대조적인 행동에서 알 수 있듯이 히로노부는 자신의 집을 누군가에게 드러내는 것을 꺼린 반면 신조는 오히려 집을 자신의 위세를 드러내는 수단으로 삼았다.

그렇다면 신조가 부유한 환경과 집안 배경을 내세워 친구들에게 얻고자 하는 것은 무엇이었을까? 가정교사 구보 우메의 말에 따르면 아베 신조는 친구들을 몰고 와서 주로 2층 큰방에 모여 영화 찍는 놀이를 하곤 했다고 한다. 물론 대장 격인 영화감독 역할은 늘 신조가 독차지했다. 신조는 감독 흉내를 내며 곧잘 친구들에게 명령조의 주문을 했다고 한다.

그때 아베 신조는 초등학교 고학년이었다. 우메는 아베 신조의 어릴 적 꿈이 영화감독이었다는 것을 알려주기 위해 이 이야기를 들려주었지만, 정작 이야기 속에서 발견할 수 있는 것은 아베 신조가 어릴 때부터 자신의 부유한 환경을 이용해 친구들 위에 군림하려 했다는 사실이다. 큰 저택에서 집사와 여러 가정부를 거느리며 살고 있는 매우 특별한 집안의 아이라는 것을 부각시켜 다른 친구들이 자신의 명령에 순종하도록 하는 지배적 성향이 있었던 것이다. 이런 신조의 행동 속에는 자신이 다른 사람과 다른 특별한 존재라는 선민의식이 강하게 자리하고 있음을 엿볼 수 있다.

청년 시절과 사회로의 첫발

도널드 트럼프:
불굴의 도전 정신으로 삼십 대에 돈방석에 앉다

청소년기를 뉴욕군사학교에서 보낸 트럼프는 대학 진학을 앞두고 영화에 매료되어 있었다. 그래서 영화를 전공하려는 마음을 품게 된다. 당시의 심정을 트럼프는 이렇게 회고한다.

"1964년에 뉴욕군사학교를 졸업한 뒤, 나는 서던캘리포니아대학의 영화학교에 들어가고 싶은 생각에 한동안 빠졌었다. 영화의 멋에 매료된 데다 샘 골드윈, 대릴 자누크, 그리고 특히 루이스 메이어 같은 사람들을 존경했기 때문이다."

하지만 그는 곧 영화학교에 진학할 생각을 접었다. 아무리 생각해도 자신이 가장 끌리는 일은 부동산 사업이었기 때문이다. 또한 집을 멀리 떠나서 생활하는 것도 부담스러웠다. 그래서 그는 브롱크스에 있는 포덤대학에 진학했다. 포덤대학은 천주교 예수회에서 운영하는 사립대학이다. 그는 그곳 선교사들과 사이가 좋았다고 술회한다. 그러나 2년만 다니고 다시 아이비리그 중 하나인 펜실베이니아대학의 경영대학인 와튼파이낸스스쿨에 편입했다. 와튼스쿨이 사업을 하려는 사람에겐 필수 코스라고 생각했기 때문이다.

와튼스쿨을 마친 뒤엔 아버지 사업을 돕기 시작했다. 그가 처음 맡은 일은 임대료 징수인과 함께 임대료를 받아 오는 일이었다. 임대료를 수금하는 일은 결코 만만한 일이 아니었다. 임차인 중에는 별의별 사람들이 다 있었기 때문이다. 남의 집 문을 잘못 두드렸다간 총알 세례를 받을 수 있을 만큼 위험한 일이었다. 이와 관련하여 그는 자서전에 이런 글을 남겼다.

임대료를 받으러 다니면서 제일 먼저 배운 요령은 노크를 할 때 현관문 앞에 서서는 안 된다는 것이었다. 대신 벽 쪽에 서서 손을 뻗어 노크를 해야 했다. 처음에 임대료 징수인이 그렇게 해야 한다고 설명을 해주었으나 나는 도무지 무슨 말인지 알아차릴 수가 없었다. "왜 그래야 하지?"라고 묻는 나를 그는 미친 사람을 보듯 쳐다보았다. "이유는 옆쪽에 서면 손만 위험에 노출되기 때문이야. 엉뚱한 시간에 남의 집 문을 두드렸다가 총탄

세례를 받을지 누가 알아?" 하지만 지금도 나는 그의 말을 확신할 수 없다.

아버지 사업을 도우며 지낸 지 3년쯤 되던 1971년에 그는 아버지에게 돈을 빌려 맨해튼에 숙소 겸 사무실로 쓸 아파트를 구했다. 맨해튼으로 진출하기 위한 준비를 한 셈이다. 이후에도 아버지 사업을 도우며 독립할 기회를 엿보던 그는 1973년에 펜센트럴 사 소유였던 뉴욕의 웨스트 34번가에 컨벤션 센터를 건립할 계획을 세웠다. 4년 동안 이 일에 매달려 살았고, 기어코 1978년에 웨스트 34번가를 컨벤션 센터 건설 부지로 최종 확정하는 성과를 얻었다. 뉴욕시와 뉴욕주는 34번가 부지를 매입하여 컨벤션 센터를 건설하기로 확정했고, 덕분에 그는 중개료 83만 8,000달러를 벌었다. 32세의 젊은 사업가가 처음 벌어들인 액수로는 꽤 큰돈이었다. 하지만 그는 만족하지 않고 컨벤션 센터의 공사 감독이 되기 위해 안간힘을 썼다. 그는 자신에게 공사를 맡겨주면 훨씬 저렴한 비용으로 훨씬 뛰어난 빌딩을 지을 수 있다고 자신했다. 그러나 뉴욕시와 뉴욕주는 그의 제의를 거절했다. 이에 대해 트럼프는 이렇게 술회한다.

나의 제의는 거절되었고, 결국 일은 더욱 크게 꼬였다. 지난해(1986년)에 결국 공사가 끝나긴 했으나 예정보다 4년이나 지연되었으며, 비용 초과는 2억 5,000만 달러에 달했다. 그러나 이자, 즉 공사 기간 동안의 선불경비(자산이 이익을 올리지 않는 기간 동안 발생하는 이자 비용)까지 계산한다면 전체 공사 비용은 7억 달러가 초과된 10억 달러쯤 될 것이다.

그 공사는 엄청난 망신거리였다. 그 일에 대해 칭찬하는 사람은 아무도 없었다. 1986년 나는 개막식에 초대받았지만 거절했다. 뉴욕시와 뉴욕주는 컨벤션 센터가 성공적인 것으로 평가받는다 해도 그것을 건설하는 데 불필요하게 탕진된 돈은 되찾을 수 없을 것이다.

이렇듯 트럼프는 컨벤션 센터 건설에 대단한 열정을 품고 있었고 직접 공사 감독을 맡지 못한 것을 매우 안타깝게 여겼다.

하지만 그의 관심을 끈 것은 컨벤션 센터만이 아니었다. 그는 뉴욕 중심가를 새롭게 바꿀 계획을 세우고 있었다. 그것은 뉴욕 중심가에 있던 코모도어 호텔을 개조하는 작업이었다. 당시 펜센트럴사 소유였던 코모도어는 아주 오래되고 허름했으며 만년 적자에 시달리고 있었기 때문에 세금도 제대로 내지 못하는 처지였다. 하지만 트럼프는 오히려 그곳에서 자신의 미래를 열어줄 새로운 가능성을 찾아냈다.

코모도어는 비록 낡았지만 규모는 아주 큰 편이었고, 무엇보다도 입지 조건이 매우 좋았다. 그는 코모도어가 좋은 위치에 있는 것만으로도 충분히 투자할 가치가 있다고 판단했다. 이에 대해 트럼프는 이렇게 회고한다.

나는 지금도 빅터가 나에게 처음으로 코모도어 호텔에 관한 이야기를 하던 날, 그곳을 찾으려고 이리저리 돌아다녔던 일을 기억하고 있다. 그 호텔뿐 아니라 주변의 다른 건물들까지 믿을 수 없을 만큼 초라했다. 건물들 중 절반가량은 이미 건물로서 가치를 상실한 것이었다. 코모도어 호텔의 바깥쪽 벽면은 대단히 불결했으며 로비도 말할 수 없을 만큼 우중충해 마치 복지 사업용으로 지어놓은 호텔 같았다. 1층에는 싸구려 도떼기시장 같은 상점들이 영업을 하고 있었는데, 상점마다 널빤지로 칸막이를 하고 있었으며 입구마다 쓰레기들이 널려 있었다. 누가 보더라도 대단히 실망스러운 모습이었다.

그러나 호텔로 다가가면서 내 눈을 사로잡는 전혀 색다른 무엇인가를 발견했다. 그때가 아침 9시경이었는데 코네티컷과 웨스트체스터에서 온 말쑥한 차림의 수천 명에 달하는 통근자들이 그랜드센트럴 터미널과 지하 전철역에서 쏟아져 나오고 있었던 것이다.

뉴욕시가 파산 직전에 처해 있다고 하지만 내가 본 곳은 대단히 화려한 곳이었다. 만약 뉴욕시가 글자 그대로 죽어가고 있지만 않으면 매일 수백만 명에 달하는 인파가 이 지역을 지나가고도 남을 것이다. 문제는 그 주변이 아니고 호텔이었다. 만약 내가 코모도어 호텔을 개조할 수만 있다면 히트를 칠 것이 틀림없었다. 편리함 그 자체만으로 그것을 보장해줄 수 있을 터였다.

생각이 여기에까지 미치자, 그는 1974년에 25만 달러의 계약금을 지불하기로 하고 이 낡아빠진 코모도어 호텔을 인수하기로 결정했다. 하지만 계약만 했을 뿐 계약금을 지불하지는 않았다. 그럼에도 펜센트럴사 측은 계약금을 독촉하지 않았다. 어차피 빚더미 호텔이었기에 한 푼도 받지 않아도 누구에게든 넘길 수만 있다면 다행이라는 입장이었기 때문이다.

트럼프는 계획은 있었지만 돈은 많지 않았다. 그래서 자금 문제를 해결할 묘책이 필요했다. 아버지에게 말해봐야 쓸데없는 일을 한다며 지원하지 않을 것이 뻔했다. 그는 고민 끝에 묘책을 찾아냈다. 그가 찾아낸 자금 해결책은 다른 거대 호텔과 체인을 맺는 것이었다. 그는 힐튼, 쉐라톤, 홀리데이 인, 하얏트 등의 호텔 그룹들을 살펴본 뒤, 하얏트가 가장 적임이라고 판단했다. 당시 다른 호텔 그룹들은 뉴욕에 지점이 있었지만 하얏트는 뉴욕에 간판 호텔을 두지 못했기 때문이다. 더구나 당시 하얏트가 '뉴욕시에 체인을 하나 갖고 싶어 몹시 안달한다'는 소문까지 있었다.

트럼프는 곧바로 하얏트의 회장 휴고 프렌드 2세를 만났다. 이후 트럼프와 하얏트의 동업은 급속도로 진행되는 듯했다. 그러나 이상하게도 결정적인 순간에 일이 성사되지 않았다. 그 원인을 알아본 결과 하얏트의 실소유주가 따로 있기 때문이었다. 트럼프는 곧장 실소유주인 제이 프리츠커를 만나 동업 계약을 성립시켰다. 동업 조건은 트럼프가 호텔 정비를 맡고 하얏트가 경영을 맡는다는 것이었다.

계약이 성립되자 트럼프는 1975년 5월 4일, 전격적으로 하얏트와 공동 기자회견을 열었다. 덕분에 트럼프는 뉴욕시로부터 세제 혜택을 받고 동시에 은행 융자를 받을 수 있었다. 가장 큰 벽이었던 자금 문제가 해결된 것이다. 물론 그 과정에 엄청난 난관이 있었지만 트럼프는 다양한 방법을 동원하여 문제를 해결했다. 이는 그야말로 무에서 유를 창조하는 일이나 다름없었다. 그럼에도 그는 마치 신의 계시라도 받은 것처럼 불굴의 투지력을 발휘하여 기어코 계획을 성사시켰다.

트럼프가 코모도어 호텔을 새로운 호텔로 탈바꿈시킨 방법은 매우 특이했다. 우선 트럼프는 1,000만 달러를 펜센트럴사에 지불해야 했는데, 당시 코모도어는 뉴욕시에 내야 하는 세금이 600만 달러나 되었다. 그래서 트럼프는 인수한 코모도어를 단돈 1달러에 뉴욕시에 팔고 뉴욕시가 트럼프에게 99년 동안 임대해주는 방식을 택했다. 그리고 트럼프는 임대료로 40년 동안 매년 25만 달러를 뉴욕시에 지불하다가 40년째 되는 해부터 270만 달러로 임대료를 높인다는 내용이었다. 단 임대료는 재산세를 대신하는 것이었는데, 뉴욕시가 40년 동안 재산세를 감면한다는 뜻이었다. 그야말로 트럼프는 돈 한 푼 안 들이고 호텔을 소유하게 된 셈이다. 겨우 29세의 애송이 사업가였던 트럼프의 대단한 수완이 빛을 발하는 순간이었다.

하지만 그것으로 모두 끝난 것은 아니었다. 호텔을 개축하는 과정에서도 여러 난관이 도사리고 있었다. 대부분의 사람들은 코모도어 호텔의 꽃단장을 위해 많은 액수의 세금과 투자금을 쏟아붓는 것을 반대했고, 트럼프가 설계한 인테리어에도 전혀 동의하지 않았다. 게다가 코모도어 호텔을 원형 그대로 보존해야 한다고 주장하는 사람들도 많았다. 하긴 그의 아버지조차 이 사업에 대해 처음부터 회의적이었다. 자서전에 따르면 아버지 프레디는 아들 도널드가 거대한 호텔을 매입하게 되었다는 말을 듣고 이런 말을 했을 정도였다.

"크라이슬러 같은 빌딩도 파산으로 법정 관리인의 손에 넘어가는 판에 지금 코모도어를 산다고? 그것은 마치 대서양에 침몰한 타이타닉호의 좌석권을 서로 먼저 끊으려고 싸움질을 하는 것이나 같은 것이다."

하지만 트럼프는 자신의 판단이 옳다고 굳게 믿었다. 그리고 코모도어 개축에 반대하는 사람들에게 이렇게 맞받아쳤다.

"코모도어를 옛날 모습 그대로 둔다는 것은 자살 행위나 다름없어요. 이보시오 친구들, 부탁건대 이 거대한 기념물에 대해 애기들을 하지 마세요. 크라이슬러 빌딩은 그 주변이 황폐화됐고 제대로 돼가는 것이라곤 아무것도 없어요. 내가 코모도어 벽을 그대로 두리라고 생각한다면 미친 생각입니다."

그러면서 자신의 뜻대로 코모도어의 벽면을 모두 유리로 뒤덮었다. 건물의 사면을 모두 거울로 만들어버린 것이다. 결과적으로 그의 판단은 옳았다.

이상하게 들릴지 모르지만 모든 것은 변할 수 있다. 나의 빌딩에 대해 당초 저주에 가까운 생각을 하던 사람들도 지금은 그것을 사랑한다. 그들은 대단히 반사력이 좋은 유리를 벽면 재료로 선택함으로써 건물의 네 면을 거울로 만든 것을 대단히 놀라운 착상으로 여겼다. 42번가를 가로질러 가거나 파크 애비뉴 진입로로 올라가면서 그랜드하얏트를 올려다볼 때, 우리는 이 호텔에 비친 그랜드센트럴 터미널과 크라이슬러 빌딩, 그리고 그 외 다른 특징적인 것들을 볼 수 있을 것이다. 호텔 벽을 유리로 덮지 않았더라면 결코 우리는 그런 모습들을 볼 수 없었을 것이다.

이렇듯 코모도어 호텔의 개축은 순전히 트럼프의 끈질긴 추진력과 확고한 의지로 성공할 수 있었다. 1980년 9월, 꽃단장을 마친 코모도어는 그랜드하얏트 호텔 뉴욕점으로 명패를 바꿔 달고 마침내 문을 열었다. 빚에 시달리며 허물어져 가던 코모도어 호텔은 하얏트 호텔로 탈바꿈한 이후 연간 영업 수익이 3,000만 달러가 넘는 곳으로 변했다. 또한 트럼프는 이 호텔 지분 50퍼센트를 갖게 되어 삼십 대 젊은 나이에 찬란한 돈방석에 앉게 되었다.

문재인:
운동권 학생을 거쳐 선택한 인권 변호사의 삶

문재인은 가난했지만 공부를 잘하는 아이였다. 그래서 부산의 명문인 경남중학교와 경남고등학교에 진학하여 그곳에서 청소년기를 보냈다. 청소년 시절의 그는 도서관 붙박이였다. 그야말로 독서광이라고 할 정도로 책에 푹 빠져 살았다. 그는 책을 읽을 때가 가장 행복했고, 책 속에서 세상과 인생을 배웠다.

그는 교과 공부보다는 일반 책을 독파하는 데 더 열심인 학생이었다. 거기다 시쳇말로 '노는 친구들'과 어울리며 술과 담배를 가까이했고 그 일로 정학을 당하기도 했다. 결국 그 대가를 치러야 했다. 입시 성적이 좋지 못했던 것이다. 주변의 기대처럼 명문대에 합격하지 못했을 뿐 아니라 재수까지 하는 신세가 되었다. 재수 끝에 그가 간 대학은 당시 후기였던 경희대였다.

그는 대학에서 역사를 전공하고 싶었다. 하지만 부모님도 선생님도 반대했다. 그의 성적 정도면 커트라인이 좀 더 높은 과를 선택할 수 있다고 하면서 법대나 상대를 권유했다. 그는 그 뜻에 따라 법대를 선택했다.

문재인이 대학에 진학했던 1972년은 시대적으로 매우 암울한 시기였다. 5·16 군사정변으로 정권을 잡은 박정희는 1969년에 단행한 3선 개헌도 모자라 영구 집권을 도모했고, 결국 이를 실현하기 위해 헌법을 바꿨다. 이른바 '유신헌법'을 공포한 것이다.

1972년 10월에 발표된 유신헌법은 박정희의 독재와 장기 집권의 발판이었다. 유신헌법이 발표되기 하루 전 대학가는 모두 탱크들이 점령했고 학교에는 휴교령이 떨어졌다. 이 때문에 대학생들과 민주 세력은 연일 유신헌법 반대 시위에 나섰고, 이런 현상은 유신 시대 내내 이어졌다. 그러자 박정희는 긴급조치를 발동하여 유신에 반기를 든 대학생들과 민주 세력을 가혹하게 탄압했다. 그 과정에서 간첩 사건을 일으켜 민주 인사와 반정부 투쟁에 나선 학생들을 간첩으로 몰아 사형시키기도 했다.

문재인은 이미 고등학교 시절에 박정희의 3선 개헌 반대 시위에 나선 경험이 있었다. 그 때문에 유신헌법 공포에 대해 적대감이 대단했다. 그래서 어떻게 해서든 유신 반대 운동을 전개하고자 했다.

하지만 문재인이 다니던 경희대학교는 시위에 가담하는 일이 별로 없었다. 그 점을 안타까워하던 그는 1974년에 학교 재단의 비리 때문에 학내에서 재단 퇴진 농성이 벌어지자, 이를 기회로 뜻 맞는 친구들과 함께 유신 반대 시위를 계획했다. 문재인은 이 때 선언문을 작성했다. 또한 선언문 낭독을 맡았던 친구가 학교 측의 방해로 참석하지 못하자 직접 선언문을 읽으며 시위를 주도했다. 시위에 참여한 학생 수는 무려 2,000명을 헤아렸다. 전교생 4분의 1이 참여한 것이다. 이 사건 후 문재인은 경희대 학생운동의 중심인물로 부상했다.

이듬해인 1975년, 문재인은 대학 졸업반인 4학년이 되었다. 이 무렵엔 어느 대학이라고 할 것 없이 모두 박정희의 유신 정권에 저항했다. 대학뿐 아니라 재야의 민주 인사들과 종교 단체, 언론인들까지 가세하여 대대적인 저항 운동에 돌입한 상태였다. 그런 상황에서 서울대 학생 김상진이 할복을 하며 유신 반대를 외쳤고, 이 사건이 도화선이 되어 유신 정권 타도 열기는 한층 달아올랐다.

그 무렵, 문재인이 다니던 경희대에서는 직선제에 의한 총학생회장 선거가 있었다. 문재인을 비롯한 학생운동권 세력은 총학생회를 장악하여 유신 반대 시위를 주도하기로 계획했다. 그래서 운동권 중에서 학생회장 후보를 출마시켰고, 마침내 당선까지 성공했다. 이후로 모든 시위는 총학생회가 주관하여 조직적으로 전개했다.

총학생회 주도로 시위가 전개되자 참여 학생 수가 전교생의 절반이 넘는 5,000명을 헤아렸다. 그러자 경찰에서 총학생회장을 체포하여 구금해버렸고, 총무부장이던 문재인이 총학생회장 대행을 하면서 시위를 이끌었다.

문재인은 결국 시위를 주도한 혐의로 체포되어 경찰서에 구속되었고, 동시에 학교에서도 제적되었다. 이후 검찰로 송치되어 서대문 구치소에 수감되었다. 그리고 재판에서 징역 2년이 구형되었다. 하지만 판사가 집행유예 10개월을 선고한 덕분에 풀려날 수 있었다. 소신 있는 판사를 만난 덕이었다.

그러나 석방된 그를 기다리는 것은 입영 영장이었다. 신체검사도 받지 않은 상태에서 입영 통지서가 날아든 것이다. 말하자면 강제징집이었다. 문재인은 6주간의 훈련소 생활을 마치고 특전사령부에 배치되었다. 흔히 공수부대로 불리는 특공대였다. 그는 특전사령부 예하 제1공수 특전여단 제3대대에 배치됐다. 당시 훈련소에 입소한 동기 중에 학생운동 때문에 강제징집 된 사람은 다섯 명이었다. 그들 다섯 명은 모두 훈련이 가장 고되고 생활이 힘든 곳에 배치됐는데, 그중에서 문재인은 가장 고생이 심하다는 공수부대에 배치된 것이다. 학생 시위를 주도한 것에 대한 보복 조치였던 셈이다.

하지만 문재인은 군 생활에 아주 잘 적응했다. 신기할 정도로 뛰어난 병사로 지냈다고 한다. 그는 공수병이자 폭파병이 됐고, 6주간의 특수전 훈련을 마칠 때 정병주 특전사령관으로부터 폭파 과정 최우수 표창을 받았다. 그리고 자대로 돌아온 후에는 전두환 여단장으로부터 화생방 최우수 표창을 받기도 했다.

그런데 군대에서 만난 이 두 지휘관의 운명이 묘했다. 정병주는 12·12 군사반란을 막다가 반란군의 총에 맞아 체포되었고, 전두환은 그 쿠데타에 성공해 대통령까지 됐으니 말이다. 그가 관등성명을 외웠던 두 직속상관의 운명이 그렇게 엇갈렸다. 운명은 거기서 끝나지 않았다. 훗날 문재인이 퇴진 운동을 전개하던 세력의 우두머리가 전두환이었으니 말이다.

어쨌든 문재인은 학교 다닐 때도 한번 받아보지 못한 표창장을 강제로 끌려온 군대에서 여러 차례 받았으니, 정말 아이러니가 아닐 수 없었다. 공수 훈련, 천 리(400킬로미터) 행군, 수중 침투 훈련, 인명구조 훈련, 폭동 진압 훈련 등의 가혹한 훈련을 이겨내며 그는 마침내 1978년 2월에 31개월의 군 복무를 마치고 무사히 제대했다.

군대 제대 직후 문재인은 아버지 상을 당했다. 전쟁 통에 월남민으로 내려와 온갖 고생을 하며 어렵게 생을 버텨가던 그의 아버지 문용형은 북에 남은 부모님의 생사도 모른 채 59세의 나이로 삶을 마감했다. 문용형은 그날 친척이 운영하는 회사에서 일을 마치고 목욕을 한 후 동료들과 반주를 곁들인 저녁을 먹다가 앉은 채로 숨을 거뒀다. 사인은 심장마비였지만 과로사였던 것으로 보인다.

그 무렵 문재인은 진로를 잡지 못한 채 방황하고 있었다. 대학을 졸업하지 못해 취직하기도 어려웠는데, 그렇다고 마냥 놀 수도 없는 처지라 가계에 도움이 되어야겠다며 일자리를 알아보고 다녔다. 그런 상황에서 아버지가 죽자, 문재인은 평소 아버지의 기대에 부응하기 위해 사법고시에 뜻을 두고 절로 들어갔다.

그는 대학 3학년 때 사법고시 1차에 합격했었다. 그러나 강제징집 탓에 2차 시험을 보지 못했기에 1차부터 다시 시작해야 했다. 다행히 1979년 초 1차에 다시 합격했다. 그리고 이듬해 있을 2차 시험을 위해 공부에 매진하고 있을 때, 바깥에서 대대적인 반정부 시위가 전개되고 있다는 소식이 들려왔다. 그리고 그해 10월 26일, 급기야 18년 동안 독재 정권을 이어가던 박정희가 당시 정보부장 김재규에게 사살되었다는 소식이 전해졌다.

이후로 정세는 급박하게 돌아갔다. 전두환이 12·12 군사반란을 일으켜 정권을 장악한 후 다시 군사독재를 이어가려 했고, 시민과 학생 들은 이를 저지하기 위해 대대적인 가두시위를 벌였다. 이른바 1980년 '서울의 봄'이 시작된 것이다.

이 소식을 접한 문재인은 엉덩이가 들썩거려 시험공부에 집중할 수가 없었다. 그런 상황에서 그해 3월에 복학했다. 반정부 투쟁으로 제적된 학생들을 복학시키는 조치가 있었는데, 그는 경희대의 복학생 대표가 되어 학교와 교섭한 끝에 복학할 수 있었던 것이다. 복학 조건은 파격적이었다. 다니다 제적된 학기를 인정받고 복학하는 학기의 등록금도 면제되었다. 덕분에 그는 등록금을 내지 않고 한 학기만 다니면 졸업할 수 있었다. 하지만 졸업은 요원한 일이었다. 신학기가 시작되자 학생들은 족벌 재단을 상대로 학원 민주화 투쟁을 전개했고, 그 역시 이 대열에 합류하여 연일 농성장을 찾았다. 그 와중에도 그해 4월에 사법고시 2차 시험을 치렀다. 몇 달 동안 공부를 하지 못한 상태였지만 최선을 다한 시험이었다.

그 무렵, 서울의 모든 대학이 신군부의 군사독재 연장을 반대하는 시위를 벌였다. 서울의 중심가는 늘 시위하는 대학생들로 넘쳐났다. 그가 다니던 경희대도 매일같이 학교에서 출정식을 한 뒤 시가지로 행진했다. 이후에는 모든 대학생이 한곳에 집결하여 시위를 벌였다. 5월 15일엔 서울역 광장에 20만 명의 대학생이 운집했다. 그러나 시위 지도부는 자칫 군대를 투입할 빌미를 줄 수 있다고 판단해 스스로 퇴각했다. 이미 비상계엄령이 떨어진 상황이라 학생 지도부가 겁을 먹은 것이다.

그런 상황에서 신군부는 5월 17일에 비상계엄령을 강화한다고 발표했다. 문재인은 직감적으로 이것이 민주 세력에 대한 대대적인 탄압의 신호라는 것을 알아차렸다. 그의 예감은 적중했다. 몇 명의 건장한 형사들이 총을 들이대며 그에게 수갑을 채웠던 것이다. 그는 다시 경찰서 유치장에 갇혀야 했다. 문재인뿐 아니라 전국적으로 반정부 투쟁 경력이 있는 시민과 학생 들이 체포되어 감옥에 갇혔다. 신군부의 군사독재가 시작된다는 신호였다.

경찰서 유치장에 갇힌 문재인은 계엄포고령 위반으로 군법회의에 넘겨질 상황이었다. 그렇게 유치장에서 20일이 넘도록 갇혀 있는데 뜻밖의 낭보가 날아들었다. 사법고시 2차 시험에 합격한 것이다. 그러자 경희대 학생처장과 법대 동창회장 등이 유치장으로 찾아와 축하 인사를 했고, 이후로 경희대 총장을 비롯한 교수들이 그를 유치장에서 빼내기 위해 총력전을 펼쳤다. 그해 경희대에서 사법고시 2차에 합격한 학생은 단 두 명뿐이었기 때문에 학교 측은 어떻게 해서든 문재인을 구명해야 한다는 입장이었던 것이다.

결국 학교 측과 육사 출신인 어느 교수의 도움으로 문재인은 석방되었다. 그리고 3차 면접시험에 합격함으로써 사법고시에 최종 합격했다. 시위 전력자들은 3차 면접시험에서 떨어지는 경우가 많았지만 문재인은 운이 좋았던 모양이다.

사법고시에 합격한 문재인은 2년 동안 사법연수원에서 생활했다. 연수원만 마치면 판사 또는 검사로 임용되는 것은 정해진 순서였다. 더구나 그는 연수원 성적도 좋았다. 무려 차석이었다. 그래서 판사에 지원했지만, 시위 전력 때문에 임용이 되지 않았다. 남은 것은 변호사가 되는 길이었다. 이에 대해 문재인은 "나를 변호사로 되게 한 모든 과정들이, 결국은 노무현 변호사를 만나기 위해 미리 정해진 운명적 수순처럼 느껴진다"고 했다.

1982년 8월, 사법연수원을 수료한 문재인은 어머니가 살고 있던 부산으로 내려갔다. 여러 유명 로펌에서 좋은 조건으로 손짓을 했지만 그는 그 모든 조건을 뿌리치고 보잘것없는 허름한 사무실로 찾아갔다. 그리고 만난 사람이 노무현이었다.

문재인이 노무현을 만난 것은 연수원 동기생의 소개에 의한 것이었다. 당시 노무현은 부산 변호사들 중에 가장 젊은 변호사였고, 몇 안 되는 인권 변호사였으며, 대학을 나오지 않은 고졸 출신 변호사였다. 문재인은 그와 몇 시간 동안 이야기를 나눈 뒤, 동업을 결심했다. 노무현의 제의는 간단했다. 함께 깨끗한 변호사로 살아보자는 것이었고, 문재인은 이에 동의했다. 이후로 그는 노무현과 함께 합동법률사무소 간판을 내걸고 부산의 인권 변호사로 활동하기 시작했다.

문재인은 처음부터 자신이 인권 변호사의 길을 가려고 작정한 것은 아니라고 말한다. 그러나 고등학교 시절의 3선 개헌 반대 운동부터 유신헌법 반대 운동, 박정희 독재 정권 퇴진 운동 및 신군부 세력에 대한 저항 운동 등으로 보냈던 대학 시절을 돌이켜 볼 때, 인권 변호사의 삶은 이미 예정되어 있었던 것 같다. 어쩌다 보니 그가 그 길에 서 있게 된 것이 아니라 스스로 그 길을 선택했다는 뜻이다. 그렇지 않다면 결코 그 어려운 길을 계속 걸을 수 없었을 것이다.

아베 신조:
날라리 대학생 생활을 접고 고베제강 사원이 되다

아베 신조가 초등학생 때부터 사회인이 되기까지 단 한 번도 진
학이나 입사를 위한 시험을 치른 적 없다는 것은 이미 일본 사회
에선 잘 알려진 사실이다. 그는 초등학교에서 대학교까지 16년
동안 세이케이학원* 재단 소유의 학교만 다녔다. 세이케이학원은
도쿄 무사시노의 한적한 지역에 자리한 사립학교 재단이다. 이 학
교의 학생들은 대부분 생활 수준이 꽤 높은 집안의 자제들이었다.
일본에는 유치원에서 대학교까지 같은 재단이 운영하면서 입학
시험 없이 상급학교에 진학하는, 이른바 '일관교육'을 시키는 교
육 법인들이 여럿 있는데, 대표적인 곳이 게이오학원이나 세이케
이학원이다.

아베 신조는 세이케이학원에서 초·중·고를 졸업한 이후, 대
학도 세이케이를 택했는데, 그의 대학 진학에 대해서 본가와 외
가 모두 매우 실망스러워했다. 외조부 기시 노부스케와 조부 아베
간, 외종조부 사토 에이사쿠, 아버지 아베 신타로가 모두 일본 대

---

* 세이케이학원은 나카무라 하루지라는 인물이 메이지와 다이쇼 시대에 걸쳐 설립했다. 이후
미쓰비시의 총수 이와사키 고야타 등이 가세하여 규모를 확장함으로써 초등학교부터 대학교
까지 모두 갖춘 세이케이학원으로 성장했다.

학 서열 1위인 도쿄대학, 그것도 수재들만 들어간다는 법학부 정치학과 출신이었기 때문이다.

일본도 한국과 마찬가지로 학벌을 매우 중시하는 사회로서 대학이 아주 서열화되어 있다. 일본 대학의 서열을 대략 나열하자면 국립대학인 도쿄대학을 필두로 교토대학, 히토츠바시대학, 오사카대학, 도쿄공업대학, 도쿄외국어대학, 나고야대학, 게이오기주쿠대학 순으로 이어지는데, 세이케이대학은 서열이 한참 밑이다. 일본 대학 서열은 대개 일류 대학부터 S군, A군, B군, C군 등으로 나누고 S군 내에서도 S1, S2, S3 등으로 다시 분류하는데, 세이케이대학은 C3군에 해당하는 대학이다.

아베 신조가 세이케이대학에 입학한 것에 대해 집안에서는 실망스러워했지만 신조로서는 다른 선택을 하는 것이 쉽지 않았다. 특히 아버지나 조부, 외조부처럼 도쿄대학 법학부에 진학하는 것은 전혀 꿈꿀 수도 없었다. 신조의 고등학교 성적으론 어림없는 일이었기 때문이다. 신조의 성적으로는 무시험으로 들어갈 수 있는 세이케이대학에 진학하는 것이 최선의 선택이었던 셈이다.

신조는 사실, 고등학교 시절 공부에 크게 관심도 없었고 재능도 없었다. 아버지 신타로는 그 때문에 자주 속을 끓였던 모양이다. 그래서 도쿄대 진학을 강압하며 낡은 사전으로 신조의 머리를 때리기도 했다는 일화가 전해진다. 큰아들 히로노부가 공부를 잘하지 못해 역시 세이케이대학에 진학했기 때문에 신타로는 둘째 신조라도 공부를 잘했으면 하는 바람이 컸던 것일 게다. 하지만 신조가 공부도 하지 않고 성적도 좋지 않자 자주 실망하는 모습을 보였는데, 이 때문에 부자간의 관계가 멀어졌다는 말도 있다.

신조가 도쿄대학에 진학하길 원한 것은 어머니 요코도 마찬가지였다. 하지만 정작 당사자인 아베 신조는 대학에 대한 열정이 전혀 없었다. 공부에도, 미래를 설계하는 일에도 크게 관심이 없었다. 그랬음에도 세이케이대학 진학은 그에게 학벌 콤플렉스를 남겼다. 자민당 간사장 시절에 그는 외조부 기시 노부스케가 대단한 수재였기 때문에 그에 대한 부담감이 있다고 말한 적이 있다. 또 2004년 2월 22일 자 〈요미우리 위클리〉와의 인터뷰에서도 다음과 같이 말했다.

"콤플렉스가 없는 인간은 세상에 거의 없을 겁니다. 초등학교부터 대학교까지 계속해서 세이케이학원을 다니다 보니 수험을 경험해보지 못했습니다. 인간이라면 어떤 때는 눈앞의 목표를 달성하기 위해 각오를 단단히 하고 공부하는 것이 필요하지 않을까도 생각했습니다."

그의 학벌 콤플렉스는 자서전 《새로운 나라로》에서도 확인된다. 이 책은 그가 두 번째로 총리에 취임하면서 2013년에 내놓은 자서전으로, 처음 총리에 취임하기 2개월 전인 2006년 7월에 출간한 《아름다운 나라로》의 증보판이다. 그런데 증보판에서 재미있는 사실이 하나 발견된다. 《새로운 나라로》를 출간하면서 《아름다운 나라로》에 넣은 약력 중에 '세이케이대학 법학부 졸업'이라는 내용을 삭제한 것이다. 자신이 세이케이대학을 나온 것을 밝히고 싶지 않다는 뜻으로 보이는데, 《아베 신조, 침묵의 가면》의 저자 노가미 다다오키는 자민당의 한 의원의 말을 인용하며 이런 행동을 '학력 콤플렉스의 반증'이라고 해석한다.

이렇듯 세이케이대학 진학은 그에게 콤플렉스를 남겼지만, 전공만큼은 조부와 외조부, 아버지처럼 법학부 정치학과를 선택했다. 그가 법학부 정치학과를 택한 것은 집안의 뜻에 의한 것으로 보인다. 신조는 어릴 때부터 영화에 관심이 많아 영화감독이 되는 것이 꿈이었지만 집안에서는 신조가 가업을 이어 정치인이 되길 바랐기 때문이다. 일본 사회에서는 대개 장남이 가업을 잇는 것이 일반적이었지만 장남 히로노부는 노골적으로 정치인이 되는 것을 거부했다. 게다가 그는 경제학과에 진학한 상태라 정치인 집안의 가업을 잇는 것은 신조의 몫으로 남았다.

정치학과에 진학하라는 집안의 뜻을 수용해 대학에 갔지만 막상 그는 학업은 뒷전이었고 친구들과 어울려 노는 것을 즐겼다. 부잣집 아들답게 이탈리아 고급 스포츠카인 빨간색 알파로메오를 몰고 다녔고 마작에 빠져 지내기도 했는데, 마작을 하다 좋은 패가 들어오면 얼음이 든 물컵에서 얼음을 하나 꺼내 물고는 소리를 내며 부서뜨리는 버릇이 있었다고 한다.

이렇듯 아베 신조는 대학 시절만 하더라도 정치에 특별한 관심을 보이지 않았다. 그저 양궁부에 들어가 동아리 활동을 즐기며 여학생들과의 미팅 자리는 빠짐없이 참석하는 다소 날라리 대학생이었다. 그래서 함께 대학 시절을 보낸 친구 하나는 당시 신조가 가업을 이어 정치를 할 생각을 가진 줄은 전혀 몰랐다고 했다.

대학 시절을 이렇게 보낸 만큼 졸업 후에도 당장 정치를 진로로 선택하지는 않았다. 그의 진로에 대해 외조부 기시 노부스케는 관료가 되길 원했지만, 그는 고개를 가로저었다. 관직에 진출하려면 국가공무원 상급직 시험에 합격해야 하는데 자신이 없었던 것이다. 그렇다고 형 히로노부처럼 대학원에 진학할 마음도 없었다. 히로노부는 세이케이에서 경제학을 전공하고 도쿄대 대학원으로 진학했다. 하지만 공부에 별 관심이 없던 신조로서는 대학원 진학 같은 것은 아예 생각도 안 했다. 그래도 집안에 뭔가 답을 줘야 했고, 그래서 선택한 것이 유학이었다.

신조가 미국 유학을 택하자 집안에서도 별다른 반대를 하지 않았다. 정치를 하려면 스펙이 필요했고, 스펙을 쌓는 데엔 미국 유학만큼 괜찮은 선택지도 없다고 판단했던 것이다.

1977년 아베 신조는 흔히 남가주대학으로 불리는 로스앤젤레스의 명문 대학인 서던캘리포니아대학으로 떠났다. 하지만 바로 입학하지 못하고 대학에 들어가기 앞서 9개월간 어학 코스를 밟아야만 했다. 그는 샌프란시스코에 있는 헤이워드학교에서 영어를 익혔다. 그리고 어학 코스가 끝나자 1978년 1월에 비로소 남가

주대학에 입학했다.

하지만 신조의 남가주대학 생활은 불과 1년 만에 끝났다. 미국 생활에 잘 적응하지 못해 향수병에 시달렸고, 그 때문에 툭하면 집에 전화를 했다. 매월 10만 엔이 넘는 국제전화 요금이 나왔고, 결국 아버지 신타로는 그의 귀국을 결정했다.

1979년 4월에 신조가 귀국하자 아버지 신타로는 그를 고베제강에 취직시켰다. 일종의 낙하산 취업이었다. 고베제강은 신타로의 지역구인 야마구치에서 가장 큰 기업이었다. 물론 신타로가 신조를 고베제강에 취직시킨 것은 나름대로 정치적인 포석을 염두에 둔 것이었다. 당시 아베 신타로는 농림대신과 관방장관을 거친 상태였고, 향후 자민당 총재에 도전하여 총리가 되겠다는 포부가 있었다. 그 때문에 지역구를 단단히 다지는 것이 중요했는데, 신조를 고베제강에 배치함으로써 지역구 기반을 강화하려는 의도였다.

어쨌든 이렇게 해서 아베 신조는 그해 5월부터 고베제강의 촉탁사원으로 사회에 첫발을 내디뎠다. 그런데 아버지 신타로의 기대와 달리 신조의 발령지는 야마구치가 아니라 고베제강 뉴욕 지사였다. 향수병에 걸려 일본으로 돌아왔는데, 또다시 미국으로 가게 되었으니 아이러니가 아닐 수 없었다. 그러나 달리 선택의 여지도 없었다. 신조는 별수 없이 그곳 총무과에 배속되어 본격적으로 샐러리맨 생활을 시작했다.

그의 뉴욕 생활은 이후로 1년간 지속됐다. 그리고 1980년 5월에 귀국하여 정식으로 신입사원 교육을 받고 비로소 정사원으로 발령을 받아 효고현의 가코가와 제철소에서 근무했다. 그 시절 그는 기숙사에서 3평 정도의 좁은 다다미방을 두 사람이 함께 쓰는 생활을 해야 했다.

그의 주 업무는 후판을 만드는 과정을 관리하는 것이었다. 직접 후판을 만드는 작업에 참여하지는 않지만 후판 공정을 관리하는 일인 만큼 위험이 수반되는 직책이었다. 근무는 3교대로 이뤄졌고, 공장은 365일 내내 가동되었다.

그는 이런 근무 환경을 오래 견디지 못했다. 원래부터 좋지 않았던 장에 탈이 나서 병원에 입원하는 신세가 되고 말았다. 결국 그의 공장 생활은 1년 만에 중단되었고, 그는 도쿄 본사에 배치되었다. 도쿄로 이동해 마침내 갑갑한 기숙사 생활에서 벗어나자 건강도 회복되었다.

이후로 그는 냉연강판 수출부에 근무했는데, 또 2년을 넘기지 못하고 회사 생활을 접어야 했다. 외무대신이 된 아버지가 비서관이 되라는 명령을 내렸기 때문이다. 신조는 처음엔 아버지의 일방적인 명령을 거부했지만, 그의 저항은 오래가지 않았다. 아버지의 비서관이 되라는 것은 집안의 가업을 이어 정치인이 되라는 의미였고, 그것은 자신을 후계자로 인정한다는 뜻이었기 때문이다. 1982년 11월 말, 아베 신조는 불과 입사 3년 반 만에 그렇게 첫 직장 고베제강을 떠났다.

정치의 길목에 선 세 사람

아베 신조:
집안의 후광으로 화려하게 정계에 데뷔하다

세 사람 중에 가장 먼저 정치인 수업을 받은 이는 아베 신조였다. 신조는 영화감독을 꿈꾸는 한편 그저 별생각 없이 정치인이 되겠다는 말을 버릇처럼 하곤 했다. 이는 그가 가장 좋아하고 존경하던 외조부 기시 노부스케의 영향을 받은 까닭이었다. 어린 신조는 자기 집보다 훨씬 넓고 근사한 외조부의 집을 좋아했고, 항상 용돈을 많이 주고 자신을 귀여워해주는 외조부를 다소 깐깐하고 신경질적인 아버지보다 좋아했다. 또한 외조부가 총리대신이라는 사실을 몹시 자랑스러워했고, 어디서나 이 사실을 드러내려 했다. 거기다 어린 신조 주변은 온통 정치인으로 가득 차 있었다. 아버지는 물론이고, 외조부, 외종조부, 그들의 지인이 모두 정치에 관여하는 인물이었다. 그 때문에 정치는 곧 그의 성장 환경이자 생활 그 자체였다. 초등학생 시절부터 아버지의 선거 캠페인을 따라다녔고, 그런 까닭에 어린 그에겐 정치인의 행동을 따라 하는 것이 일종의 놀이가 되기도 했다.

하지만 이런 환경에도 불구하고 그에겐 꼭 정치인이 되어야겠다는 절박함 같은 것은 없었다. 대학을 졸업할 무렵까지 정치인이 되겠다는 포부조차 제대로 생각해보지 않았다. 그런 까닭에 정치인이 되기 위한 준비도 하지 않았고, 다른 정치인 집안 자제들처럼 스펙을 쌓는 데도 몰두하지 않았다. 그저 철없고 놀기 좋아하는 부잣집 도련님 그 이상도 이하도 아니었다.

그러다 어느 날 갑자기 정치인의 길을 가라는 명령을 받았다. 아버지 아베 신타로의 명령이었다. 신타로는 1982년 11월 27일 토요일 밤에 신조를 불러놓고 느닷없이 자신의 비서관이 되라며 모레부터 출근하라고 말했다.

그날 신타로는 제1차 나카소네 내각의 외무대신으로 취임했다. 모레부터라면 월요일에 바로 비서관으로 출근하라는 뜻이었다. 아버지의 비서관이 된다는 것은 아버지의 정치적 유산을 이어받는다는 의미였다. 아버지도 외조부 기시 노부스케의 비서관을 맡으며 정계에 발을 들였다. 일본 정치인의 상당수는 집안의 가업으로 물려받은 세습 정치인이었고, 집안 어른의 비서관이 되는 것이 그 첫걸음이었다. 신타로는 신조에게 그 길을 가라고 명령했던 것이다.

아버지의 말을 들은 신조는 자신도 수십억 엔짜리 업무를 책임지고 있다며 회사를 그만둘 수 없다고 버텼다. 하지만 그가 아버지의 정무비서관이 되는 것은 이미 정해진 일이었다. 그의 뜻과는 무관하게 회사에서도 그렇게 알고 설득에 나섰다. 월요일에 그가 출근하자 고베제강의 상사와 임원들이 그의 퇴직을 설득하려 혈안이 되어 있었다. 심지어 신타로의 압력을 받은 회사 측에서는 신조의 책상을 치워버릴 계획까지 세울 정도였다. 신조는 불과 2주 만에 손을 들고 아버지 밑으로 들어갔다.

이렇듯 떠밀리듯 28세의 젊은 나이에 정계에 발을 들여놓았으니 아베 신조가 열정을 보이지 않는 것은 당연했다. 사실, 외무대신의 비서실은 그가 없이도 운영에 전혀 문제가 없었다. 이미 뛰어난 정무비서관과 실력 있는 공무원이 여럿 포진해 있었기 때문이다. 오히려 그는 할 일이 없어서 빈둥거려야 할 처지였다.

아베 신조는 다른 것은 몰라도 빈둥거리며 노는 일에 있어서는 누구보다 일가견이 있었다. 그는 얼굴만 잠시 비추고 사라지는 일을 반복했다. 그가 어디에 가서 무슨 일을 하는지 아무도 몰랐다. 어떤 때는 집으로 돌아와 가정부에게 밥을 달라기도 하고, 때론 하루 종일 집에 있다가 한밤에 나가 쏘다니기도 했다. 고베제강 사무실로 찾아가 야근하는 직원들과 잡담을 나누기도 하고, 미처

챙겨 오지 못한 자기 물건을 가지고 오기도 했다.

주변에선 잘 몰랐지만 아베는 새로운 곳에 적응하는 데 시간이 좀 걸리는 성격이었다. 초등학교부터 대학교까지 같은 학원에서 늘 보던 친구들과 지내던 그였기에 낯을 많이 가리는 편이었다. 미국 유학 생활에 잘 적응하지 못했던 것도 그런 배경이 있었다. 하지만 아버지 신타로는 신조의 그런 면을 전혀 알지 못했다.

그렇게 빈둥거리며 지내던 아베였지만, 꼭 하지 않으면 안 되는 일이 있었다. 아버지 신타로가 외국을 나갈 때 수행하는 일이었다. 나카소네 정권 시절에 아베 신타로는 3년 8개월간 외무대신을 지냈고, 그동안 39회의 외유를 했다. 거의 한 달에 한 번 정도 외유를 나간 셈인데, 그때마다 신조가 동행해야 했다.

그런 일상이 반복되면서 신조는 자연스럽게 외무성 일과 비서관 일에 적응했다. 때론 자기의 위치를 이용하여 과거 직장 동료들에게 선심을 베풀기도 했다. 고베제강이 진행하는 외국 사업을 도움이 될 수 있으면 기꺼이 돕곤 했던 것이다. 덕분에 고베제강의 옛 동료들은 그를 의리 있는 사람이라 여겼다. 아베 신조는 자신이 그런 의리 있는 사람으로 여겨지는 것을 매우 좋아했다.

외무성 정무비서관 시절 아베 신조가 일궈낸 첫 번째 공적은 조슈포 반환 문제였다. 조슈포란 신조의 고향인 야마구치현이 과거 조슈번 시절에 보유하고 있던 청동제 대포다. 이 대포는 1864년에 미국, 영국, 프랑스, 네덜란드 4개국 군함과 시모노세키 전쟁을 벌이다 패배하여 빼앗겼는데, 프랑스가 전리품으로 가져가서 파리의 앵발리드 군사박물관에 전시해놓고 있었다. 이 사실을 알게 된 일본은 프랑스에 조슈포 반환을 요구했지만 프랑스 측은 이런저런 핑계로 반환을 거부했다. 야마구치현의 주민들은 아베 신타로가 외무대신이 되자 조슈포를 반환하도록 프랑스에 요청해달라고 청원했다. 그래서 신타로는 당시 프랑스 대통령이던 미테랑에게 이 문제를 언급했는데, 미테랑은 국회 의결이 필요하다며 거절했다. 하지만 신타로는 포기하지 않고 신조에게 이 문제를 해결해보라고 했다.

막상 일을 맡겼더니 신조는 매우 열정적으로 이 문제에 매달렸다. 심지어 외무성 서유럽 제1과장이 귀찮아할 정도로 총력전을 펼쳤다. 덕분에 아베 신조는 조슈포를 야마구치 조후 박물관에 전시할 수 있었다. 물론 반환이 아니라 대여 방식이었지만 나름의 성과를 거둔 셈이었다.

이후로 아베 신조는 정치에 제법 재미를 붙였고, 정치인으로서의 자질을 조금씩 발휘하기 시작했다. 한편, 아버지 신타로가 외무대신에서 물러난 뒤 자민당 총무회장을 거쳐 간사장을 역임함에 따라 신조도 외무성을 떠나 자민당에서 아버지 비서관으로 활동했다. 이후 신타로가 1987년에 나카소네 후임 총재 경선에 나서면서 신조도 자민당의 권력 투쟁에 뛰어들었다. 자민당은 원래 파벌 정치에 의해 유지되는 정당이었기 때문에 총재 경선도 파벌 경쟁에 의해 결정되는 구조였다. 파벌 경쟁이란 곧 숫자 싸움을 의미하는데, 아베 신타로는 이 싸움에서 4위로 밀려나 총재 경선에서 다케시타 노보루에게 패배했다. 자민당 총재가 된다는 것은 곧 총리가 되는 것을 의미하므로 결국 총리 경선에서 진 셈이었다. 하지만 당의 2인자 자리인 간사장에 발탁됨으로써 차기를 기약할 수 있는 입지를 마련했다.

자민당 총재 경선에서 승리한 다케시타는 제74대 내각 총리가 되어 행정부를 이끌었다. 하지만 다케시타 내각은 오래가지 못했다. 1988년에 전후 최대의 뇌물 사건으로 불리는 리크루트 스캔들이 터졌기 때문이다. 이 사건은 자민당에 엄청난 충격을 안겼고, 결국 다케시타는 물러나고 말았다. 아베 신타로도 도쿄지검 특수부의 칼날을 피하지 못했다. 리크루트사가 그에게 1억 엔을 건넸다는 의혹이 불거졌기 때문이다. 거기다 아내 요코에게도 900만 엔 상당의 자금이 흘러들어 갔다는 의혹이 제기됐다. 신타로는 모르는 일이라고 손사래를 쳤지만 의혹은 쉽게 가시지 않았다.

정치적으로 완전히 궁지에 몰린 상황에서 아베 신타로는 건강이 급속도로 악화되었다. 그는 리크루트 사건이 터진 직후에 이미 병원에 입원해야 할 정도로 건강이 좋지 않았다. 그런데 뇌물 의혹으로 궁지에 몰리자 건강이 더욱 악화되었고, 결국 병원에서 정밀 검사를 받았다. 그는 췌장암을 판정받았다. 생명이 거의 꺼져간다는 뜻이었다.

하지만 아베 신타로는 총리가 되겠다는 야망을 버리지 못했다. 그 때문에 수술 후에 다소 건강이 회복되자, 다시 정치 활동을 시작했다. 1990년 2월에 치러진 선거에서 전국을 누비며 자기 파벌 소속 출마자들을 지원하는 등 무리한 행보를 이어갔다. 담즙을 빼내는 관을 달고 있는 상황이었지만 그의 활동은 지속되었다. 덕분에 그의 파벌은 자민당 내에서 두 번째 자리에 올랐다.

사실, 당시 신타로는 자신이 췌장암에 걸린 사실을 몰랐다. 가족들과 의사가 담석 수술을 했다고 말했기 때문이다. 암이라는 사실을 알고 있었던 신조는 아버지의 무리한 행보를 누차 막아서곤 했지만 소용이 없었다. 그 바람에 신타로는 다시 병원에 입원했고, 신조는 그에게 췌장암에 걸린 사실을 알려야만 했다. 그리고 1991년 5월 15일, 신타로는 입원한 지 8개월 만에 생을 마감했다.

아버지의 죽음은 신조에겐 본격적인 정치인으로서의 삶을 의미했다. 아버지 지역구를 물려받아 중의원에 도전해야 했던 것이다. 1991년 7월 8일, 신조는 마침내 아버지의 뒤를 이어 정치 일선에 나서겠다고 선언했고, 야마구치현의 지역구를 돌며 총선에 대비했다. 그렇게 2년 동안 기반을 다진 후 1993년 7월 제40회 중의원 선거에 출마했다. 서른여덟의 젊은 나이에 유망한 정치인이 되기 위한 첫 번째 시험에 오른 셈이었다.

하지만 당시 상황은 암울했다. 자민당이 엄청난 내홍에 시달리고 있었던 것이다. 당대 최대 파벌이 스스로 갈라지더니 급기야당이 분열되어 새로운 당이 꾸려지는 파란이 일어났다. 각 선거구마다 후보들이 난립했고, 아베 신조의 지역구인 야마구치 1구도 예외일 수 없었다. 네 명을 뽑는 선거구에 여덟 명이 출마했고, 후보들의 이력도 모두 만만치 않았다. 그런 가운데 신조는 아버지의 무덤 앞에서 필승을 다짐한 후 출사표를 던졌다.

당시 아베 신조는 자민당의 분열상 때문에 무소속 출마도 고려했지만, 고민 끝에 자민당 후보로 출마했다. 막상 선거전에 돌입하니, 아버지와 외조부의 후광이 막대함을 새삼 깨닫게 되었다. 신타로의 정치 동지들이 앞다퉈 그를 지원했고, 총리를 지낸 다케시타 노보루까지 가세하였다. 또한 어머니 요코도 기시 노부스케의 이름을 외치며 선거판을 휩쓸고 다녔다. 덕분에 신조는 당당히 1위로 당선됐다. 그것도 2위와 3만 표 이상 벌어지는 대단한 압승이었다.

중의원 당선 후 신조는 초선임에도 불구하고 세간의 이목이 쏠렸다. 아버지 신타로의 정치자금을 고스란히 물려받은 그는 자민당 의원들 중에서 자금 동원력이 가장 좋았기 때문이다. 심지어 총리를 지낸 다케시타 노보루나 나카소네 야스히로보다도 많은 자금을 보유했다.

그러나 당시 자민당의 상황은 좋지 않았다. 과반 의석을 확보하지 못해 정권을 차지할 수 있을지 의문이었기 때문이다. 설상가상으로 신생당을 꾸려 자민당에서 나간 오자와 이치로가 비자민 연립내각을 구상하고 있는 상태였다. 그리고 결국 오자와의 구상대로 비자민 연립내각이 성사되고 말았다. 이로써 자민당은 1955년에 정권을 차지한 이래 38년 만에 야당으로 전락하는 쓰라린 좌절을 맛보았다.

연립내각의 총리가 된 인물은 일본신당의 대표 호소카와 모리히로였다. 당시 일본신당의 의석수는 35석밖에 되지 않았지만, 55석을 확보한 신생당 대표 오자와가 강력하게 그를 지지하자, 사회당과 공명당, 민사당 등 연립에 참여한 당들이 오자와의 의견에 동조했다. 연립 세력은 내각에 앞서 국회를 장악했다. 총선 후 국회의장 자리를 놓고 연립 세력과 자민당이 팽팽하게 세 대결을 펼쳤는데, 그 결과 사회당의 여성 의원인 도이 다카코가 의장에 오른 것이다.

호소카와 연립내각이 출범함으로써 자민당 의원이었던 아베 신조는 정치인으로서의 첫발을 야당 의원으로 시작해야 했다. 그러니 그의 정치 행보의 미래는 그다지 밝지 않은 듯했다. 또한 일본의 상황도 어둡기는 매한가지였다. 그때까지는 일본의 암울한 현실이 아베 신조에게 오히려 화려한 미래를 열어줄 기반이 될줄은 그 자신도 몰랐다.

도널드 트럼프:
사업 성공에 힘입어 대통령을 꿈꾸다

트럼프의 정치 여정의 시작은 그가 다양하게 벌인 사업과 무관하지 않다. 사실 그는 젊었을 땐 정치에 크게 관심이 없었다. 그의 관심은 오직 사업뿐이었다. 그런데 왜 정치가의 길을 모색하게 되었을까?

트럼프는 원래 기질적으로 타고난 사업가였다. 그 때문에 어릴 때부터 줄곧 위대한 사업가가 되는 것이 그의 꿈이었다. 임대사업자의 아들인 그는 자신이 가장 잘 아는 분야에서부터 꿈을 향해 나아갔다. 그가 꿈을 이루어나가는 속도는 매우 빠르고 저돌적이었으며 또한 모험적이었다. 수많은 난관이 있었지만 두려워하지 않고 돌파했다. 덕분에 그는 삼십 대 중반에 이미 성공한 사업가가 되었다.

하지만 그는 만족하지 않았다. 동시다발로 모험적인 사업들을 벌였고, 모두 성공시켰다. 이 과정에서 그는 누구의 도움도 받지 않았다. 스물다섯 어린 나이에 부동산 사업에 뛰어들었고, 가진 돈은 모두 아버지에게 빌린 것이었다. 그럼에도 그가 성공할 수 있었던 것은 미래를 내다보는 안목과 끈질긴 승부사 기질, 그리고 주변을 철저하게 이용할 줄 아는 영악한 거래 기술 덕분이었다.

물론 그가 처음부터 모든 것을 알고 덤빈 것은 아니었다. 모두 직접 부딪치면서 배우고 깨달았으며, 깨달으면 즉시 행동으로 옮겼다. 그리고 일단 행동으로 옮긴 후에는 절대 후회하지 않았다. 자신의 판단이 옳다고 생각되면 무조건 전진뿐이었다. 뒤를 돌아보는 경우는 없었다. 많은 시간과 무수한 노력을 요구하는 일이라도 그는 결코 물러서지 않았고, 기어코 성공으로 이끌었다.

그런데 그가 초기에 벌인 사업 전개 방식에는 독특한 면이 있었다. 모든 사업을 무일푼으로 추진한다는 점이었다. 돈 한 푼 안 들이면서 계약을 성립시키고, 그 계약서를 바탕으로 은행 융자를 얻고, 그런 은행을 등에 업고 공무원을 설득하여 지원을 얻어냈다. 그 지원이 법적인 한계에 부딪히거나 정치적 장벽과 맞닥뜨리면 다시 법과 정치의 맹점을 파고들며 끈질긴 싸움을 전개하여 기어코 성사시켰다. 그 과정에서 그가 들인 공력의 대부분은 말과 발품이었다. 돈은 거의 쓰지 않았다. 이것이 그의 사업 전개에서 가장 큰 특징이었다. 그가 처음으로 성공을 거둔 컨벤션 센터 건립이나 하얏트 호텔 뉴욕점의 대주주가 된 일도 순전히 뛰어난 안목과 기획, 그리고 끈질긴 추진의 결과였다. 이런 면모는 그를 억만장자의 반열에 올려놓은 트럼프 타워 건설 과정에서 아주 잘 드러난다.

그가 트럼프 타워를 소유하게 된 것은 어쩌면 한낱 환상에서 시작된 일인지도 모른다. 그는 스스로 이 일에 대해 '환상을 판다'고 표현하기도 했다.

트럼프가 자신의 이름을 딴 '트럼프 타워'를 처음 기획한 것은 29세 때인 1975년이었다. 당시 그는 컨벤션 센터 건립과 코모도어 호텔을 하얏트 호텔로 탈바꿈시키는 사업을 함께 진행하고 있었다. 물론 두 사업 모두 확정된 바가 없었고, 그는 거의 무일푼 신세였다. 그럼에도 그때 신문에서 제네스코사의 경영 다툼 기사를 읽고 환상적인 생각에 사로잡혔다. 엄청난 규모의 빌딩 주인이 되는 꿈을 꾸었던 것이다.

당시 제네스코사는 창업자 맥시 자먼과 그의 아들 프랭클린 자먼 사이의 경영권 분쟁에 직면했고, 부자간의 격렬한 싸움 끝에 경영권은 아들 프랭클린이 차지했다. 이 기사를 읽은 트럼프는 프랭클린 자먼을 만나 제네스코사 건물 중 '본위트 텔러'라는 11층짜리 백화점 건물을 자신이 사겠다고 제의했다. 트럼프가 다짜고짜 이런 제안을 한 것은 제네스코사가 소유한 그 건물이 아주 매력적이었기 때문이다. 맨해튼 5번로 57번가에 위치했는데, 대지가 넓고 위치가 아주 좋았다. 그런데 웬 낯선 청년이 자신을 보자마자 그 건물을 팔라고 하니, 프랭클린이 뜨악한 표정으로 거부하는 것은 당연했다.

"이 값진 땅을 팔 것이라고 생각한다면 미친 사람이지요."

트럼프 역시 그가 거절할 것이라고 짐작하고 있었다. 하지만 어떻게든 그곳에 자신의 빌딩을 짓고 싶었다. 이후로 3년 동안 프랭클린에게 편지를 쓰며 설득을 계속했다. 그리고 1978년에 마침내 뜻밖의 기회가 찾아왔다. 제네스코사가 경영 악화로 파산 상태에 놓인 것이다. 이 상황을 해결하기 위해 채권 은행들은 파산 구제 전문가인 존 해니건에게 제네스코사 처리 문제를 맡겼다. 해니건은 이른바 가지치기 전문가였다. 말하자면 처분할 것은 빨리빨리 처분하여 건질 수 있는 것만 건져내고 파산 상태에서 벗어나게 하는 것이 그의 업무 처리 방식이었다.

트럼프는 즉시 해니건을 찾아가 57번가 11층 건물을 자신에게 팔라고 했다. 그런데 생각보다 문제가 복잡했다. 해니건은 빨리 이 건물을 청산하고 싶었지만, 건물의 땅 주인과 건물주가 달라 처리가 쉽지 않았다. 건물은 제네스코사 소유인데, 대지의 소유자는 다른 사람이었던 것이다. 단 제네스코사가 이후 29년 동안 대지 임차권을 보유한 상황이었다.

트럼프는 그 말을 듣고 건물과 대지 임차권을 2,500만 달러에 사겠다고 제의했다. 물론 그 가격은 아주 헐값이었다. 트럼프로서는 성사만 시킨다면 분명 큰 이득이 보장된 액수였다. 그런데도 현금이 급했던 해니건은 기꺼이 계약에 응했다. 이때 트럼프는 계약서를 작성하기 전에 우선 계약을 위한 약정서부터 작성하자고 제안했다. 계약할 뜻이 있다는 의향서부터 만든 것이다.

트럼프가 계약서에 앞서 약정서를 먼저 작성한 것은 자신이 무일푼 상태이기 때문이었다. 그는 이 문제를 해결하기 위해 체이스 맨해튼 은행으로 달려갔다. 그리고 약정서를 내보이며 2,500만 달러를 융자해달라고 했다. 하지만 은행 담당자는 이렇게 답했다.

"그 대지를 완전히 소유하는 계약이 아니라면 융자를 해드릴 수 없습니다."

그렇지만 트럼프는 포기하지 않고, 자신이 미래에 분명 그 대지도 소유하게 될 것이라고 했다. 또 현재 대지 소유자인 에퀴터블 생명보험회사를 충분히 설득할 수 있다고도 했다. 그러자 은행 담당자는 대지 소유자를 설득할 수 있다면 기꺼이 융자에 큰 도움이 될 것이라고 했다.

트럼프는 곧 에퀴터블사 사장을 만나 동업을 제안했다. 서로 50 대 50의 지분으로 빌딩을 짓자는 것이었다. 에퀴터블사로서는 손해 볼 것 없는 제안이었다. 어차피 29년 동안 임차권으로 묶여 있는 곳이었기 때문이다.

에퀴터블사의 승낙을 얻어낸 트럼프는 다시 그 11층 건물 주변의 건물주들을 만나기 시작했다. 트럼프가 구상하는 빌딩은 에퀴터블사가 소유한 대지만으로 지을 수 없는 대단한 규모였기 때문이다.

트럼프는 에퀴터블사와의 계약서를 쥐고 주변 건물을 사들이기 위해 또 다른 흥정을 시작했다. 그렇게 해서 1차 타깃과 계약을 성사시키면 다시 그 계약서를 들고 2차 타깃을 찾아가 계약을 성사시켰다. 이후 그는 다시 해니건을 찾아가 계약 약정서를 정식 계약서로 바꾸는 데 성공했다. 마침내 무일푼으로 모든 계약을 성사시킨 셈이다. 그야말로 환상을 현실로 바꿔놓았다.

이후 트럼프는 계약한 모든 대지를 합쳐 계획대로 그 위에 70층 짜리 초고층 빌딩을 세우려 했다. 하지만 난관이 남아 있었다. 시 당국이 이 거대한 빌딩 건설을 허가하느냐는 것이었다. 트럼프의 우려대로 뉴욕시 당국은 빌딩의 규모가 너무 크다는 것에 거부감을 드러냈다. 주변 낮은 건물들과의 조화를 해친다는 것이었다. 허가를 결정할 도시계획위원회의 의견도 비슷했다.

트럼프는 이 고비를 헤쳐나갈 방도를 모색했다. 그는 설계와 디자인을 통해 도시계획위원회 위원들의 환심을 사는 것이 최선이라고 판단했다.

트럼프가 구상한 것은 주상복합 빌딩이었으며, 자신이 그 빌딩의 꼭대기인 펜트하우스에 거주할 생각이었다. 만약 건축에 성공하기만 한다면 뉴욕에서 가장 높은 거주 빌딩이 되는 셈이었다.

수많은 난관이 있었지만 결과적으로 트럼프는 시 당국으로부터 건축 허가를 받는 데 성공했다. 빌딩의 높이는 68층이었고, 건축 자재는 모두 최고급을 썼다. 2억 달러가 넘는 모든 비용은 체이스맨해튼 은행에서 지원하기로 했다. 마침내 1980년 3월에 트럼프 타워 건설을 위한 첫 삽을 떴고, 3년 뒤에 빌딩이 완공되면서 트럼프는 순식간에 억만장자 반열에 올랐다. 트럼프 타워엔 263채의 고급 아파트가 들어섰고, 그는 꼭대기 층에 있는 1만 2,000평방미터 규모의 아파트를 소유하여 거주했다.

하얏트 호텔과 트럼프 타워를 성공시킨 트럼프는 이후 사업을 무섭게 확장하기 시작했다. 그 과정에서 그는 먼저 카지노 사업에 눈독을 들였다. 그리고 역시 카지노 사업에서도 대단한 성공을 거뒀다. 1986년 한 해 동안만 2억 달러가 넘는 순이익을 올릴 정도였다.

그는 부동산 개발, 호텔, 카지노에 이어 스포츠 사업에도 뛰어들었다. 1983년 9월에 미국 풋볼 리그 팀 중 하나인 뉴저지 제너럴을 인수했고, 세계 각국에서 여러 개의 골프장을 사들였다. 1988년에는 당시 가장 뛰어난 복싱 선수였던 마이크 타이슨의 재정고문을 맡았으며, 1996년에는 미스 유니버스 대회 조직위를 인수해 매년 미인 대회를 개최하기도 했다.

이렇듯 다양한 사업을 펼치면서 트럼프는 사업 성공을 기반으로 정치에 뛰어들 생각을 했다. 모든 사업이 정치와 연관되지 않은 것이 없었고, 사업이 확대될수록 정치적 이해관계와 부딪치는 일이 많았기 때문이다. 거기다 원래부터 우두머리 기질이 강했던 터라 정치를 통해 세계를 호령해보려는 생각도 있었다. 말하자면 정계에 발을 들일 기회를 엿본 셈인데, 처음부터 적극적인 행보를 보이지는 않았다. 수년간 정당을 후원하거나 당원으로 가입하는 수준이었다. 후원하는 정당이 바뀌기도 했다. 로널드 레이건을 추종하던 그는 한때 공화당에 후원금을 냈다가 레이건이 물러난 뒤에는 민주당에 후원금을 냈다. 그만큼 정치 성향이 불분명했다.

군이 그의 정치 성향을 단정하자면 중도라고 할 수 있었다. 그래서 2000년엔 신생 중도 정당인 미국개혁당에 가입하여 대통령 후보 경선에 나섰다.

미국개혁당은 1995년 로스 페로가 창당한 중도 지향의 정당이었다. 사업가이자 거부인 로스 페로는 1992년에 무소속으로 대통령 선거에 출마해 돌풍을 일으키며 18.87퍼센트의 득표율을 얻었다. 이는 결과적으로 공화당의 표를 잠식하여 민주당 후보였던 클린턴의 당선에 결정적인 역할을 했다. 페로는 1995년에 미국개혁당을 창설하고 1996년에 다시 대선에 도전하였지만, 이전보다 낮은 8.40퍼센트의 득표율로 낙선했다. 이후로도 미국개혁당은 명맥을 유지했는데, 트럼프가 2000년에 이 당에 가입하여 대선 후보 경선에 나섰던 것이다.

정계 진출의 기회를 엿보던 그가 미국개혁당을 선택하여 자신의 중도 성향을 드러낸 셈이다. 하지만 대통령 후보 경선에서 팻 뷰캐넌에게 패배하여 본선 무대 진출에는 실패했다. 물론 팻 뷰캐넌도 저조한 득표율에 그치는 바람에 파란을 일으키지 못했다. 어쨌든 나름 큰 결심을 하고 나선 정계 첫 무대에서 트럼프는 쓰라린 패배를 안고 물러서야만 했다.

하지만 쉽게 포기하지 않았다. 그는 정계에 진출하기 위한 새로운 전략을 짜기 시작했는데, 여느 정치인의 전략과는 확연히 다른 방식이었다. 그의 전략적 기초는 역시 경제였지만, 유권자를 자기

편으로 끌어들이는 과정은 미국 정가에서는 유례를 찾아볼 수 없을 정도로 아주 특이한 형태로 전개되었다.

문재인:
재야 운동가에서 청와대 민정수석으로 발탁되다

2003년 2월 25일, 노무현 정부 출범과 함께 문재인은 청와대 민정수석이 되었다. 민정수석이란 대통령 비서실에 속한 수석 비서관으로서 국민 여론과 민심의 동향을 파악하는 일을 기본으로 공직 및 사회 기강과 관련된 업무를 보좌하는 자리다. 이와 관련하여 법률문제와 민원 업무를 담당할 뿐 아니라 국정원, 경찰청, 검찰청, 국세청, 감사원과 같은 5대 사정 기관의 업무까지 총괄하는, 막강한 권한을 행사하는 자리이기도 하다.

문재인은 노무현의 요청으로 민정수석을 맡으면서 두 가지 조건을 내걸었다. 첫째로 공직은 민정수석으로 끝내달라는 것이었고, 둘째는 정치하라고 하지 말라는 것이었다.

문재인은 애초에 정치인으로 살고 싶어 하지 않았다. 그는 민정수석 자리를 맡는 것이 정치인이 되는 것이라고는 생각하지 않았다. 그저 노무현이 자신에게 민정수석을 맡긴 이유를 알기에 '한 1~2년 눈 딱 감고 죽었다 생각하고 일하다 내 자리로 다시 돌아오면 되겠지' 하는 순진한 생각으로 그 자리에 앉았을 뿐이었다.

사실, 노무현 정부 이전에도 문재인에게는 공직 제의가 있었다. 1998년 김대중 정부가 출범했을 때 문재인은 민정수석 휘하의 민정비서관 자리를 제의받았다. 그때도 그는 거절했었다. 민정비서관보다 인권 변호사의 일을 더 중요하게 여겼기 때문이다.

이렇듯 문재인은 웬만하면 정치인으로 살기를 원하지 않았다. 그렇다고 정치에 관심이 전혀 없었다고 할 수는 없다. 대학 진학 후 운동권 학생으로 활동하며 총학생회 간부 활동을 하고 학내에서 박정희 독재 정권 타도 투쟁을 이끌었던 것만 봐도 정치인 기질이 다분했음을 알 수 있다. 다만 직업 정치인으로 살고 싶지 않았을 뿐이다.

그런데 그가 부산으로 내려가 변호사가 된 뒤에 접한 대다수 사건들은 시국 사건이었고, 시국 사건은 결코 정치와 무관할 수 없었다. 1982년 8월 문재인이 노무현과 함께 일하게 되었을 때, 그가 처음 접한 사건은 '부산 미국 문화원 방화 사건'이었다. 이 사건은 그해 3월 18일에 발생했는데, 부산 지역 대학생들이 광주 민주화 운동 유혈 진압과 전두환 정권 등장이 미국의 비호 아래 이뤄졌다고 주장하며 그 책임을 묻기 위해 부산 미국 문화원에 방화를 저지른 사건이었다. 문재인이 노무현의 사무실을 찾았을 때, 노무현은 이미 이 사건의 공동 변호인으로 참여하고 있었다.

부산 미국 문화원 방화 사건은 당시로서는 가장 민감한 정치 사건 중 하나였다. 12·12 군사반란으로 전두환과 노태우를 위시한 신군부 세력이 권력을 장악하자, 시민과 학생 들은 이에 저항하며 대대적인 시위를 감행했다. 그런 와중에 광주 민주화 운동이 전개되었고 신군부는 무력으로 이들을 무차별 학살했다. 대학생들은 신군부의 행태를 알고도 저지하지 않는 미국 정부를 신군부 비호 세력으로 규정하고 미국 문화원에 방화를 했던 것이다.

대학생들의 미국 문화원 방화는 이번이 처음은 아니었다. 1980년 12월 9일에 전남대 학생 다섯 명이 광주 미국 문화원에 불을 지른 것이 시초였다. 부산의 대학생들이 부산 미국 문화원에 방화한 것은 그 연장선이었던 것이다.

이 두 사건은 근본적으로 광주 민주화 운동에 대한 신군부의 잔혹한 진압과 학살이 미국 정부의 비호 아래 이뤄졌다는 사실에 항의하는 차원이었고, 결국 광주의 진상이 전국으로 확대되는 계기가 되기도 했다. 그만큼 예민한 정치 사건이었다. 따라서 사건의 변호인으로 나선 노무현과 함께 합동법률사무소를 운영한 문재인은 자연스럽게 이 사건과 인연을 맺을 수밖에 없었다. 말하자면 변호사 생활 첫걸음부터 그의 삶은 자기도 모르게 정치인의 길로 향하고 있었던 셈이다.

이후로 그가 맡은 사건들의 상당수는 역시 정치적으로 매우 민감한 것들이었다. 변호사로 나선 지 1년도 안 된 때인 1984년에 부산의 대표 재야 운동 단체였던 '공해문제연구소'의 발기인으로 참여한 것도 같은 맥락이다. 또 1985년 부산민주시민협의회가 설립되었을 때에도 발기인으로 참여하여 민생분과위원장으로 활동했다. 그는 "그것으로 재야 운동에 깊숙이 발을 내디뎠다"고 말하기도 했다. 당시의 재야 운동이라는 것이 대부분 군부독재에 대한 반정부 투쟁이었으니 정치 행보라고 말해도 과언은 아닐 것이다.

당시 노무현과 문재인은 부산 지역의 민주화 운동과 관련된 일에 나서지 않은 적이 거의 없었다. 두 사람은 개신교 신자가 아니었지만 부산기독교교회협의회 인권위원회 인권위원으로도 활동했다. 그들은 이것이 변호사로서의 의무나 사명이라고 여겼다. 시국 사건은 물론이고 도움의 손길을 필요로 하는 곳은 어디든지 달려갔다.

어느덧 노무현과 문재인은 군부 정권의 요시찰 인물이 되어 있었다. 그 때문에 사무실에 연금을 당하기도 했고, 압수수색도 당해야 했다. 인권 문제는 시국 사건에만 한정된 것이 아니었으므로 시간이 지나면서 그들의 활동 영역은 노동 사건으로 확대되었다. 당시 상당수의 노동자는 열악한 환경 속에서 인격 모욕과 성희롱을 당하는 것이 예사였고 임금 체불로 배고픔에 허덕였다. 그래도 하소연할 곳이 없어 헤매다가 마지막으로 찾아오는 곳이 노무현과 문재인이 함께 운영하던 법률사무소였다. 그래서 그들은 아예 사무실 안에 '부산노동법률상담소'를 차리기까지 했다. 민주화 운동에다 시국 사건, 노동 문제까지 끼고 있었으니 정부 기관들로서는 그들의 행동에 촉각을 곤두세우지 않을 수 없었을 것이다. 그들은 이런 사건에 대해서는 무료 변론에 나설 때가 많았고, 때로는 법정에서 노동자, 학생 들과 함께 투쟁 대열에 합류하기도 했다.

그런 가운데 한국 민주화의 분수령이 되는 사건이 발생했다. 바로 1987년에 벌어진 6월 민주 항쟁이었다. 6월 민주 항쟁의 촉매제가 된 것은 1987년 1월에 발생한 서울대생 박종철 군 고문치사 사건이었다. 하숙집에 수배 중인 선배를 숨겨줬다는 이유로 안기부 요원들에게 끌려간 박종철의 죽음에 대해 경찰은 수사관이 책상을 '탁' 치며 추궁하자 갑자기 '억' 하고 쓰러져 숨졌다고 발표했고, 이 때문에 온 국민이 공분을 감추지 못했다. 시민들의 분노는 대규모 시위로 이어졌고, 그 시위의 중심에는 '박종철 군 국민추도회 준비위원회'가 있었다. 이 단체의 위원으로 활동한 문재인은 노무현과 함께 부산에서 시위를 이끌다 경찰서 유치장에 갇히기까지 했다.

그런 상황에서 4월 13일에 전두환은 호헌 조치를 발표했다. 이는 대통령 직선제로 개헌을 하겠다고 한 약속을 뒤집고 자신이 만든 간접선거 방식의 대통령 선출 방식을 고수하겠다는 뜻이었다.

전두환의 호헌 방침 발표가 있자, 전국 각지에서 시민들이 동시다발로 봉기하여 '호헌 철폐'를 외치며 격렬한 가두시위를 전개했다. 그 과정에서 5월에 '민주헌법쟁취 범국민운동 부산본부'가 꾸려졌다. 문재인은 노무현과 함께 그 중심에 있었다. 이어 서울에서도 국민운동본부가 형성되면서 6월 민주 항쟁이 본격화되었다. 그리고 마침내 시민들의 승리로 끝났다. 군부 정권이 시민들의 힘에 굴복하여 대통령 직선제를 받아들이고 새로운 헌법을 마련하기로 한 것이다.

이후 문재인의 행보는 더욱 정치에 가깝게 다가서게 된다. 함께 변호사 사무실을 운영하던 노무현이 이듬해인 1988년 4월 총선에 출마하였고, 문재인은 부산에서 인권 변호사로 활동하던 김광일의 선거를 총괄하게 되었기 때문이다. 물론 순수하게 선거에 보탬이 되기 위한 활동이었지만 정치에 한발 더 다가서는 계기가 된 것은 분명했다.

그렇게 함께 인권 변호사의 길을 걸었던 노무현과 김광일은 국회의원에 당선되어 국회로 갔고, 문재인은 홀로 변호사 사무실을 꾸려나갔다. 그러면서 여전히 시국 사건과 노동 사건, 간첩 조작 사건 등을 변호하며 지냈다.

국회로 간 노무현은 전국적인 스타 의원으로 부상했다. 하지만 노무현의 정치 행로는 험난했다. 1990년에 노무현이 속해 있던 통일민주당 총재 김영삼이 신군부 세력의 민주정의당과 야합하고, 여기에 김종필이 이끌던 신민주공화당이 가세하여 3당 합당을 하는 바람에 정치 지형이 크게 바뀌었던 것이다. 노무현은 이 상황에서 김영삼에게 동조하지 않고 민주당에 남았다. 그 바람에 1992년 총선에서 낙선했고, 1995년 지방선거에서 부산시장으로 출마했으나 역시 낙선했다. 그리고 서울 종로구에 출마했던 1996년 총선에서도 낙선했다.

문재인은 노무현에게 다시 변호사로 돌아오라고 했지만, 노무현은 이미 정치에 대한 열망으로 가득 차 있던 터라 그의 말을 듣지 않았다. 그런 상황에서 노무현에게도 기회가 왔다. 3당 합당 덕에 대통령이 된 김영삼의 임기가 끝나고, 1997년 대선에서 김대중이 대통령으로 당선된 것이다. 이때 노무현은 김대중이 주축이 되어 창당한 국민회의에 가담해 있었다. 그래서 여당에 몸담게 되었고, 1998년에는 서울 종로구 보궐선거에 출마하여 당선됨으로써 그의 정치 행보는 다시 활기를 띠었다.

그러나 노무현은 2000년 총선에서 서울 종로구를 버리고 다시 부산에 출마했다. 당시 그가 속했던 새천년민주당은 김대중이 이끌던 국민회의가 주축이 되어 만든 당이었고, 김대중은 호남을 대표하는 정치인이었다. 이 때문에 영남의 중심인 부산에서는 새천년민주당을 호남당이라며 철저히 배격했다. 물론 이것은 모두 케케묵은 영호남의 지역감정 때문이었다. 그럼에도 그는 바보처럼 다시 부산에 출마했다. 그 지역감정의 벽을 허물겠다며 부산에 출사표를 던진 것이었다. 패배할 것이 뻔했기에 문재인은 반대했다. 물론 결과는 예상대로 낙선이었다.

낙선한 노무현은 참담해했다. 자신의 정치 생명을 건 승부수였기 때문이다. 하지만 뜻밖의 상황이 전개됐다. 그야말로 기현상이었다. 당선 가능성이 큰 서울 종로구를 버리고 부산을 택해 떨어진 그에게 사람들은 '바보 노무현'이라는 애칭을 붙이며 오히려 그를 열렬히 응원했다. 심지어 자발적으로 '노무현을 사랑하는 사람들의 모임(노사모)'을 만들어 노무현을 지지했다.

사실 노무현은 문재인에게 이번 총선에서 낙선하면 정치를 그만두겠다고 했었다. 그런데 낙선한 그를 지지하는 사람들이 늘어나자, 그는 다시 일어섰다. 거기다 김대중 대통령은 노무현을 해양수산부 장관으로 삼아 독려했다. 온라인을 중심으로 노사모의 숫자는 더욱 확충되었고, 이를 기반으로 노무현은 2001년 9월 6일 부산에서 차기 대통령 선거 출마를 선언했다. 이후 노무현은 민주당 대선 후보 경선에서 압도적인 표차로 승리했고, 마침내 2002년 12월 대통령 선거에서 당선되었다.

문재인은 노무현의 대선 과정에 적극 참여했다. 새천년민주당 후보 선출 국민 경선 때는 부산과 울산의 인맥을 총동원하여 도왔다. 그리고 대선이 시작되자 부산 지역 선거대책본부장을 맡아 활약했다. 우여곡절 끝에 노무현이 극적으로 대통령에 당선되었고, 문재인은 청와대 민정수석으로 발탁되었다.

당선인 시절의 노무현이 민정수석을 제의했을 때 문재인은 시간을 달라며 일주일 동안 확답을 주지 않았다. 당시 문재인은 청와대 민정수석 일을 잘해낼 자신이 없었다. 국정 경험도 전무했고 정치에 대해 아는 것도 없었다. 더구나 새천년민주당 당원도 아니었다. 그럼에도 쉽게 거절할 수 없었던 것은 다른 사람도 아닌 노무현의 제의였기 때문이다.

문재인은 노무현의 뜻을 며칠이고 다시 생각하며 고민을 거듭했다. 그리고 자신이 민정수석이 됨으로써 노무현이 원하는 개혁을 어떻게 보좌할지, 그것이 구체적으로 무엇인지 정리했다. 과제는 두 가지였다. 첫째는 청와대가 국민 위에 군림하지 않도록 하는 것이었고, 둘째는 검찰과 국정원을 비롯한 권력 기관을 개혁하는 것이었다.

문재인은 그런 판단 아래 민정수석 제의를 받아들였다. 물론 그것이 정계에 입문하는 것이라고는 전혀 생각하지 않았다. 그는 그저 '민정수석은 법률 관련 업무가 근간이므로 법조 활동의 연장' 정도로 여겼다. 하지만 운명은 결코 그의 순진한 생각을 용납하지 않았다. 민정수석 자리에 앉는 순간, 그는 이미 도저히 빠져나올 수 없는 거대한 역사의 블랙홀 속으로 빨려들고 있었다. 단지 스스로가 그것을 제대로 감지하지 못했을 뿐이었다.

정상에 이르는 길

아베 신조:
극우 세력을 등에 업고 최장수 총리가 되다

기시 노부스케의 염원을 위하여

"총리대신이 되면 헌법을 개정하겠다."

"중·참 양원에서 개헌이 가능하도록 3분의 2 의석을 확보해 헌법을 개정하겠다."

"극우라고 부르고 싶다면 불러라."

모두 아베 신조가 했던 말들이다. 그는 어떻게 해서든 지금의 평화헌법을 개정하여 전쟁 수행이 가능하고 자주국방을 이룰 수 있는 군대를 보유하겠다고 공언하고 있다. 심지어 자위권을 위해서라면 원자폭탄도 가질 수 있다고 주장하기도 했다. 이 때문에 그는 극우 세력을 대표하는 정치인으로 불린다.

그가 정치 초년생 시절부터 극우 색깔을 드러낸 것은 아니었다. 중의원이 되어 정계에 처음으로 진출했을 때만 해도 아베 신조의 색깔은 분명하지 않았다. 어쩌면 색깔이 분명하지 않았던 것이 아니라 제대로 아는 것이 없었다는 표현이 더 맞을지도 모른다. 그만큼 아베 신조는 정치를 위한 준비가 전혀 되지 않은 상황에서 덜컥 국회로 갔던 것이다.

그는 사상사는 물론이고 경제와 재정에 관해서도 전혀 수업이 되어 있지 않았다. 그가 가진 지식은 외무대신이었던 아버지 신타로를 보좌하면서 3년 8개월 동안 경험한 외무성 정무비서 업무가 전부였다. 그런 까닭에 중의원에 입성한 이후에도 분명한 자기 색깔을 드러낼 수 없었다.

어쨌든 그는 아버지의 비서관을 한 경험에 힘입어 정계 입문 후 중의원 외교위원회 활동을 시작으로 정치를 배웠다. 이때부터 이른바 '보수주의'에 관련된 책들을 접하기 시작했는데, 그에게 가장 큰 영향을 끼친 책은 일본의 유명한 보수파 논객인 니시베 스스무가 쓴 저서들이었다.

그러나 굳이 니시베의 책을 읽지 않았더라도 아베가 보수주의를 선호하고 보수주의 노선을 선택하리라는 것은 이미 예정된 일이었다. 그의 인생에 가장 큰 영향을 미친 외조부 기시 노부스케의 뜻을 따르는 것이 곧 그가 가야 할 길이었고, 그것이 그가 추구하는 보수의 본질이자 핵심이었기 때문이다.

기시 노부스케는 근본적으로 미국이 중심이 되어 만든 평화헌법을 인정하지 않는 인물이었다. 특히 일본이 군대를 보유할 수 없는 국가임을 규정한 평화헌법 체제에 반감이 몹시 심했다. 그럼에도 평화헌법 체제에서 총리를 지내야 했기 때문에 체제 자체를 무력화하지는 못했다. 그는 평화헌법을 개정하여 전쟁을 수행할 수 있는 군대를 만들 것을 염원했지만, 뜻을 이루지 못하고 죽었다.

아베 신조는 어린 시절부터 기시 노부스케의 염원을 귀에 못이 박히도록 듣고 자랐다. 일본이 하루빨리 평화헌법을 개정하여 자주국방이 가능한 정상 국가가 되어야 한다는 외조부의 염원은 어느덧 아베 신조의 염원이 되어버렸다.

아베 신조는 1996년에 구리모토 신이치로, 에토 세이치 등과 공저로 출간한 《보수 혁명 선언》이란 책에서 자신의 보수주의에 대해 이렇게 정의하고 있다.

보수라는 것은 현재, 미래와 동시에 과거에 대해서도 책임을 지는 삶이 아닐까 생각하고 있습니다. 즉, 과거를 살았던 사람들의 소리 없는 절규와 염원을 함께 고려하여 정치를 해야 한다는 것입니다.

이 글에서 보듯 아베 신조의 보수주의는 과거에 방점이 찍혀 있다. "과거를 살았던 사람들의 소리 없는 절규와 염원을 함께 고려하여 정치를 해야 한다"는 그의 말은 곧 기시 노부스케의 염원을 이루겠다는 의미다. 기시 노부스케의 염원은 일본이 전쟁 수행과 자주국방이 가능한 정상 국가가 되는 것이며, 나아가서는 과거 군국주의 시절의 영화를 되찾는 것이다. 이를 위해 노부스케는 총리 시절에 국민의 거센 반발에도 불구하고 미일 안전보장조약의 개정을 추진하여 성사시켰다. 이 일로 국민적 저항에 부딪혀 총리 직에서 물러나기까지 했지만 결코 후회하지 않았다. 오히려 자신이 일본의 미래를 위해 반드시 해야만 했던 일로 생각했고, 아베 신조는 그런 외조부의 행동을 옳게 여겼다.

따라서 아베 신조가 말하는 '보수 혁명'이란 곧 군국주의 시절의 일본을 반성하는 것이 아니라 되레 그 시대를 찬양하고 추구하는 것을 의미한다. 이에 대해 아베 신조는《보수 혁명 선언》에서 이렇게 에둘러 말한다.

"조부(기시 노부스케)는 일본이 아시아 국가로서 황실을 중심으로 전통을 지키며 농경민족으로서 서로 일체감을 가지고 협력하며 살아가는 국가의 이상적인 모습을 확고하게 믿고 있었습니다. 그리고 이를 위해서는 무슨 일이든지 하겠다는 각오가 넘쳐흘렀습니다. 거기에 강한 감명을 받은 것은 사실입니다."

결국, 아베 신조의 보수주의란 곧 '기시 염원'이라고 표현하는 것이 더 옳을 듯하다. 그가 정치에 뛰어들어 보수주의자를 자처한 것도 알고 보면 보수주의에 대단한 신념이 있어서가 아니라 외조부 기시 노부스케의 염원을 실현하겠다는 의미일 뿐이었다. 그래서 그는 이 기시 염원을 합리화할 이론들을 찾아 읽었고, 대표적인 이론이 니시베 스스무의 저서들에 실려 있었을 뿐이다. 말하자면 니시베 스스무의 저서들에서 보수주의를 배운 것이 아니라 그의 저서들을 이른바 기시 염원을 합리화하기 위한 수단으로 사용했던 셈이다. 이 때문에 그는 훗날 총리가 된 뒤에 자신을 비판하는 사람들을 향해 자신을 "우익 군국주의자라고 부르고 싶다면 불러라"라고 당당히 말하게 된다. 그에겐 외조부 기시 노부스케의 생각이 그 어떤 이론보다 절대적인 이념이고, 그것을 실현하기 위한 모든 행동이 정당하다고 믿기 때문이다.

모리와 고이즈미의 파격적인 발탁과 후원

그가 보수 혁명을 선언하고 있을 때 일본의 정계는 다시 한번 요동쳤다. 호소카와를 총리로 내세운 비자민 연립내각은 겨우 9개월을 버티다 붕괴되었고, 이어서 들어선 하타 내각도 두 달 만에 무너졌다. 이후 자민당은 사회당을 비자민 연합에서 분리시켜 자민당과의 연정에 동참시킴으로써 비자민 연립내각을 무너뜨렸다. 그리고 부득이 사회당 당수 무라야마 도미이치를 총리로 앉혀 여당의 위상을 되찾았다. 물론 이때 아베 신조도 무라야마에게 표를 던졌다. 자신과 전혀 가치관이 다른 사회당 당수를 총리에 앉히는 데 한 표를 던진 이유에 대해 그는 정권을 탈환하고 질서를 회복하기 위해서라고 변명했다.

하지만 무라야마 총리는 자민당의 정권 탈환 도구로만 머물지 않았다. 그는 아베 신조가 가장 염려하던 일을 단행했다. 1995년 종전 기념일인 8월 15일에 과거에 대한 "통절한 반성의 뜻을 전하고 진심으로 사죄의 마음을 표명"한다는 '무라야마 담화'를 발표한 것이다.

무라야마 담화는 아베 신조의 우상 기시 노부스케의 생각과는 완전히 정반대의 가치관을 표명한 것이었다. 이는 아베 신조의 분노를 사기에 충분했다. 하지만 당시 겨우 초선 의원에 불과한 그로서는 어떠한 반발도 하지 못했다. 단지 때를 기다리며 목소리를 키울 기회를 엿볼 수밖에 없었다.

그런 가운데 또다시 일본 정계가 요동쳤다. 1995년 참의원 선거에서 사회당이 참패했고 무라야마는 총리직에서 물러났다. 덕분에 자민당의 하시모토가 총리가 되면서 다시 정권은 자민당 수중에 떨어졌다.

때마침 아베 신조는 1996년 10월에 실시된 중의원 선거에서 차점자와 3만 4,000표라는 엄청난 표 차이로 당선되었다. 고향의 유권자들이 다시 한번 기시 노부스케와 아베 신타로의 명성을 믿고 그를 밀어준 것이다.

하지만 그는 여전히 그저 햇병아리 재선 의원이었다. 그런데 뜻하지 않은 행운이 찾아왔다. 2000년 4월 5일, 모리 요시로가 뇌경색으로 쓰러진 오부치 게이조의 뒤를 이어 총리에 오른 것이다.

모리 요시로는 1969년 처음 무소속으로 중의원 선거에 출마했는데, 이때 기시 노부스케의 도움을 받아 당선되었다. 이후 모리 요시로는 기시 노부스케의 사위이자 아베 신조의 아버지인 아베 신타로를 스승으로 삼아 정치를 배웠고, 아베 신타로는 죽음을 앞두고 모리 요시로에게 아베 신조를 도와줄 것을 부탁했다. 과연 모리 요시로는 총리에 오르자, 아베 신조를 내각관방 정무 담당 부장관으로 발탁하여 스승 아베 신타로의 은혜에 보답했다. 내각관방 부장관 자리는 적어도 4선 이상의 중견 의원을 발탁하는 것이 관례였다. 덕분에 겨우 재선 의원이던 아베 신조가 일약 중견 정치인 반열에 오를 수 있었다. 이는 매우 파격적인 조치였다.

일본에서 내각관방은 총리를 보좌하는 직속 기관으로 주요 정책의 기획과 입안, 조정, 정보 수집 따위를 담당한다. 내각관방의 수장인 관방장관은 총리실의 비서실장과 대변인을 겸하는 요직이다. 정무 담당 부장관 역시 내각관방의 2인자로서 총리의 최측근이 지목되는데, 재선 의원에 불과한 아베 신조가 이 자리에 임명됐다는 것은 순전히 조상 덕이라고 해야 할 것이다.

아베 신조는 모리 총리가 물러나고 2001년 4월에 고이즈미 준이치로 내각이 출범했을 때도 관방 부장관 자리를 지킬 수 있었다. 고이즈미 역시 기시 노부스케와 아베 신타로의 후광이 필요했기 때문이다. 당시 고이즈미가 총리에 오른 것도 기시 노부스케와 아베 신타로를 따르던 세력의 도움이 있었던 덕이고, 고이즈미는 그에 대한 보답으로 아베 신조를 후원했다.

파벌의 힘으로 오른 제90대 총리

이후로 아베 신조는 고이즈미의 후원에 힘입어 정치적으로 비약적인 성장을 이룬다. 2003년 9월 그는 고이즈미의 입김 아래 전격적으로 자민당 간사장에 발탁된다. 간사장은 총재에 이어 당의 2인자 자리다. 자민당은 총재 휘하에 간사장, 총무회장, 정조회장 등의 당 3역이 있는데, 이 자리에 오르려면 대개 재무, 외무 등의 장관직을 거치는 것이 관례였다. 또 간사장이 되기 위해서는 총무회장이나 정조회장을 거치는 것이 일반적이다. 그런데 장관도 거치지 않고, 총무회장이나 정조회장 경력도 없는 3선 의원을 간사장으로 발탁한 것은 유례가 없는 일이었다. 내각관방 부장관 자리도 파격적인 인사였는데, 단숨에 간사장에 임명했으니 일본 정가가 술렁거릴 법도 했다. 자민당에선 총재가 총리직을 수행하는 동안 간사장이 총재를 대행한다. 고이즈미는 그런 중책을 일천한 경험의 아베 신조에게 과감하게 맡긴 것이다.

아베 신조가 자민당의 간사장이 되면서, 외조부 기시 노부스케와 아버지 아베 신타로에 이어 한 집안에서 세 번이나 자민당 간사장을 역임하는 신기원을 이룬 셈이었다.

간사장이 된 아베 신조는 나름대로 자민당에 혁신 바람을 일으키려 애썼다. 이른바 '떡값'으로 일컬어지는 행위로 파벌 영수가 자기 계파 의원들에게 주던 정치자금 후원 관행을 타파하고, 의원 후보자 공천 공모제 등을 도입하기도 했다. 하지만 정작 간사장 취임 2개월 후인 2003년 11월의 총선에서 자민당은 과반수 획득에 실패했고, 2004년 7월에 실시된 참의원 선거에서도 역시 성적이 좋지 못했다. 그 바람에 그는 2004년 9월에 간사장에서 물러났다가, 다시 간사장 대리를 맡는 뼈아픈 경험을 하게 되었다.

하지만 아베 신조에 대한 고이즈미 총리의 신임은 계속되었다. 고이즈미는 2005년 10월의 제3차 내각에서 아베 신조를 관방장관으로 발탁함으로써 자신의 최측근임을 다시 한번 확인시켜주었다. 덕분에 아베 신조는 2006년 9월에 물러난 고이즈미에 이어 자민당 총재 선거에 출마했다.

당시 자민당 총재 자리를 노리는 인물은 아베 신조 외에 세 명이 더 있었다. 그중 가장 연장자는 1936년생의 후쿠다 야스오였고, 이어 1940년생의 아소 다로, 그리고 1945년생의 다니가키 사다카즈가 있었다. 그들은 모두 1954년생인 아베 신조보다 연배가 한참 높았다. 특히 후쿠다 야스오는 아베가 관방 부장관을 할 때 직속 상관인 관방장관이었다. 그런 까닭에 총재 당선이 가장 유력한 후보는 당연히 후쿠다 야스오였다.

하지만 당시 자민당의 최대 파벌인 청화정책연구회 회원들 중 상당수가 나이가 가장 젊고 경험도 부족한 아베 신조를 지지했다. 이렇게 되자 파벌의 수장인 전 총리 모리 요시로도 아베 신조 쪽으로 기울었고, 끝내 후쿠다 야스오는 스스로 총재 경선을 포기했다.

경선 결과는 아베 신조의 일방적인 승리였다. 전체 투표자의 3분의 2 이상에게서 지지표를 획득했다. 집권 여당인 자민당의 총재가 된 아베 신조는 엿새 후인 9월 26일에 국회에서 제90대 내각 총리로 지명되었다. 정계에 입문한 지 불과 13년 만에 52세의 젊은 나이로 일본 행정부의 정상 자리에 오른 것이다. 물론 그가 정상의 자리에 서기까지 가장 큰 기반이 된 것은 역시 기시 노부스케로 대표되는 가문의 힘과 일본 정가의 고질병인 파벌 정치였다.

그러나 정작 총리에 오른 아베는 내각을 구성하면서 파벌 정치에 따른 안배를 하지 않았다. 그는 당정의 요직을 모두 자신과 친밀한 강경 보수파로 채움으로써 이른바 '친구 내각'을 구성했다. 이들은 대개 과거 군국주의 시절의 일본제국을 옹호하는 인물들이었다. 이 때문에 자민당 각 파벌의 원로들이 대거 반발했고, 〈아사히신문〉 같은 진보 언론들은 아베 내각에 강한 비판을 쏟아냈다.

그럼에도 아베는 자신의 계획대로 강하게 밀어붙였다. 그는 절대다수의 의석수를 기반으로 국수주의 강화에 매진했는데, 이를 위해 애국심을 강조하는 내용으로 교육기본법을 개정했으며, 자위대를 강화할 목적으로 방위청을 방위성으로 격상시켰다. 또한 평화헌법 개정을 위한 정지 작업으로 국민투표법을 제정하고, 자위대의 이라크 파병을 연장시키기 위한 특별조치법을 개정하기도 했다. 이런 일련의 조치들은 모두 일본을 이른바 '보통국가'로 만들기 위함이었다. 그가 말하는 보통국가란 곧 자주국방이 가능하고, 전쟁을 수행할 수 있는 군대를 가진 국가를 의미했다. 이를 실현하려면 반드시 평화헌법의 개정이 필요했다.

그러나 모든 것이 아베가 원하는 방향으로 움직이지는 않았다. 측근들로 채운 친구 내각의 각료들이 계속해서 사고를 쳤기 때문이다. 행정개혁대신 사다 겐이치로는 허위 보고 문제로 사임했고, 농림수산대신 마쓰오카 도시카쓰는 불법 자금을 받은 것이 들통나는 바람에 자살했으며, 그의 후임이 된 아카기 노리히코 역시 사무실 경비 문제에 의혹이 있어 사임했다. 게다가 방위대신 규마 후미오는 미국의 원폭 투하가 불가피했다는 식의 발언을 했다가 여론의 뭇매를 맞고 거듭 사과했다.

친구 내각의 계속된 사고는 결국 아베의 지지율 추락으로 이어졌고, 2007년 7월에 실시된 제21회 참의원 선거에서 참패하고 말았다. 자민당과 연립 정권을 이뤘던 공명당의 의석까지 합해도 과반수에 이르지 못한 것이다. 이는 곧 야당의 동의 없이는 이제 어떤 법안도 통과시킬 수 없는 처지가 됐음을 의미했다.

이렇게 되자 아베 신조는 정신적 스트레스와 육체 피로에 시달리다 지병인 궤양성대장염이 도졌다. 그리고 참의원 선거 후 두 달 만에 갑자기 총리직을 사퇴하고 병원에 입원해버렸다. 그는 명목상 사퇴 이유를 민주당 대표 오자와 이치로와의 당수회담이 결렬된 때문이라고 했지만 납득할 수 없는 변명이었다.

마침내 자력으로 최장수 총리에 오르다

총리 재직 1년 만에 물러난 아베 신조는 2년 동안 건강 회복에 주력하다가 2009년 8월에 실시된 제45회 중의원 선거에 출마하여 압도적인 표 차이로 당선된다. 하지만 이때 자민당의 지지율은 바닥을 치고 있었다. 그 바람에 자민당 의석은 119석으로 줄었고 민주당이 308석을 획득했다. 이로써 정권은 민주당으로 넘어가 자민당은 다시 야당 신세가 되었다. 물론 자민당의 대패엔 아베 신조의 무책임한 총리 사임이 크게 작용했다.

이후로 아베 신조는 절치부심하여 2012년 9월 다시 자민당 총재 선거에 도전했다. 그러나 2007년의 총리 사임 문제로 아베 신조를 향한 당내 불신감이 여전히 높은 상태였다. 심지어 그를 지속적으로 후원했던 전 총리 모리 요시로조차 아베 신조에 대해 매우 부정적이었다.

그럼에도 그는 종래의 주장을 강력하게 내세우며 총재 출마 의지를 꺾지 않았다. 아베의 주된 슬로건은 여전히 평화헌법 체제를 종식시켜야 한다는 것이었다. 또한 그 연장선상에서 야스쿠니 신사를 반드시 참배해야 하며, 과거 '위안부' 모집의 강제성을 인정

2012년 자민당 총재 선거에 출마한 아베 신조가 가두연설을 하는 모습. 첫 번째 투표에서는 과반 득표자가 나오지 않았으며, 아베 신조는 결선투표 끝에 총재로 당선되었다.

한 고노 요헤이 담화를 인정할 수 없다고도 했다.

이러한 아베의 강경한 입장은 일본의 극보수 세력을 이끌고 있던 일본회의와 창생일본 등의 단체로부터 열광적인 지지를 받았다. 덕분에 자민당 내의 보수 세력들이 결집하여 아베 신조를 지원하기에 이르렀고, 결국 아베는 가까스로 자민당 총재로 선출되었다. 1955년 자민당 창당 이래 스스로 사임한 총재가 다시 총재가 되기는 처음이었다. 덕분에 그때까지 가문과 계파의 힘에만 의존했던 것을 벗어나 독자적인 힘으로 정치를 해나갈 수 있는 기반을 마련한 셈이었다.

그 무렵 집권당인 민주당은 노다 요시히코 총리의 소비세 인상

문제로 내홍을 겪고 있었다. 당시 동일본 대지진과 디플레이션 문제로 민주당에 대한 여론이 악화되어 있었는데, 설상가상으로 내홍에 이어 분당 사태까지 벌어지자 노다 총리에 대한 지지율은 급락했다. 그는 결국 중의원을 조기 해산하고 2012년 12월 16일에 제46회 총선을 실시했다.

총선 결과는 자민당 294석, 민주당 57석으로 자민당의 압승이었다. 이는 자민당 단독으로 절대안정 의석수 269석을 초과한 것으로 완벽한 대승이었다. 더구나 연합 세력인 공명당의 31석까지 합치면 325석으로 중의원 전체의 3분의 2를 넘는 의석수였다. 즉 헌법개정안을 발의할 수 있는 상황이 된 것이다. 일본 국민이 아베의 평화헌법 개정에 힘을 실어준 결과였다.

아베 신조는 총선 승리와 함께 다시 제96대 총리에 취임했다. 그것도 제90대 총리 시절과는 완전히 위상이 달라졌다. 이에 힘입어 그는 평화헌법을 개정하여 전후 체제를 극복하고 자주국방과 전쟁 수행이 가능한 군대를 가진 보통국가로의 도약을 더욱 강력하게 역설하기 시작했다.

아베 신조는 2014년 12월에 제97대 총리가 되었고, 이후로 다시 제98대 총리에 오르면서 일본 역사상 최장기간 내각 총리에 재임하는 기록을 세웠다. 아베 신조의 장기 집권은 곧 일본 국민의 보수화 경향이 더욱 짙어졌음을 의미하며, 동시에 일본의 군사 대국화를 예고하는 일이라 할 수 있다.

도널드 트럼프:
개미귀신 전략으로 백악관의 주인이 되다

로널드 레이건처럼

조지 W. 부시의 특별보좌관을 지낸 데이비드 프럼은 트럼프의 등장을 '미국의 위기 상황'이자 '미국 민주주의의 쇠락'으로 규정한 바 있다. 부시 정권에서 '악의 축'이라는 용어를 등장시켜 미국 우월주의에 앞장섰을 뿐 아니라 미국만이 악을 물리칠 수 있는 유일한 선善임을 강조하던 그의 입에서 이런 말이 나올 정도라면 확실히 도널드 트럼프의 등장은 미국 역사상 매우 특이한 사건임이 분명하다.

부시 정권 당시 지구 곳곳에서 미국이야말로 '악의 뿌리'라는 말들이 난무했던 점을 감안한다면, 부시 정권의 일원이었던 그 역시도 민주주의를 거론할 만한 처지는 아니다. 힘으로만 밀어붙이는 패권주의 전략을 일삼다가 9·11 테러까지 유발한 것이 부시 정권 아니던가? 거기다 한반도의 평화 분위기 무너뜨리기에 혈안이 되었던 정권이기도 했다. 그런데 그 정권의 표어 제작에 주력했던 프럼이 트럼프의 등장을 '미국 민주주의의 쇠락'이라고 규정하니 쓴웃음을 짓게 한다. 같은 공화당원임에도 비난을 멈추지 않을 뿐 아니라 지속적으로 미국이 위기 상황에 처했다며 경고음을 남발하고 있다. 그러면서도 트럼프의 등장을 두려워한다. 그만큼 트럼프가 미국 정가의 이단아라는 방증일 것이다.

도대체 트럼프가 백악관의 주인이 되는 과정에 무슨 특이점이 있었기에 미국 보수의 싱크탱크를 자임했던 데이비드 프럼 같은 영악한 인물이 이런 우려 섞인 말들을 쏟아내는 것일까? 정말 데이비드의 말대로 미국은 위기인가? 미국 민주주의는 쇠락하고 있는 것인가? 트럼프는 미국 민주주의의 위기를 상징하는 존재라고 단언할 수 있는가? 이 물음에 답을 구하기 위해서는 트럼프의 정치 행보를 보다 면밀히 살펴볼 필요가 있다.

2000년에 미국개혁당 대선 후보 경선에 나섰다 실패한 후 트럼프는 무슨 일들을 벌였을까? 한번 마음먹은 일은 기필코 하고야 마는 그의 성격상 미국 대통령이 되겠다는 포부를 접었을 리는 없다. 그렇다면 그는 대통령이 되기 위해 어떤 전략과 전술을 구사했을까?

데이비드 프럼이 트럼프를 매우 위험한 인물로 평가하는 것은 트럼프의 행보가 예측 가능하지 않기 때문이다. 사실, 트럼프는 일반 정치인들과는 전혀 다른 수단과 방법을 사용하여 백악관에 입성했다. 그 때문에 그의 백악관 입성은 기성 정치인들에겐 놀랍다 못해 충격 그 자체였다.

트럼프의 백악관 입성 전략은 아주 간단했다. 미국개혁당 대통령 후보 경선에서 실패한 그는 자신의 패인이 단 하나뿐이라고 생각했는데, 다름 아닌 명망의 부족이었다. 그래서 명망만 얻는다면 충분히 대통령이 될 수 있다고 판단했다.

대다수의 미국 정치인들은 어떤 형태로든 명망을 등에 업고 있다. 그 토대가 가문이든 학벌이든 인기도든 실력이든 성공이든, 어쨌든 그들은 명망을 얻어 정치인이 된다. 하지만 2000년 당시 트럼프는 그저 부동산 사업을 통해 부자가 되었다는 것 말고는 별다른 명망이 없었다. 그것도 빌 게이츠같이 미국을 들었다 놨다 할 정도로 엄청난 부자도, 실력자도 아니었다. 기껏해야 부동산 임대업을 하는 아버지 덕분에 유복한 환경에서 별걱정 없이 성장하여 타고난 사업가 기질과 아버지에게 빌린 돈으로 부동산 부자가 된 인물이라는 것이 그에 대한 냉정한 평가였다. 물론 그도 이런 한계를 극복하기 위해《거래의 기술》이란 책도 쓰고, 스포츠계나 연예계도 기웃거렸다. 하지만 그 정도로는 워싱턴 정가에 명함을 내밀 수 없었다. 그것도 백악관이 목표라면 턱도 없이 부족한 이력이었다.

깨달음을 얻은 트럼프는 자기만의 독특한 방법으로 명망을 쌓기 시작했다. 그는 명성을 쌓기 위한 방법으로 텔레비전 프로그램을 택했다. 텔레비전 프로그램이라면 일약 전국적인 스타가 될 수 있다고 판단했던 것이다. 이런 착상에 모델이 된 인물은 로널드 레이건이었다. 영화배우 출신인 레이건이 정치인으로 성장할 수 있었던 것은 텔레비전 프로그램 〈제너럴 일렉트릭 극장〉의 사회를 맡으면서부터였다. 그는 8년 동안 이 프로그램의 진행을 맡은 후 1966년에 55세의 나이로 캘리포니아 주지사 선거에 출마해 승리함으로써 순식간에 대선을 넘보는 유력한 정치인이 되었다. 이후 불과 2년 뒤에 공화당 대통령 후보 경선에 도전했다. 하지만 대통령 후보가 되지 못하자 캘리포니아 주지사 재선에 도전하여 성공했고, 마침내 1980년 69세의 나이로 백악관에 입성할 수 있었다.

트럼프가 로널드 레이건을 모델로 삼은 이유는 자신과 레이건이 적어도 세 가지 면에서 공통점이 있다고 판단했기 때문이다. 첫째, 레이건처럼 트럼프도 정치적 기반이 없다는 공통점이 있었고, 둘째, 레이건이 정치인으로 나설 때의 나이는 55세로 2000년에 트럼프가 미국개혁당 대통령 후보 경선에 나설 때의 나이 54세와 비슷했다. 그리고 셋째로 레이건이 영화배우로 크게 성공하지 못한 점과 그가 1996년 이후 개최해온 미인 대회가 자신의 명성을 크게 알리는 역할을 하지는 못했다는 점이 유사하다는 것이었다. 그래서 자신도 레이건처럼 인기 있는 텔레비전 프로그램을 진행한다면 충분히 백악관 입성이 가능하다고 판단했다.

이런 계획 아래 트럼프는 우선 자신이 이끌던 미스 유니버스, 미스 USA, 미스 틴 USA 등의 미인 대회를 CBS에서 NBC로 옮기고 NBC 리얼리티 방송의 진행자가 되었다. 그가 진행한 또 다른 프로그램은 '견습생'이라는 뜻의 〈어프렌티스Apprentice〉였는데, 견습생 참가자들이 트럼프의 회사 중 하나를 연봉 25만 달러에 1년간 경영하는 계약 조건을 두고 경쟁을 벌이는 내용이었다.

트럼프는 〈어프렌티스〉를 2004년부터 2015년까지 11년 동안이나 진행하였고, 이 방송을 통해 "넌 해고야You're fired!"라는 말을 유행시킬 정도로 전국적인 지명도를 얻는 데 성공하였다. 그러자 그는 2015년 6월 17일, 공식적으로 2016년 미국 대통령 선거 출마를 선언하였다. 이때 그의 나이는 69세로 레이건이 대통령에 오른 나이였다. 만약 2016년 대통령 선거에서 승리한다면 백악관에 입성하는 최고령 대통령이 되는 셈이었다.

그는 출사표를 던지고 '미국을 다시 위대하게Make America Great Again'를 슬로건으로 내걸었다. 이는 레이건의 슬로건 'Let's Make America Great Again'에서 'Let's'만 제외하고 그대로 가져다 쓴 것이다. 공화당 지지자들로부터 '레이건 향수'를 불러일으키기 위한 전략이었는데, 돈 한 푼 안 들이고 레이건을 등에 업겠다는 뜻으로 트럼프 특유의 매우 경제적인 홍보 방도였다.

개미귀신 전략과 막말 잔치

데이비드 프럼은 트럼프가 "전략이 아닌 본능으로 움직인다"고 했지만, 그것은 오판이다. 트럼프는 겉으론 매우 감정적으로 행동하고 직관적으로 판단하는 것 같지만 실제로는 아주 치밀한 계산 아래 행동하는 인물이다. 물론 그렇다고 그가 아주 이성적이라는 말은 아니다. 다만 계산적인 인물이라는 뜻이다.

트럼프의 선거 전략은 얼핏 보면 '노이즈 마케팅'처럼 보이지만, 실제론 상대를 끊임없이 논쟁 속으로 끌어들여 논쟁의 희생양으로 삼는 전략을 구사한다. 말하자면 사회적 화두를 선점하거나 공략함으로써 상대를 논쟁의 소용돌이 속으로 빠져들게 하는 동시에 자신이 논쟁의 주도권을 쥐는 방식이다. 마치 개미귀신이 미리 파놓은 함정으로 개미를 유인하여 잡아먹는 방식과 흡사하다. 그래서 필자는 임의로 트럼프의 이런 방식을 '개미귀신 전략'이라고 명명한다.

그의 개미귀신 전략은 이미 1988년에 출간한 《거래의 기술》 속에 잘 드러나 있다. 그는 이 전략에 가장 요긴한 수단을 언론이라고 인식한다. 언론을 이용하는 이유에 대해 남의 관심을 불러일으켜 동요를 일으키게 해야 하기 때문이라고 역설한다. 그는 언론의 속성을 "항상 좋은 기삿거리에 굶주려 있고, 소재가 좋을수록 대서특필하게 된다"라고 하면서 언론의 주목을 받으려면 무언가 대담하고 논쟁거리가 되는 일을 하라고 말한다. 말하자면 핫이슈가 될 만한 것을 언론에 던져주라는 것이다. 헐뜯는 기사든 칭송하는 기사든 일단 기사가 나가면 항상 손해보다는 이득이 많기 마련이라는 것이다.

그는 이런 전략에 따라 대선전에 나서기 바로 직전에 미국인들이 가장 민감하게 생각하는 이슈 하나를 언론에 던졌다. 대선 출마를 공식 선언하기 하루 전인 2015년 6월 16일, 그는 멕시코를 향해 이렇게 일갈했다.

"그들(멕시코 정부)은 문제가 많은 사람들을 미국으로 보내고 있다. 이들은 성폭행범이자, 미국에 마약을 가져오고 범죄를 일으키는 주범이다. 남쪽 국경에 거대한 방벽을 쌓겠다. 돈은 멕시코가 내도록 하겠다."

이런 막말을 던져놓고 트럼프는 대선 출마를 선언했다. 멕시코 이민자들에 대한 그의 모욕적인 발언은 연일 매스컴을 타고 흘렀고, 대다수의 신문은 그를 비난하는 기사로 도배되었다. 하지만 그는 멈추지 않았다. 보름 뒤인 7월 1일에 다시 막말을 쏟아냈다.

"이민자 통계를 한번 살펴보라. 강간, 범죄, 그리고 이 나라로 들어오는 모든 불법적인 것에 대한 통계 또한 볼 수 있을 것이다. (왜 이런 논란이 있는지) 도저히 이해가 안 된다."

그의 막말이 일파만파로 퍼져 파문이 확대되자, 그와 손잡고 동업을 하던 여러 기업들이 그와 거래를 끊었다. 함께 미인 대회를 공동 주최하던 NBC와 유니버설도 트럼프를 사업 파트너에서 배제하는 조치를 감행했다. 트럼프는 마치 이런 반응을 기다리기라도 한 듯 두 회사에 5억 달러의 손해배상을 청구했고, 이는 연일 언론에 보도됐다.

그런데 이상한 현상이 일어났다. 여론이 의외의 방향으로 흐르기 시작했던 것이다. 언론과 정치권은 연일 트럼프를 비난했지만, 트럼프를 지지하는 여론이 크게 형성되고 있었다. 거기다 시간이 흐를수록 트럼프 지지층은 더욱 늘어났다. 그들은 대부분 중하층의 백인이었다. 덕분에 트럼프는 순식간에 유력한 대선 후보로 부상했다.

당시로서는 멕시코 이민자들에 대한 트럼프의 막말이 대선을 위한 선거 전략의 일환이라고는 아무도 생각하지 않았다. 하지만 그것은 철저한 계산 아래 이뤄진 계획적인 도발이었고, 여론의 향배에 엄청난 영향을 끼쳤다. 트럼프의 평소 지론대로 "칭송하는 기사든 나쁜 기사든 일단 기사로 나가면 이익이 된다"는 말이 현실로 입증된 셈이었다. 그의 개미귀신 전략이 제대로 먹힌 것이다. 그의 막말은 개미귀신의 모래 구덩이였고, 언론은 연일 그 구덩이 속으로 경쟁자들을 끌어들였으며, 트럼프는 경쟁자들을 개미를 잡아먹듯 하나씩 해치우기 시작했다.

드럼프의 도발은 이후에도 계속되었다. 이민자 이슈로 논란을 불러일으킨 지 얼마 되지 않은 7월 21일에 한국이 주한 미군을 공짜로 쓴다며 한국의 안보 무임승차론을 주장했다. 물론 사실에 근거한 내용은 아니었다. 한국은 이미 연간 1조 원에 이르는 주한 미군 주둔 비용을 부담하고 있었다. 그는 또 사우디아라비아에 파견한 미군 비용에 대해서도 이런 말을 했다.

"사우디아라비아는 하루에 수십억 달러를 버는데, 문제가 생기면 우리 군대가 챙긴다."

그러면서 이렇게 덧붙였다.

"우리는 아무것도 얻는 게 없다."

트럼프가 이런 말을 해대는 이유는 오직 하나였다. 무엇보다도 미국인의 이익이 최우선이 되는 정책을 실시해야 한다는 것이다. 이는 종래의 미국 정부가 미국인의 이익을 우선시하지 않았다는 점을 부각시키려는 의도였다.

이런 전략은 곧바로 엄청난 반향을 일으켰다. 출마 선언 당시 경선 출마자 16명 중에 최하위였던 그의 지지율은 순식간에 선두권에 진입했다. 트럼프는 미국 인구 중 가장 비중이 큰 보수 성향 백인들의 불만과 불안에 불을 댕겼고, 그것이 즉시 지지율 상승으로 이어졌던 것이다. 덕분에 트럼프는 공화당의 유력 주자가 되었고, 2016년 5월 3일 오하이오 경선에서 대통령 후보로 확정됐다. 이날 트럼프에 이어 2위를 달리던 테드 크루즈 상원의원과 3위 존 케이식 주지사가 경선 포기를 선언함으로써 11개월에 걸쳐 진행된 대선 후보 경선 레이스가 종지부를 찍었다. 이제 트럼프에게 남은 것은 민주당 대통령 후보 힐러리 클린턴과의 본선 경쟁뿐이었다.

논리의 마녀를 이긴 막말의 불한당, 백악관에 입성하다

트럼프와 힐러리는 정말 극과 극을 달리는 경쟁자였다. 단순히 남성과 여성이라는 성 대결 차원을 넘어 그들의 슬로건과 정책 공약은 그야말로 반대 방향으로 달리며 연일 충돌을 반복했다. 힐러리가 '함께하면 더 강해진다'는 슬로건을 앞세우며 지구촌이 어우러져 더불어 발전을 도모하는 데 중점을 두고 있다면, 트럼프는 '미국을 다시 위대하게' 만들자며 철저히 미국의 이익을 중심으로 새판을 짜야 한다는 논리를 전개했다.

그들의 정책 공약 중에 가장 극단으로 대립했던 사항은 이민자와 외교 부문이었다. 트럼프는 대선 후보 출마 때부터 공언했듯 불법 이민자를 추방해야 한다는 입장이었지만, 힐러리 클린턴은 불법 이민자도 인도적 차원에서 구제해야 한다는 입장이었다. 또 힐러리가 동맹국과의 질서를 그대로 유지하며 함께 이 질서에 도전하는 세력에 대응해야 한다는 입장인 반면, 트럼프는 미국 중심주의를 내세우며 동맹국 스스로 자립적인 무장을 해야 한다는 신고립주의 입장이었다. 트럼프 측은 심지어 한국과 일본이 핵무장을 해야 한다고 주장하기까지 했다.

두 진영의 극단적 정책 차이는 지지율에서도 팽팽한 대립으로 나타났고, 미국 국민의 반응도 극명하게 엇갈렸다. 그 때문에 대선 결과는 투표함을 열어보기 전엔 도저히 예측할 수 없는 상황으로 치달았다.

그런 가운데 2016년 9월 26일에 두 사람의 첫 TV 토론이 개최됐다. 90분 동안 진행된 이날의 토론은 서로가 한 치도 물러서지 않는 치열한 난타전으로 전개되었다. 힐러리가 증세 정책을 통해 사회안전망을 강화해야 한다고 주장하면, 트럼프는 과감한 감세를 통해 기업 경영에 유리한 환경을 조성해야 한다고 받아쳤다. 힐러리가 심화되는 실업 문제를 해결하기 위해서는 국가가 나서서 부자들로부터 더 많은 세금을 거둬들여야 한다고 주장하면, 트럼프는 기업이 미국을 떠나지 않게 하는 것이 실업 문제를 근본적으로 해결하는 방도라고 역설했다.

이런 설전 속에 두 사람은 다소 감정적인 말도 서슴없이 늘어놓았다. 힐러리가 미국이 당면한 작금의 제반 문제들을 해결하기 위한 적임자는 바로 자기라고 내세우면, 트럼프는 그 문제들은 30년 동안 공직자로 일했던 힐러리 당신이 저질러놓은 것들이라고 힐난했다.

이런 분위기 속에서 치열하게 치러진 세 차례 토론은 힐러리에게 유리한 양상으로 전개되었다. 말 잘하고, 정치 경험 풍부하고, 지적으로 뛰어난 힐러리가 토론에서 두각을 보이는 것은 어쩌면 당연한 일이었다. 그래서 토론 후에 나온 10월 23일의 지지율 조사 결과는 50퍼센트 대 38퍼센트로 힐러리가 압도적으로 앞섰다. 여성은 물론이고 그동안 트럼프 지지도가 높았던 남성들조차 힐러리에게 기울어지는 양상이었다. 그야말로 트럼프로서는 최대의 위기를 맞이한 셈이었다. 선거일을 보름밖에 남겨두지 않은 상황이었기 때문이다.

그러나 트럼프는 다시 힐러리를 추격하기 시작했다. 시간이 지날수록 트럼프의 지지자들이 속속 복귀했고, 덕분에 5일 뒤인

2017년 1월 20일 제45대 미국 대통령 취임식이 진행되었다. 당선인 신분이던 도널드 트럼프는 성경에 손을 얹고 취임 선서를 했다.

10월 28일의 지지율은 48퍼센트 대 44퍼센트로 격차를 오차 범위 안으로 좁혔으며, 29일에는 47퍼센트 대 45퍼센트로 박빙의 상황이 되었다. 그리고 11월 8일, 마침내 투표가 실시되었고, 결과는 트럼프의 짜릿한 승리였다. 트럼프는 총득표수에서는 밀렸으나 선거인단에서 306 대 232로 앞선 덕분에 제45대 미국 대통령에 당선되었다.

대통령 후보 경선에 나설 때만 해도 그가 백악관의 주인이 되리라고 생각하는 사람은 아무도 없었다. 16명의 공화당 경선 후보자 중에 지지율 꼴찌였던 그가 유력한 후보들을 모두 제치고 공화당 후보가 된 것만 해도 기적 같은 일이었다. 그런데 다시 강력한 경쟁자였던 힐러리 클린턴 민주당 후보를 물리치고 대통령에 당선된 것은 그야말로 무에서 유를 창조했다고 해도 과언이 아닐 정도의 일대 사건이었다. 막말의 불한당이 논리의 마녀를 이겼으니, 감성이 이성을 이긴 격이기도 했다.

하지만 대다수의 미국 지식인들은 그의 당선을 축하하지 않았다. 특히 그에 대해 극도의 혐오감을 드러냈던 국민들은 캐나다로 이민을 가겠다고 공언하기까지 했다. 언론도 모두 미국 앞날에 대해 우려 일색이었다. 세계 각국의 반응도 마찬가지였다. 각국의 언론들은 일제히 "세계의 미래가 불확실성의 미궁 속으로 빠져들었다"고 입을 모았다.

트럼프도 이 점을 인식했던지 당선 수락 연설에서 미국만 생각하지 않고 "모든 국가를 공정하게 대하겠다"고 했다. 또한 미국 국민의 통합과 화합을 역설하기도 했다. 이런 트럼프의 태도는 대선 기간 동안 보여줬던 그의 행동에 비춰볼 때 다소 의외였다. 그 때문에 미국의 언론들은 적이 냉소적인 반응을 보이며 앞으로 그의 행동을 지켜보겠다는 말로 비판적인 입장을 그대로 유지했다. 트럼프와 언론의 치열한 논쟁과 비난전은 이미 예고된 일이었던 것이다. 거기다 미국이 또 한 번 세계를 뒤흔들 것이라는 점도 예상 가능한 일이 되었다.

문재인:
시민 권력의 상징이 되어 청와대로 가다

극한 직장 청와대, 극한 직업 대통령 비서관

"정의로운 나라, 통합의 나라, 원칙과 상식이 통하는 나라다운 나라를 만들기 위해 함께하신 위대한 국민들의 위대한 승리입니다."

2017년 5월 9일 밤, 문재인은 대통령 당선이 확정되자 당선 소감문에서 이렇게 말했다. 이 말을 뒤집어보면 그동안 한국은 정의롭지 못한 나라, 분열의 나라, 원칙과 상식이 통하지 않은 나라였다는 의미다. 그가 인권 변호사의 삶을 살았던 것도, 청와대 민정수석이 된 것도 모두 이런 현실을 타파하고 개선하기 위함이었을 것이다. 그러나 그의 바람은 청와대의 주인이 된다고 해서 쉽게 이룰 수 있는 문제가 아니었다. 그러니 민정수석의 입장에서 그가 할 수 있는 일이 그리 많지 않았던 것은 당연했다.

2003년 2월 25일, 그는 '참여정부'라고 명명한 노무현 정권의 민정수석이 되어 청와대 일을 시작했다. 비록 각오하고 뛰어든 일이었지만, 대통령 비서관은 그가 상상하던 것 이상으로 극한 직업이었다. 그야말로 늘 한계 용량을 초과하는 중노동의 연속이었다.

그는 김대중 정권의 햇볕 정책에 따른 대북 송금 문제에서부터 검찰, 국정원, 국세청, 감사원 등의 권력 기관 개혁과 환경, 노동, 교육 등의 사회 갈등에 이르는 광범위한 문제들과 부딪쳐야 했다. 심지어 한미 관계에도 간여했으니 몸이 남아날 리 없었다. 그 탓에 그는 민정수석 생활 1년 동안 치아를 열 개나 뽑아야 할 정도로 몸이 상했다고 한다.

그리고 청와대 근무 1년 만인 2004년 2월 중순에 민정수석에서 물러났다. 당시는 총선을 앞둔 상황이라 지역구에 출마하라는 압박이 거셌다. 밑도 끝도 없는 비리 의혹까지 그를 괴롭히던 시점이기도 했다. 더구나 건강도 최악이었고 무력감마저 밀려왔다. 체력과 정신력이 모두 고갈된 셈이었다.

청와대를 벗어난 그는 자유인이 되어 히말라야 트레킹에 나섰다. 정신과 육체에 깃든 청와대의 땟자국을 벗겨내기 위해서였다. 그렇게 얼마간 네팔에서 지냈다. 한국과 연락도 끊고 휴대전화도 없었다. 그러다 카트만두의 어느 호텔에서 그는 영자 신문을 통해 노무현 대통령의 탄핵 소추안이 발의됐다는 소식을 접했다. 상황이 예사롭지 않음을 직감한 그는 귀국하지 않을 수 없었다.

2004년 3월 12일, 국회에 제출되었던 노무현 대통령의 탄핵 소추안이 가결되었고, 노무현은 그에게 탄핵 대리인단을 꾸려달라고 요청했다. 이후 문재인은 다시 변호사 활동을 재개하고, 능력 있는 변호사들을 찾아다니며 대리인단을 꾸렸다.

탄핵 재판은 2개월 이상 지속되었고, 그동안 탄핵을 반대하는 시민들이 연일 거리에서 촛불 시위를 이어갔다. 그 과정에서 제17대 국회의원 선거도 진행되었다. 선거 결과는 탄핵을 반대하는 민심이 확연히 반영되었다. 노무현의 당이라고 불리는 열린우리당이 전체 299석 중 152석을 차지하여 과반을 넘어선 것이다. 헌법재판소는 민의를 반영하여 5월 14일 탄핵 기각 결정을 내렸다.

탄핵 재판이 끝나자 노무현은 문재인에게 청와대로 돌아올 것을 청했다. 그 간곡함을 뿌리치지 못하고 그는 다시 극한 직장 청와대로 돌아갔다. 청와대에서 나온 지 불과 석 달 만이었다. 이번에는 시민사회수석이었다. 노무현이 청와대를 개편하면서 만든 자리였다.

시민사회수석실은 사회 갈등을 조정하기 위한 목적으로 설립되었는데, 임무 중에는 시민사회가 정부 기관에 협조하여 다양한 역할을 할 수 있도록 유도하는 것도 포함되어 있었다. 하지만 그 범위가 너무 넓어 명확한 개념을 설정하는 것부터가 힘들었다. 그는 이 애매한 자리에 6개월 남짓 머물다가 2005년 1월에 다시 민정수석실로 돌아갔다. 그리고 1년 4개월 동안 자리를 지키다 2006년 5월에 사임하고 물러났다.

민정수석에서 물러난 문재인은 그해 6월에 실시된 지방선거에서 열린우리당을 도우려다 말실수를 하여 대단한 곤욕을 치른다.

노무현 정권을 '부산 정권'이라고 표현하는 바람에 망국적인 지역감정을 조장했다며 엄청난 비난을 받은 것이다. 이 사건 이후 그는 "정치가 싫고 무서워졌다"고 이야기한 바 있다. 청와대 참모로 있던 시절에는 실감하지 못했던 이전투구의 정치판을 제대로 경험했던 셈이다. 그 경험이 얼마나 진했던지 그는 노무현 정부가 끝날 때까지는 변호사로 복귀하는 것도 포기했다.

이후로 10개월 동안 그는 그냥 집에서 쉬었다. 노무현이 정무특보라는 직책을 하나 줬지만 그저 이름뿐이었다. 급여도 활동비도 차량도 없고 명함만 하나 달랑 있는 일종의 명예직 같은 것이었다.

그런 가운데 어느덧 노무현 대통령의 임기 마지막 해인 2007년이 되었다. 그해 3월에 그는 비서실장에 임명되어 다시 청와대로 갔다. 사실 그는 다시 청와대로 돌아가고 싶어 하지 않았다. 특히 비서실장은 노무현의 퇴임 이후까지 고려해야 하는 직책이기에 더욱 맡고 싶지 않았던 듯하다. 그저 예전처럼 인권 변호사로 돌아가는 것이 문재인의 소망이었다.

하지만 그는 이번에도 노무현의 요청을 뿌리치지 못했다. 노무현의 정치적 상황이 너무 어려웠기 때문이다. 대통령 지지율은 완전히 바닥이었다. 노무현은 2005년에 야당인 한나라당에 대연정을 제안했다가 여론의 뭇매를 맞았다. 지지율은 20퍼센트대로 곤두박질쳤다. 2006년 벽두에는 열린우리당 탈당을 시사하는 발언을 했다가 다시 한번 지지율이 크게 떨어졌다. 문재인이 비서실장으로 청와대에 다시 들어갔을 땐 지지율이 10퍼센트에도 미치지 못했으니, 그야말로 '식물 대통령' 소리를 듣는 판이었다. 노무현이 속한 열린우리당의 지지율도 동반 추락했다. 그 때문에 열린우리당에서는 노무현을 탈당시키려는 움직임이 일었다.

이런 상황을 돌파하기 위해 노무현은 2007년 1월에 대통령 4년 중임제를 골자로 하는 원 포인트 개헌을 제안했다. 그러나 이미 차기 정권을 예약해놓은 것이나 진배없다고 여긴 한나라당이 동의해줄 리가 없었다. 한나라당은 그저 18대 국회가 개원하면 개헌을 추진하겠다는 지키지 못할 약속만 내놨다.

이후 노무현은 2000년 6월에 있었던 김대중의 1차 남북 정상회담에 이어 북한의 김정일과 2차 회담을 성사시켰고, 10·4 남북 선언을 이끌어냈다. 10·4 선언의 주요 내용은 6·15 남북 선언을 고수하고, 상호 존중과 신뢰 관계를 다지며, 군사적 적대 관계를 종식하여 긴장 완화와 평화 보장에 협력한다는 것이었다. 이를 위해 역사, 문화 전반에 교류를 확대하고 경제 협력 사업을 활성화하기로 했다.

하지만 노무현은 10·4 선언을 이행할 수 있는 처지가 아니었다. 레임덕이 극에 달한 데다 이미 한나라당에 정권이 넘어가는 것이 기정사실처럼 굳어진 상황이라, 10·4 선언은 말 그대로 선언에 그칠 공산이 컸다. 10·4 선언 직후 대선 레이스가 시작되었고, 결국 이명박이 차기 대통령에 당선되면서 예정된 수순처럼 남북 관계는 암울한 상황으로 치달았다.

이후 2008년 2월에 노무현이 임기를 마치고 청와대에서 물러남에 따라 문재인도 비로소 청와대 생활을 청산하고 야인으로 돌아왔다.

거부할 수 없는 운명 앞에서

문재인은 참담한 심정으로 청와대 생활을 정리했다. 마치 유배를 가듯 시골구석에 처박혔다. 그는 어떻게 해서는 세상과 거리를 둔 채 조용히 살고자 했다. 그래서 부산 인근의 양산 시골 마을에 집을 마련했다. 당분간 변호사 생활도 하고 싶지 않았지만 경제적 여유가 없어 별수 없이 몇 달 만에 변호사 사무실에 나가야 했다. 이후 그는 다시 이전의 삶으로 돌아온 듯했다. 물론 가끔 노무현을 찾기도 했다. 마지막 비서실장이었던 만큼 전직 대통령의 공적인 행사에 함께하는 것은 그의 의무였다.

하지만 문재인이 되찾은 일상의 평화는 오래가지 못했다. 그의 운명은 이미 노무현이란 존재와 불가분의 관계에 있었고, 따라서 노무현의 운명이 그에게 크나큰 영향을 미칠 수밖에 없었다.

노무현은 퇴임한 이후 고향 마을인 경남 김해 진영읍 봉하리에 살고 있었다. 봉하에서 노무현은 나름대로 즐거운 삶을 누리는 듯했다. 오리농법을 이용한 친환경 농사를 지으면서 주변 하천인 화

포천 정화 운동에도 열심이었다. 그야말로 소시민의 삶이었다. 그러나 그는 전직 대통령이었다. 주변에서 그를 그냥 농사나 짓는 소시민으로 놔두지 않았다. 농촌에 터전을 잡은 전직 대통령을 보기 위해 수많은 방문객이 봉하마을에 찾아들었고, 덕분에 노무현은 대통령 시절보다 훨씬 더 많은 인기를 누리게 되었다. 이명박 정권은 이런 노무현을 경계했다. 당시 이명박 정권은 집권 한 달도 안 돼 미국산 소고기 사태로 엄청난 저항에 부딪혔다. 그들은 시민들의 배후에 노무현이 있다고 의심했고, 결국 '노무현 죽이기'에 나섰다.

노무현 죽이기의 서막은 노무현 측근들에 대한 뒷조사에서부터 시작되었다. 총리를 지낸 이해찬과 한명숙을 비롯하여 장관이나 비서실 요직을 지낸 인물들의 뒤를 캐기 시작한 것이다. 그리고 어느덧 그 칼끝은 노무현을 향했다. 노무현이 어려웠던 시절에 금전적인 도움을 준 사람들이 일차 타깃이었다. 이후 그의 최측근 중 한 사람인 정상문에 이어 친형 노건평이 구속되었고, 부인 권양숙과 아들 노건호도 금전 문제와 관련하여 검찰에 불려 나가 조사를 받았다. 급기야 2009년 4월 30일엔 노무현이 대검찰청에 출석하여 조사를 받기에 이르렀다. 이때 문재인은 노무현의 변호인 신분으로 동행했다.

문재인은 노무현이 무죄라고 확신하고 있었다. 노무현이 범법 행위를 저질렀다는 그 어떠한 증거도 없었기 때문이다. 하지만 검찰은 20여 일을 끌며 여론전을 펼쳤다. 언론은 연일 노무현 때리기에 여념이 없었다. 그 대열엔 진보와 보수의 구분이 없었다. 어디서 창작된 것인지 알 수 없는 숱한 음해 뉴스들이 넘쳐났고, 국민들은 그 뉴스를 믿고 경악에 경악을 거듭하며 분노와 비난을 쏟아냈다.

노무현은 엄청난 비난 공세를 견디지 못하고 결국 극단적인 선택을 했다. 5월 23일, 그는 자택 뒷산의 바위에서 뛰어내려 스스로 생을 마감했다. 모든 것은 자신의 잘못이니 자신이 안고 가겠다는 뜻이었다. 노무현의 죽음은 대한민국 국민들을 엄청난 충격에 빠트렸다. 연일 애도 행렬이 이어졌고 전국적으로 500만 이상의 국민들이 울음을 터뜨리며 분향소를 찾았다.

노무현의 장례식이 준비되자 문재인은 상복을 입고 상주 노릇을 했다. 엄청나게 밀려드는 추모 인파를 보면서 문재인은 노무현이란 존재를 다시 생각했다. 단 1~2분의 조문을 위해 먼 거리를 달려온 추모객들은 봉하에 와서도 아무 불평 없이 또 몇 시간을 기다렸다. 그들은 더위도 폭우도 아랑곳하지 않았다. 문재인은 그 모습을 보면서 도대체 무엇이 그들을 거기까지 끌고 온 것인지 생각하고 또 생각했다.

하지만 그때까지만 해도 그 엄청난 추모 인파가 자신의 운명을 바꿀 도도한 역사의 강줄기임을 문재인은 알지 못했다. 단지 그는 거침없는 물결 속에서 상주 노릇에 충실하기 위해 최선을 다했을 뿐이었다.

문재인은 노무현의 죽음을 '정치적 타살'이라고 단언했다. '사람 사는 세상'을 부르짖던 그의 죽음과 함께 그에게서 정치적 이상을 찾았던 서민들의 꿈이 함께 무너져 내렸다고 생각했다. 하지만 자신이 노무현을 대신하여 그 서민들의 무너진 꿈을 다시 일으켜 세울 수 있다고는 생각하지 않았다.

노무현이 떠난 후, 그를 추모하고 기리는 의미에서 노무현 재단이 설립되었고, 문재인은 상임이사직을 거쳐 이사장직을 맡았다. 그리고 어느덧 1주기가 지나 2010년이 되었을 때, 노무현을 잊지 못한 시민들은 노무현을 최측근에서 보좌했던 인물들을 지방선거에서 대거 선출했다. 노무현에 대한 미안한 마음과 그의 정신을 기리겠다는 의지를 투표장에서 표로 표출한 셈이었다.

문재인은 그런 현상을 보면서 "하늘에 계신 노 대통령도 기뻐하실 일이었다"고 회고했다. 그리고 그는 자주 노무현과 자신의 운명에 대해 생각했다. 자신의 인생에서 노무현이란 존재는 도대체 무엇인지, 그와의 만남과 동행, 그리고 이별은 정녕 피할 수 없는 운명이었는지 곱씹고 또 곱씹었다. 그러면서 그는 결국 노무현이 남긴 숙제와 시대적 소명이 피할 수 없는 자신의 운명임을 깨달았다. 마침내 정면으로 시대와 부딪치고 싸울 수밖에 없다는 결론을 내린 것이다.

광장의 힘에 의해 다시 청와대로

노무현이 짊어졌던 운명을 함께 지기로 결심한 문재인은 결코 정치인으로 살지 않겠다는 종래의 결심을 접고 마침내 본격적인 정치 행보에 나섰다. 그는 2012년 12월에 실시될 제18대 대통령 선거에 출마할 것을 결심했고, 이를 위해 그해 4월 11일에 제19대 총선에서 부산 사상구에 출마하여 국회에 입성했다. 이후 8월 25일부터 9월 16일까지 열린 민주통합당의 대통령 후보 경선에 나서서 승리했다. 문재인은 유력한 대통령 후보 중 한 명이었던 안철수의 양보와 진보 정당들의 지지에 힘입어 야당인 새누리당의 후보 박근혜와 맞붙게 되었다. 그러나 12월 19일의 대선에서 패배하고 말았다. 48퍼센트라는 높은 득표율을 기록했지만 51.6퍼센트를 얻은 박근혜에게 100만 표 차이로 지고 말았던 것이다.

하지만 그는 과거 대선에서 패배한 여느 정치인들과 달리 칩거하거나 정계에서 물러나는 행동은 하지 않았다. 국회의원을 그만두기는커녕 오히려 더욱 적극적으로 정치 행보를 가속화했다. 사실, 그는 아직 정치 초년생이었기 때문에 이제 시작 단계라고 판단했던 모양이다. 이에 대해 비판 여론이 있었지만 그는 개의치 않았다. 그리고 2014년 6월의 지방선거에서는 손학규와 함께 새정치민주연합의 선거대책위원장을 맡기까지 했으며, 그해 12월에는 당 대표에 도전하겠다고 선언했다. 그러자 단번에 차기 대선 후보 지지율 1위에 올랐다.

문재인은 그 여세에 힘입어 2015년 당 대표 선거에서 승리했다. 이후 새정치민주연합은 국민의당과 더불어민주당으로 갈라졌고, 문재인은 더불어민주당에서 당 대표를 이어갔다. 그 무렵, 박근혜 정부는 2014년 4월에 발생한 세월호 사건으로 지지율이 크게 추락했다. 설상가상으로 2015년에는 중동호흡기증후군인 메르스에 제대로 대처하지 못했다며 국민들의 원성이 더욱 높아졌다.

이런 상황에서 문재인은 2016년 1월에 당 대표에서 물러나 세력 강화를 위한 새로운 길을 모색했는데, 그때 마침 최순실의 국정 농단 의혹이 제기되었다. 일명 최순실 게이트로 불리는 이 사건은 최순실이 박근혜 정부의 국정에 개입했을 뿐 아니라 미르재단과 K스포츠재단의 설립에 관여하여 그 재단을 사유화하였으며, 최순실의 딸 정유라가 대학 입시 등에서 여러 가지 특혜를 받았다는 내용을 포함하고 있었다.

이후 언론들이 최순실 게이트를 본격적으로 보도하였고 국정 개입, 미르재단과 K스포츠재단, 정유라의 입학 비리 등에 대한 구체적인 내용들이 확인되면서 엄청난 파장을 불러일으켰다. 민심은 극도로 악화되어 연일 광화문을 비롯한 전국 각지에서 수많은 군중이 집결하여 촛불 시위를 이어갔고, 결국 2016년 11월 17일부터 2017년 1월 15일까지 '박근혜 정부의 최순실 등 민간인에 의한 국정 농단 의혹 사건 진상 규명을 위한 국정조사'가 이뤄졌다.

국정조사 기간 중이던 2016년 12월 3일에 더불어민주당, 국민

촛불 시위로 박근혜가 탄핵된 후 조기에 치러진 이른바 '장미 대선'에서 제19대 대통령으로 당선된 문재인이 개표 방송에서 승리를 선언하고 있다. 문재인은 역대 대선 사상 최다 득표 차로 정권 교체에 성공했다.

의당, 정의당 등 야 3당과 무소속 의원을 합친 171명이 대통령 탄핵 소추안을 국회에 제출했다. 박근혜 대통령에 대한 탄핵 소추안은 12월 9일에 국회 본회의에서 재적의원 300명 중 299명이 참여해 찬성 234표, 반대 56표, 무효 7표, 기권 2표로 가결되었다. 이후 2017년 3월 10일, 헌법재판소는 심판에 참여한 재판관 여덟 명 전원의 인용 의견에 따라 박근혜 정부의 종막을 알렸다. 이에 따라 60일 이내에 차기 대통령 선거를 실시해야 했다.

이 무렵, 차기 대선 후보 지지율에서 당을 가리지 않고 압도적인 1위에 올라 있던 문재인은 2017년 3월 24일 대선 출마를 공식 선언했다. 이후 더불어민주당 대선 후보 경선에서 전 지역 1위를 차지하며 대통령 후보가 되었다.

한편 박근혜가 탄핵된 후 새누리당은 자유한국당과 바른정당으로 갈라졌다. 각각 홍준표와 유승민이 후보로 나섰고, 국민의당에서는 안철수, 정의당에서는 심상정이 출마했다. 이로써 5자 구도가 형성되었으나 문재인은 압도적인 지지율 1위를 유지했다. 그리고 5월 9일에 실시된 선거에서 득표율 41.1퍼센트로 당선되어 마침내 제19대 대통령에 올랐다.

대통령 당선이 확정되었을 때, 문재인은 가장 먼저 광화문 광장에 집결한 시민들을 찾았다. 문재인과 경쟁했던 경선 주자들도 모두 이곳에 함께했다. 그리고 시민들 앞에서 문재인은 당내 경선 주자들과 함께 "모든 국민의 대통령이 되겠다"고 약속했다. 문재인이 광장에 모인 시민들 앞에서 그런 약속을 한 것은 바로 시민들의 광장 권력이 대통령 자리를 만들어주었기 때문이었다. 그래서 한층 가슴이 벅차면서도 어깨는 더욱 무거워졌다. 시민의 마음이란 항상 가변적이기 때문이다.

2부

그들의 나라,
그들의 국민

아베의 일본, 일본인의 아베

아베 신조의 '아름다운 나라'

"100년 전 제1차 세계대전이 끝난 뒤 국제연맹에서 일본은 미래를 향한 새로운 원칙으로 '인종 평등'을 치켜들었습니다."
"세계에서 유럽·미국의 식민지가 퍼지고 있었던 당시 일본의 제안은 각국의 강한 반대를 받았습니다."

2019년 10월 4일 일본의 임시국회 본회의 연설에서 아베 신조가 한 말들이다. 이는 100년 전인 1919년 국제연맹에 파견됐던 마키노 노부아키*가 했던 말을 두둔하기 위한 것이었다. 이날 아

---

* 마키노 노부아키는 아베 내각의 2인자이자 부총리인 아소 다로의 외증조부다.

베 신조는 그를 치켜세우며 이런 말까지 덧붙였다.

"전권대사였던 마키노 노부아키는 당시 의연하게 '곤란한 현상이 있다는 것을 인식하고 있지만, 결코 극복하지 못할 것은 아니다'라고 말했습니다."

하지만 마키노 노부아키의 당시 주장은 그야말로 눈 가리고 아웅 하는 식의 궤변이었다. 당시 일본은 한국을 식민 지배하는 상태였고, 독립을 요구하는 비폭력 시위였던 3·1 운동을 총칼을 동원해 가혹하게 진압하고 학살까지 자행했다. 그들이 학살한 사람들의 피가 채 마르지도 않았는데 국제연맹에서 버젓이 '인종 평등'을 운운한 것이다. 유럽 열강의 식민 지배와 달리 일본은 마치 인종 평등을 실현하는 나라인 것처럼 뻔뻔한 얼굴로 거짓말을 늘어놓았다. 그런데 아베 신조는 마키노 노부아키의 이 뻔뻔스러운 거짓말을 마치 정의로운 행동처럼 미화했다.

아베 신조가 군국주의 시절을 미화하는 발언을 한 것은 한두 번이 아니다. 정계에 진출한 이후 줄곧 제국주의 시대를 찬양하는 일에 몰입해왔다고 해도 과언이 아닐 정도다. 이 때문에 독일의 메르켈 총리는 "독일은 과거를 똑바로 마주 봤다"는 말로 그의 잘못된 과거사 인식을 비판한 바 있고, 미국의 오바마는 "아베 총리는 과거사를 솔직히 인정해야 한다"고 충고하기도 했다.

이렇듯 존경받는 세계의 지도자들이 진심 어린 충고를 했지만, 아베 신조는 귓등으로도 듣지 않았다. 그는 오히려 기회가 있을 때마다 과거 일본의 잔혹한 만행을 두둔하고 미화하는 말들을 늘어놓곤 했다.

아베 신조의 이런 행보에 대해 과거 일본의 군국주의로 인해 엄청난 피해를 보았던 주변국들은 물론이고 국내 언론과 시민단체, 학자 들로부터도 숱한 비판을 받곤 했지만, 그는 전혀 물러서지 않았다. 오히려 시간이 갈수록 그의 태도는 더욱 완강해졌고, 공세적으로 변했다.

그런데 기이한 것은 그가 과거사를 미화하고 공세적인 자세를 취할수록 그에 대한 일본 국민의 지지도가 더욱 상승한다는 점이다. 이는 과거사를 미화하는 그의 행동들이 매우 정치적인 이유에서 이뤄진다는 것을 의미하고, 또 한편으론 일본 국민이 그의 과거사 미화를 지지하고 있다는 뜻이었다.

아베는 이 미화된 과거로 돌아가는 것을 '아름다운 나라'로 향하는 길이라고 했다. 그렇다면 그가 말하는 아름다운 나라의 구체적인 모습은 어떤 것일까?

2006년 9월 26일, 아베 신조는 52세의 나이로 마침내 내각 총리대신이 되었다. 역대 일본 총리들 중에서 아주 젊은 축에 속하는 편이었다. 그는 자신의 내각을 '아름다운 나라 만들기 내각'이라고 규정했다. 그해 7월 19일에 출간한 자서전《아름다운 나라로》에서 따온 명칭이었다. 이 책은 출간되자마자 곧 베스트셀러가 되었고, 50만 부 이상 판매되었다.

그는 아름다운 나라란 곧 활력과 기회와 배려가 넘치고 자율의 정신이 살아 있으며, 세계에 열린 나라라고 규정했다. 그는 이를 실현하기 위해서는 전후 체제로부터 벗어나야 한다고 주장했다. 그가 말하는 전후 체제란 곧 평화헌법 체제를 의미하는 것이었다. 따라서 그가 말하는 아름다운 나라란 평화헌법을 개정하여 전쟁을 수행할 수 있고 자주국방이 가능한 군대를 소유한 나라를 뜻한다는 것을 천명한 셈이었다. 이는 그가 일생의 신념으로 삼은 기시 염원의 실현을 추구한다는 의미였다.

'기시 염원'과 메이지 유신

앞서 언급한 아베의 정치 신념의 원천인 기시 염원을 논하기 위해서는 메이지 유신을 거론하지 않을 수 없다. 기시 노부스케가 품고 있던 일본에 대한 모든 자부심의 뿌리가 바로 메이지 유신인 까닭이다.

1868년에 시작되어 1899년까지 30년가량 지속된 메이지 유신의 원래 명칭은 '고잇신御—新'이었다. 이는 '천황이 중심이 되어 실시한 혁신'을 뜻하는 것으로 천황 중심의 중앙집권제를 확립하여 국가를 새롭게 바꾸는 것을 목표로 삼았다.

하지만 메이지 유신이 추구하던 중앙집권제는 중국에서 비롯된 전통적인 왕정 체제와는 차원이 다른 것이었다. 메이지 유신의 핵심은 막부 중심 체제에서 천황 중심 체제로 전환되는 것이 아니었다. 메이지 유신의 가장 중요한 목표는 헌법의 제정이었고, 이에 따른 입헌군주제의 실현이었다. 메이지 유신이 종결된 시점을 1899년으로 잡는 것도 이때에 와서 헌법을 제정하여 입헌군주제가 마련되었기 때문이다. 따라서 메이지 유신의 가장 혁신적인 성과는 일본이 동양 최초로 입헌군주제 국가가 되었다는 사실이다.

일본이 입헌군주제를 도입한 배경에는 서양 세력의 일본 침투가 있었고, 그 선봉엔 미국이 있었다. 1854년 3월 31일에 일본은 미국의 해군 제독 페리가 이끌던 일곱 척의 전함이 벌인 무력시위에 굴복하여 지난 250여 년간 도쿠가와 막부가 지속해오던 쇄국 정책을 포기하고 미국과의 화친을 골자로 한 가나가와 조약을 맺었다. 이후 일본에서는 도쿠가와 막부를 유지하자는 막부파와 천황을 중심으로 조정을 개편해야 한다는 개혁파 사이에 치열한 정권 다툼이 전개되었다. 당시 개혁파의 중심엔 혼슈 서쪽 지역의 맹주 조슈번이 있었다.

이런 상황에서 미국은 일본이 쇄국 정책을 종결해야 한다고 압박하여 1857년 5월에 미일 조약을 성사시켰고, 이어서 1858년 6월 19일에 수호통상조약을 체결하였다. 물론 이 조약들은 영사재판권이나 협정관세권, 미국에 대한 최혜국 대우 등이 열거된 불평등조약이었다.

미국과의 수호통상조약은 정치적으로 수세에 몰린 도쿠가와 막부가 미국의 압력에 밀려 급하게 체결한 것이었다. 이 때문에 천황의 칙허 없이 통상조약을 맺었다는 존왕파의 반발을 피할 수 없었다. 조인 소식을 접한 고메이 천황은 황위에서 물러나겠다며 극한 분노를 드러냈고, 급기야 막부 정권의 총리 격인 대로 이이 나오스케가 급진개혁파의 낭사들에게 살해당하는 사태가 벌어졌다.

이후 급진개혁파와 온건개혁파, 막부파가 뒤엉켜 격렬한 혈전을 벌이는 가운데 1865년 9월 고메이 천황이 태도를 선회해 급진개혁파인 조슈번 세력을 정벌하라는 칙허를 내렸다. 하지만 조슈번이 온건개혁파인 사쓰마번과 연합하여 대항하는 바람에 정벌은 실패로 돌아갔고, 막부의 힘은 더욱 약화되었다.

그런 상황에서 고메이 천황이 죽고 젊은 천황 메이지가 등극했다. 메이지는 무력을 갖춘 번주들을 등에 업고 막부 정치를 종식시키고 친정을 단행했다. 그러자 막부파와 개혁파 사이에 다시 내전이 일어났는데, 결과는 개혁파의 승리로 끝났다. 이후 메이지 유신이 단행되어 일본 정부는 지방 세력인 번을 없애고 전국을 현縣 체제로 바꿔 중앙집권적 국가조직으로 탈바꿈하였다. 그 과정에서 각 번의 병력은 중앙으로 흡수되었고, 막부 정권 아래서 성립됐던 봉건 체제는 약 4년에 걸쳐 완전히 붕괴되었다. 물론 이 개혁의 중심에는 조슈번과 사쓰마번 출신들이 있었다.

메이지 유신 이후 일본 조정에선 부국강병론이 부상하여 세제 개혁을 통해 재정을 확대하고 서구적 병력 체제를 갖추기 시작했으며, 서구식 군함인 철선을 수입하여 해군력을 강화하였다. 그리고 개혁 정책의 성공을 바탕으로 의회 제도를 도입하고 헌법을 제정하여 입헌군주제를 성취하였다. 이 과정에서 강병론의 명분을 세우기 위해 조선정벌론이 대두하였으며, 이는 군국주의의 발판이 되었다.

조선정벌론의 중심에는 조슈번 출신의 정치인들이 있었는데, 그들에게 조선정벌론을 주입한 인물이 조슈번의 사상적 아버지로 불리는 요시다 쇼인이었다. 그는 천황 아래에서 만인이 평등하다는 '일군만민론—君萬民論'을 주창하여 존왕양이 사상을 창안했으며, 그 연장선상에서 조선정벌론인 정한론을 주창했다. 그가 정한론을 펼친 것은 일본의 중국 대륙 진출을 염두에 둔 것이었는데, 이는 일본의 세력 확대를 통해 천황의 위상을 강화하려는 의도였다.

요시다 쇼인은 쇼카손주쿠라는 명칭의 서당을 운영하며 많은 제자를 길러냈다. 존왕양이파로서 메이지 유신의 핵심 인물이었던 다카스기 신사쿠, 구사카 겐즈이, 이노우에 가오루, 기도 다카요시, 야마가타 아리토모, 이토 히로부미 등이 그들이다. 이들은 요시다 쇼인의 정한론에 따라 조선 정벌에 앞장섰을 뿐 아니라 일본의 군국주의와 동아시아 국가들에 대한 침략 정책의 토대를 닦는 데 중추적인 역할을 했다.

이렇듯 요시다 쇼인은 일본의 군국주의 정책에 사상적 기반을 제공했고, 이토 히로부미를 비롯한 그의 제자들은 스승의 주장을 실행에 옮겼다. 또한 아베 신조의 조부 아베 간과 외조부 기시 노부스케 역시 그 영향력 아래에 있었다. 특히 기시 노부스케는 가장 존경하는 인물로 요시다 쇼인을 꼽았는데, 이런 외조부의 영향 때문인지 아베 신조 역시 역사 인물 중에 요시다 쇼인을 가장 존경한다고 말한 바 있다. 이는 아베 신조가 요시다 쇼인의 정한론에 기반하여 한국에 대한 식민 지배는 물론 과거 일본의 군국주의 정책이나 아시아 각국에 대한 침략을 합리화한다는 뜻이다. 따라서 아베 신조의 정치 신념인 기시 염원은 군국주의 시대의 영화를 되찾는 것이며, 이는 군사대국화를 목적으로 한 평화헌법 개정 움직임으로 이어진다.

평화헌법과 천황, 그리고 자위대

그렇다면 아베 신조가 그토록 바꾸지 못해 안달하는 평화헌법이란 무엇인가? 일본의 헌법을 흔히 평화헌법이라고 부르는데 이것은 사실 정식 명칭이 아니다. 정식명칭은 '일본국헌법'이다.

일본국헌법은 일본이 패전한 이후 전후 문제를 처리하는 과정에서 제정되었다.* 먼저 종전에 앞서 일본에 대한 전후 처리 방침을 표명한 포츠담 선언이 발표되었다. 무조건 항복한 일본은 이에 따라 연합국 최고사령부General Headquarters. GHQ의 지배 아래 놓인 동시에 주권을 상실했다. GHQ는 이후 1945년 10월 2일부터 샌프란시스코 강화조약이 발효된 1952년 4월 28일까지 6년 반 동안 일본을 통치했다. 다만 통치 방식은 일본의 통치 기구에 의한 간접 통치였다.

그래서 일본을 점령한 연합국 최고사령관 맥아더는 일본 정부에 제국헌법의 개정을 요구했다. 하지만 일본 측에서 개정한 헌법의 내용이 기존의 헌법과 별 차이가 없자, 총사령부에서 초안을 마련하여 일본 정부에 제시했다. 일본제국 의회는 이를 기초로 수정 작업을 거쳐 새로운 헌법을 만든 뒤, 히로히토 천황의 재가를 받아 일본국헌법으로 명칭을 변경하여 1946년 11월 3일에 공포했다.

오늘, 일본국헌법을 공포하였다.
이 헌법은 제국헌법을 전면 개정한 것으로, 국가 재건의 기초를 인류 보편의 원리에 의해 자유롭게 표명된 국민의 총의에 따라

---

* 그 이전의 일본 헌법의 명칭은 '일본제국헌법'이었는데, 1945년 8월 15일에 일본이 패전하면서 이 헌법은 사무화되었다.

확정한 것이다. 즉, 일본 국민은 스스로 전쟁을 포기하고 전 세계에 정의와 질서를 기조로 하는 영원한 평화가 실현되기를 염원하며, 항상 기본적 인권을 존중하고 민주주의에 기초해 국정을 운영해나가기로 한 것이다.

짐은 국민과 함께 전력을 다해 서로 화합하여 이 헌법을 바르게 운용하고, 절도節度 및 책임을 존중하며, 자유와 평화를 사랑하는 문화 국가를 건설하도록 노력하고자 한다.

일본은 1947년 5월 3일에 일본국헌법을 시행하였다. 이 헌법의 초안이 맥아더에 의해 만들어졌기 때문에 별칭으로 '맥아더 헌법'이라고 부르기도 하고, '평화헌법'이라고 부르기도 한다. 일본국헌법을 평화헌법이라고 부르는 것은 제9조의 내용 때문이다. 제9조의 전문은 다음과 같다.

제9조

① 일본 국민은 정의와 질서를 기조로 하는 국제 평화를 성실히 희구하며, 국권의 발동인 전쟁과 무력에 의한 위협 또는 무력의 행사는 국제 분쟁을 해결하는 수단으로서는 영구히 포기한다.

② 전항의 목적을 달성하기 위하여 육해공군, 그 외 전력을 보유하지 아니한다. 국가의 교전권을 인정하지 아니한다.

이 내용에서 알 수 있듯이 일본국헌법은 국제 평화를 위해서 전쟁은 물론이고 무력을 행사하지 못하도록 규정하고 있으며, 이를 위한 구체적인 조치로서 육해공군을 비롯한 전력을 보유하지 않고 교전권도 인정하지 않는다고 명시하고 있다. 이 때문에 이 헌법을 평화헌법이라고 부르는 것이다.

평화헌법의 가장 큰 특징은 세 가지로 요약된다. 첫째, 일본제국헌법에서는 천황이 주권을 행사하도록 되어 있으나 평화헌법은 국민주권 국가를 명시하고 있다는 것, 둘째, 그럼에도 불구하고 천황을 일본국의 상징으로 삼고 있다는 것, 셋째, 제9조에 평화를 지향하고 군사력을 보유하지 않는 것을 명시하고 있다는 점이다. 말하자면 천황 중심의 입헌군주제에서 민주주의 국가로 변모시킨 것이다.

그런데 맥아더는 이 헌법을 수립하는 과정에서 일본 측과 한 가지 문제만은 타협해야 했다. 그것은 바로 헌법상에서 비록 상징적으로나마 천황의 존재를 인정하고 존립시키는 것이었다. 이에 대한 내용은 헌법 제1조에 명시되어 있다.

제1조
천황은 일본국의 상징이자 일본 국민 통합의 상징이며, 이 지위는 주권이 존재하는 일본 국민의 총의에 근거한다.

원래 일본제국헌법 제1조는 '대일본제국은 만세일계万世—系의 천황이 이를 통치한다'라고 되어 있었다. 하지만 평화헌법에서는 천황을 상징적 존재로 전환시키고 또 그의 지위 유지도 일본 국민의 뜻에 따르는 것으로 변경했다. 그럼에도 천황의 존재를 명시한 부분은 맥아더가 일본 측의 의견을 대폭 수렴한 타협책으로 봐야 할 것이다.

천황에 관한 구체적인 내용은 제4조에도 다음과 같이 명시되어 있다.

제4조
① 천황은 이 헌법이 정한 국사에 관한 행위만을 행하며, 국정에 관한 권능을 가지지 아니한다.
② 천황은 법률이 정하는 바에 의하여 그 국사에 관한 행위를 위임할 수 있다.

제4조 1항은 국정에 관한 권한이 없다는 뜻이며, 2항은 천황의 업무를 위임할 수 있다는 내용이다. 일본제국헌법 제4조의 '천황은 통치권을 총람하며, 국정에 관한 다양한 권한을 갖는다'는 내용과 확연한 차이가 있음을 알 수 있다.

그렇다면 평화헌법의 규정에 의해 일본은 전력을 전혀 보유하지 않아야 하는데, 자위대가 존재하는 현실에 의문이 생길 수 있다. 평화헌법에 따르면 일본은 육해공의 군대를 보유할 수 없으나 자위대는 육해공군을 모두 보유하고 있다. 비록 군대라는 용어는 사용하지 않지만 자위대는 사실상 세계 7위의 막강한 군력을 자랑하고 있기도 하다. 도대체 자위대는 어떤 법을 근거로 조직된 것일까?

자위대의 모태는 1950년에 창설된 경찰예비대와 1952년에 창설된 해상경비대다. 이후 경찰예비대는 보안대, 해상경비대는 경비대로 개편되었고, 1954년 7월 1일에 자위대법이 마련되어 자위대로 통합되었다. 이때만 하더라도 자위대의 위상은 군대가 아니라 경찰 경비대 수준이었다. 그러나 이후로 점차 군사력을 강화하였고, 현재는 육해공군 23만의 병력이 모인 사실상의 군대로 자리매김했다. 말하자면 자주국방과 전쟁 수행 능력을 모두 갖춘 셈이다. 이는 명백히 위헌 조직이라는 뜻이다.

그럼에도 아베 신조는 현재의 자위대에 만족하지 않는다. 그래서 2014년 7월 1일에 헌법 제9조에 대한 새로운 해석을 내리는 결의안을 채택했다.

'집단적 자기 방위'는 일본에 대한 무력 공격뿐만 아니라 일본이 긴밀한 관계를 유지하고 있는 국가에 대한 공격의 경우와 그러한 공격의 심각한 위협이 있는 경우에도 자위대를 사용할 수 있다.

이 결의안은 자위대가 일본에 대한 무력 공격을 방어하는 수준을 넘어서서 다른 국가에 대한 공격이나 공격의 위협이 있는 경우에도 자위대를 동원할 수 있다는 내용을 담고 있다. 이는 다른 국가의 전쟁에 가담할 수 있다는 뜻이며, 곧 자위대를 전쟁 수행이 가능한 사실상의 군대로 명시한 셈이었다.

이는 자위대법에 규정된 '집단적 자기 방위'에 대한 매우 위험한 해석에서 비롯됐다. 자위대법 자체에 위헌의 소지가 있는데, 자위대가 전쟁 수행이 가능하도록 했으니 그야말로 평화헌법을 무력화하고자 한 것이다. 하지만 평화헌법에서 전쟁을 수행하지 못하도록 명시하고 있기 때문에 그와 같은 용어를 쓰지 않고 애매하게 에둘러 표현했다. 즉 이 결의안은 위헌의 소지가 다분하다. 그래서 아베 내각은 어떻게 해서든 헌법 제9조를 개정하여 자위대를 정식 군대로 만들고자 한다.

만약 제9조를 개정하여 군대를 두고 전쟁을 수행할 수 있도록 명문화한다면 일본의 군사대국화는 예정된 수순일 수밖에 없다.

야스쿠니 신사와 아베 신조

아베 신조가 노골적으로 군사대국화로 향하는 것은 근본적으로 과거 군국주의 시대의 영화를 되찾기 위함이다. 제국주의 시절에 군사력을 바탕으로 동아시아를 지배했던 일본을 그리워하는 것이다. 이는 야스쿠니 신사에 대한 그의 태도에서도 명확하게 드러난다. 2012년 12월 17일, 아베 신조는 자민당이 중의원 선거에서 압승하여 총리에 오를 것이 확실시되자, 이런 말을 하였다.

"총리 재임 시절 (야스쿠니 신사를) 참배하지 못해 매우 한스럽게 생각한다."

도대체 야스쿠니 신사가 무엇이기에 그는 제90대 총리 시절에 이곳을 참배하지 못한 것을 한스럽다고까지 하는 것일까? 그것은 야스쿠니 신사가 의미하는 역사적 상징성 때문이다.

야스쿠니 신사는 일본 도쿄도 지요다구 황궁 북쪽에 있는데, 총면적 93,356제곱미터로 일본에 있는 신사 중에서 규모가 가장 크다. 일본에서는 조슈 신사라고도 부른다. 조슈는 야마구치현의 옛날 명칭으로 메이지 유신 이후 일본 정가를 이끈 대표 세력이 이곳 출신이다. 한국 식민화의 선봉에 섰던 이토 히로부미는 물론 한국을 지배했던 총독과 태평양 전쟁의 전범 상당수도 이곳 출신이다. 그래서 조슈 신사라고 부르는 것이다.

야스쿠니는 한자로 정국靖國이라고 쓰는데, 이 용어는 《춘추좌씨전》의 오이정국吾以靖國也에서 따온 것으로 '나라를 안정시키다'라는 뜻이다. 따라서 야스쿠니 신사는 '나라를 편안하게 한 영령들이 잠들어 있는 사당'으로 해석할 수 있다. 이 신사에 위패가 있는 인물들이 나라를 안정시키는 데 큰 공훈을 세웠다는 의미다.

그런데 정작 야스쿠니 신사에는 보신 전쟁, 세이난 전쟁, 러일 전쟁, 제1차 세계대전, 제2차 세계대전의 병사 이외에 태평양 전쟁의 전범으로 사형당한 인물들의 위패가 봉안되어 있다. 그래서 영미권에서는 이곳을 '전쟁 신사war shrine'라고도 부른다.

야스쿠니 신사에 안치된 대표 인물은 태평양 전쟁을 일으킨 도조 히데키 수상을 비롯한 A급 전범 14명이다. 군국주의 시대의 전범들을 이곳에 안치했다는 것은 그들을 나라를 지킨 영웅으로 삼아 추모한다는 뜻이다. 이 때문에 한국과 중국을 비롯해 일본에 의해 피해를 입은 국가들은 야스쿠니 신사의 존재를 극히 부정적으로 여기며, 일본의 총리나 내각 각료가 이곳을 방문하여 참배하는 행위를 과거의 악행을 합리화하는 행위로 간주하고 있다.

이런 이유로 아베 신조는 주변 국가의 따가운 눈총 때문에 제90대 총리 시절 야스쿠니 신사를 참배하지 못했던 것이다. 하지만 기회만 있으면 늘 총리 신분인 자신이 야스쿠니 신사를 참배하는 것은 옳은 일이라고 주장했다.

그리고 마침내 아베 신조는 야스쿠니 신사 참배에 나섰다. 물론 총리 자격으로 참배한 것은 아니지만 2012년 12월의 중의원 선거를 앞두고 그해 10월 17일에 야스쿠니 신사를 방문하여 참배했었다. 기어코 1년 뒤인 2013년 12월 26일에는 총리 신분으로 야스쿠니 신사 참배를 강행했다. 2006년에 고이즈미 준이치로 총리가 참배한 이래 7년 만의 일이었다. 고이즈미는 2001년에도 참배를 강행했었다. 고이즈미의 이런 행동은 일본의 보수층을 단합시키기 위한 것으로 아베 역시 마찬가지였다.

참배를 마치고 나온 아베는 한국과 중국은 물론 전 세계에서 일제히 비난 여론이 일자, 이렇게 항변했다.

"지도자로서 손을 모아 참배하는 것은 세계 공통인 지도자의 자세 아닙니까?"

그의 속내는 단순히 과거 전쟁에서 죽은 영령들에게 참배하려는 것이 아니라 그곳에 합사되어 있는 전범들을 기리기 위한 것이었다. 그들을 전범이 아닌 일본을 위해 싸우다 죽은 영웅들이라고 공개적으로 선언한 행위였다.

하지만 한국과 중국, 그리고 세계 각국의 시선을 의식하여 이후에는 야스쿠니 신사를 찾지 않고 있다. 다만 매년 야스쿠니의 정기 제사에 지속적으로 공물을 보내고 있는데, 2019년 10월 17일에도 직접 참배하는 것은 자제하고 공물만 보냈다.

그러나 이날 아베 총리의 측근 중 하나인 에토 세이이치 오키나와 북방영토 담당대신이 신사를 찾아 참배했다. 아베 내각의 각료 중에 야스쿠니 신사를 참배한 인물은 *그*가 처음은 아니었다. 2017년 4월에 다카이치 사나에 총무대신도 참배한 적이 있다. 그의 외조부가 태평양 전쟁을 이끌던 지휘관 중 하나였기 때문이다.

내각 각료 외에 국회의원들이 야스쿠니 신사를 참배하는 것은 일본 정가에서는 아예 일상이 된 상황이다. 심지어 집권 자민당을 주도하는 초당파 의원들은 '다 함께 야스쿠니 신사를 참배하는 국회의원 모임'이라는 것을 조직하여 공공연히 집단으로 야스쿠니 신사를 참배하고 있다. 이 모임의 숫자는 이미 여야를 가리지 않고 100명을 헤아리고 있다.

그렇다면 이들은 왜 이렇게 야스쿠니 신사 참배에 집착하는 것일까? 그 현실적인 이유는 바로 야스쿠니를 떠받드는 행위가 선거에서 표를 받는 데 유리하기 때문이다. 선거에서 이기기 위한 정치적인 행위라는 뜻이다. 이는 일본 국민의 상당수가 제국주의 시대 일본이 주변 국가에 저지른 도발과 식민 지배, 전쟁, 학살 등을 반성하기보다는 합리화하는 데 찬성하고 있다는 의미다.

2006년 CNN에서 아베 신조 총리가 야스쿠니 신사에 참배하는 것에 대해 찬반 인터넷 투표를 실시한 적이 있는데, 이때 투표에 참여한 사람들의 99퍼센트가 찬성표를 던졌다. 물론 참여자의 절대다수는 일본인이었다. 특히 대부분 일본의 젊은 세대였는데, 이는 야스쿠니에 대한 일본인의 정서를 단적으로 보여준다.

그런데 대다수 일본인들은 야스쿠니 신사를 한국의 현충원이나 미국의 '이름 없는 전사들의 무덤' 정도로 인식하고 있다. 또한 그곳에 안치된 태평양 전쟁의 전범들에 대해서도 아주 우호적이다. 그들을 국가를 위해 목숨을 바친 영웅으로 받아들이는 것이다. 이는 일본인 대다수가 식민 지배와 침략, 학살로 얼룩진 과거사에 대한 반성이 거의 없다는 뜻이기도 하다. 오히려 일본인의 태반은 과거사를 미화하는 데 주력하고 있다. 그리고 그 선봉에 아베 신조가 있다.

운명공동체가 된 일본회의

아베 신조를 포함하여 일본 내각 각료의 태반이 소속된 단체가 있다. 바로 일본회의라는 곳이다. 따라서 아베 내각의 극우적인 정치 행보를 이해하기 위해서는 반드시 일본회의에 대한 이해가 선행될 필요가 있다.

일본회의가 출범한 것은 1997년 5월 30일이다. 당시 일본 사회의 양대 우파 세력이었던 '일본을 지키는 국민회의'와 '일본을 지키는 모임'이 통합된 결과였다. 이 두 단체의 명칭에서 알 수 있듯이 이들은 '일본을 지키는' 것을 사명으로 아는 사람들의 모임이다. 그렇다면 이들이 지키려는 일본은 어떤 일본인가? 그것은 다름 아닌 제국주의 시대의 일본이다. 미군에 점령되어 미국의 품 안, 즉 평화헌법의 영향력 아래 있는 일본이 아닌 일본제국헌법을 따랐던 영화로운 과거의 일본을 되살리자는 것이다.

그런데 이 두 단체의 출발점은 다소 차이가 있다. 우선 1981년 10월에 결성된 일본을 지키는 국민회의는 우파 정치 세력이 중심이 되어 결성한 단체로서 주로 새로운 교과서 만들기 운동과 신헌법 제정을 추진했다. 이에 비해 일본을 지키는 모임은 1930년에 창설된 신흥 종교단체인 '생장의 집'에 뿌리를 두고 있다. 당시 생장의 집은 군국주의 노선을 찬양하며 군부의 전쟁 수행에 적극적이었기 때문에 신자가 300만 명에 달하는 거대한 집단으로 성장했다. 이 생장의 집은 패망한 이후 1960년대에 들어서면서 정치단체로 변모한다. 그리고 일본을 지키는 국민회의의 결성 시점인 1980년대에 이르면 보수 성향의 정치단체로 자리를 잡는다. 두 단체는 제국주의 시대로 회귀하려는 성향에서 공통점을 발견하고, 일본회의로 통합하게 되었다. 따라서 일본회의의 성격 속에는 종교와 정치가 혼재되어 있음을 알 수 있다. 또 일본회의 속에는 불교와 신도, 유교 등 종교가 뒤섞여 있는데, 이는 일본인의 종교 성향과도 유사한 편이다.

세계 어느 곳에서나 마찬가지지만 어떤 단체에 종교적인 색채가 가미되면 그 단체의 활동은 매우 극단적인 경향을 드러내기 십상이다. 또한 거기에 정치 세력이 결부된다면 이 단체의 정치적 활동은 종교적 신념에 바탕을 두기 때문에 비이성적인 행위라도 서슴지 않는 경향으로 치달을 가능성이 매우 크다. 일본회의가 아주 위협적이고 극단적인 말들을 쏟아내는 배경엔 바로 그런 종교적 신념이 자리하고 있다.

일본회의가 주장하는 사항의 핵심은 천황 숭배와 메이지 유신 찬양, 애국심 중심의 교육, 그리고 패전 상황에서 벗어나 과거 제국주의 시대의 영화를 되찾는 데 있다. 이를 위해 새로운 헌법 제정을 추진하는 한편, 자주국방과 전쟁 수행이 가능한 군대를 보유하고, 과거사에 대한 찬양 일변도의 역사 교과서를 학교교육에 도입하고자 한다. 이러한 일본회의의 목표는 아베 신조 내각의 정책 방향과도 일치한다. 따라서 일본회의와 아베 신조 내각은 운명공동체일 수밖에 없다.

그렇다면 일본회의는 자신들의 목적을 달성하기 위해 구체적으로 어떤 일들을 해왔을까? 일본회의는 1997년 11월에 첫 번째 중앙회의를 개최하여 여섯 가지를 결의했다. 그 내용과 의도를 서술하자면 다음과 같다.

첫째는 헌법조사위원회의 조기 설치와 헌법임시조사회 설치로, 이는 평화헌법을 개헌하기 위한 정지 작업의 일환이다.

둘째는 세계 각국과 동등한 방위성 설치로, 이른바 보통국가와 같이 자주국방과 전쟁 수행이 가능한 군대를 보유하기 위함이다.

셋째는 북한에 의한 일본인 납치 의혹의 해명과 구제로, 이는 북한을 압박하는 가장 강력한 수단을 유지하기 위한 종래의 정책을 지속하는 차원이다.

넷째는 반일적·자학적 교과서 시정하는 것이다. 군국주의 시대를 찬양하는 내용을 교과서에 담고 고노 담화와 같이 과거 식민지 정책을 반성하는 내용을 제외할 것을 주장했다.

다섯째는 부부 별성 제도 도입에 대한 반대인데, 남녀평등 구조를 약화시키고 남성 위주의 가족 관계를 유지하기 위함이다. 이는 천황 지위를 여자가 승계할 수 없다는 사고방식과도 연결되어 있다.

여섯째는 국적 조항의 견지 재확인으로, 중국인과 한국인 또는 여타의 이민자들에 대한 차별을 유지하자는 내용이다.

이와 관련하여 일본회의는 1999년에 국기국가법 제정 운동을 벌여 일장기와 기미가요를 법제화하는 데 성공한다. 이는 일장기와 기미가요를 일본의 국기와 국가로 명문화한 법이다. 당시까지 일본 내에서는 일장기와 기미가요가 군국주의 시대의 잔재라며 인정하지 않는 분위기가 강했다. 하지만 이 법이 마련됨으로써 법적으로 일장기와 기미가요가 국기와 국가로 확정된 것이다. 이는 군국주의 시대의 유산을 그대로 받아들이는 조치이기도 했다.

또 같은 해에 일본회의는 외국인의 지방참정권 반대 운동을 전개했는데, 여기서 말하는 외국인이란 주로 재일조선인들이었다. 당시까지도 재일조선인들은 참정권을 갖지 못한 상태였다. 그런데 1999년에 김대중 대통령과 오부치 게이조 총리의 한일 정상회담 중에 김대중 대통령이 재일조선인의 참정권을 실현시켜달라고 요구하면서 문제가 촉발되었다. 자민당 내에서는 이에 대해서 법안을 마련하는 등 긍정적 기류가 흘렀으나 보수적인 국회의원과 일본회의의 강력한 반발로 성과를 거두지 못했다.

일본회의는 내각의 야스쿠니 신사 참배도 적극적으로 지지하고 나섰다. 특히 2001년은 고이즈미 총리가 야스쿠니 신사 참배를 강행하여 중국과 한국의 격렬한 비판을 받는 동시에 국제사회의 여론도 매우 악화된 시기였다. 그 때문에 국립 추모 시설을 따로 마련하는 방안이 거론되고 있었는데, 일본회의는 이를 강력하게 저지하며 총리의 야스쿠니 신사 참배의 당위성을 역설했다. 또 2005년에는 야스쿠니 신사 20만 참배 운동을 전개하기도 했다.

일본회의는 평화헌법 정신에 따라 만들어진 교육기본법 개정 운동도 벌였다. 그들은 교육기본법이 평화헌법과 마찬가지로 일본을 점령한 미군들에 의해 강요된 법이라며, 이 법 때문에 일본인들은 애국심을 상실하게 됐다고 주장했다. 아베 신조는 이 교육기본법 개정 운동의 선봉에 나서기도 했다. 아베 신조가 주장하는 것은 교육기본법에 '애국심'을 명문화해야 한다는 것이었다. 아베는 결국 2006년 총리에 취임한 후 교육기본법 개정에 성공했다.

사실, 교육기본법 개정은 평화헌법을 손보기 위한 전초전 성격이 짙었다. 그 때문에 교육기본법 개정 이후 일본회의는 평화헌법 개정에 화력을 집중하고 있으며, 아베 총리는 이를 진두지휘하고 있다.

메이지 유신 세력의 부활

아베 신조를 필두로 한 일본의 극우 세력은 1990년 이후로 일본이 한 발도 앞으로 나가지 못하는 것이 평화헌법 체제 탓이라고 우기고 있다. 그래서 다시 메이지 유신 체제로 돌아가면 제국주의 시대의 영광과 경제 일등국의 지위를 되찾을 것처럼 주장한다. 하지만 실제로 오늘날 일본의 퇴행과 추락의 원인은 메이지 유신의 폐습 탓임을 간과하고 있다. 메이지 유신은 일본의 근대화 과정에서는 매우 혁신적인 성장 동력을 제공한 것이 분명하지만 현재에 이르러서는 일본의 발전을 가로막는 가장 강력한 장벽이 되고 있다.

메이지 유신은 본질적으로 위로부터의 혁신 정책이었다. 그 때문에 민의를 반영하기보다는 권력의 독점과 지배의 편의성에 중점을 둘 수밖에 없었다. 권력은 메이지 유신을 이끌던 조슈번과 사쓰마번 세력이 독점했고, 그들은 군대를 통하여 국민을 통제하고 지배했다. 이러한 군국주의적 경향은 일본이 태평양 전쟁에서 미국에 패배할 때까지 지속되었다.

패전 후, 일본 사회는 평화헌법에 기반한 새로운 제도와 법으로 군국주의의 지배 질서에서 벗어났지만 메이지 유신 세력의 영향력은 여전했다. 정계와 재계는 물론이고 언론까지 여전히 메이지 유신 세력의 후손들이 장악하고 있었기 때문이다. 특히 태평양 전쟁의 전범이자 조슈 세력의 유력한 인물 중 하나였던 기시 노부스케가 1957년 총리에 오르면서 유신 세력의 부활 작업이 본격화되었다. 이후 기시 노부스케에 이어 그의 친동생 사토 에이사쿠가 1964년부터 1972년까지 8년 동안 세 번이나 총리를 연임하며 유신 세력의 힘은 더욱 강화되었다. 거기다 기시 노부스케가 주축이 되어 만든 자민당이 수십 년 동안 권력을 독점하면서 유신 세력은 일본 사회에서 완벽하게 부활했다.

유신 세력이 정계를 지배하자 그 영향력은 필연적으로 재계로 이어졌다. 미쓰비시를 비롯한 일본 대기업의 대다수가 태평양 전쟁 당시 물자를 동원한 까닭에 유신 세력과 일본 재계는 이미 예전부터 한 몸이었기 때문이다.

이렇듯 정계와 재계를 유신 세력이 장악하면서 제국주의 시대의 폐습으로부터 벗어나고 있던 일본 사회의 민주화 속도는 점점 느려질 수밖에 없었다. 사회엔 여전히 구시대의 유물인 신분의 벽이 존재했고, 출신 가문과 지역에 따른 불평등이 만연했다. 메이지 유신 이후 형성된 신분 구조의 틀이 보이지 않는 손이 되어 사회 전체를 짓누르고 있었던 것이다. 이 때문에 언론은 물론이고 문화 전반의 모든 목소리가 유신의 그림자 속에서 쉽게 헤어 나오지 못했다.

그렇다면 메이지 유신은 일본 사회에 어떤 신분 구조를 잉태시켰을까? 메이지 유신은 형식적으로 신분 구조를 철폐하고 만민이 평등한 사회를 만들자는 기치를 내걸었지만 실상은 전혀 달랐다.

물론 막부 시대의 일본 사회가 메이지 유신 이후보다는 훨씬 더 강력한 신분 구조 사회였던 것만은 분명하다. 천황 휘하에 실질적인 최고 권력자인 쇼군이 있고, 그 아래로 다이묘(지방영주), 사무라이(무사), 농민, 공장, 상인, 천민 순의 신분 구조가 명확했기 때문이다. 심지어 사무라이 계층은 평민 이하 백성들을 자의적인 판단으로 죽일 수도 있었으니, 평민들에겐 그야말로 공포의 시대라고 해도 과언이 아니었다. 메이지 유신은 이런 신분 사회를 철폐하고 서구식 입헌군주제를 도입하여 헌법 앞에서 만민이 평등한 사회를 이루고자 했다.

그러나 그 뒤로도 명칭만 바뀌었을 뿐 여전히 신분 질서는 사라지지 않았다. 우선 존왕양이의 기치 아래 유명무실한 존재였던 천황이 실질적인 왕으로 등극하여 중앙집권적 권력 구조를 형성하였다. 동시에 헌법 체계가 도입되어 입헌군주제의 틀을 갖추었고, 천황 아래의 모든 국민은 법적으로는 신민이라는 이름으로 동등한 신분을 갖게 되었다. 그러나 그것은 어디까지나 법적인 영역에서였지 실제 삶에서는 전혀 기대할 수 없는 일이었다. 사회엔 여전히 황족, 화족, 사족, 평민, 천민 등의 신분 질서가 유지되고 있었기 때문이다.

천황의 친인척인 황족은 특권층으로서 신분 질서의 최상위층을 차지했고, 그다음 서열은 화족이 차지했다. 화족華族(가조쿠)은 곧 이전의 다이묘 세력을 지칭한다. 1868년에 메이지 유신으로 도쿠가와 막부가 무너지고 중앙집권화가 이뤄졌지만, 유신이 진행되던 30년 동안 지방 영주 격인 다이묘들은 예전처럼 관할 지역을 통치했다. 또한 그들은 일본제국헌법이 도입되어 유신이 완결된 이후에는 세력의 크기에 따라 공작, 후작, 백작, 자작, 남작 등의 작위를 받아 여전히 신분을 유지했다.

화족 아래로는 사족이 있었는데, 사무라이 혈통을 이어온 집안을 의미한다. 그런데 유신 이후에는 사족의 범주에 사무라이 집안뿐 아니라 고등문관시험에 합격한 고등관도 포함하였다. 고등관이라고 하면 고등문관시험에 합격하여 9등급을 종과 정으로 구분한 18위등 중에 종7위 이상을 받은 관리를 의미한다. 그리고 군인의 경우엔 정8위에 해당하는 소위부터 고등관에 포함되는데, 육사 출신의 장교인 셈이다. 말하자면 문관으로는 종7위 이상, 군인으로는 육사 출신 이상의 장교가 되면 사족의 반열에 들 수 있었다.

사족 아래로는 평민이 있다. 평민의 범주에 드는 계층은 정8위 이하의 문관, 종8위 이하의 군인, 그리고 농민, 공인, 상인 등이다. 그런데 비록 평민의 범주에는 들지만 평민 취급을 받지 못하는 존재가 있었다. 바로 부라쿠민으로 불리는 천민 집단이다.

부라쿠민은 부라쿠(부락)에 거주하는 사람들을 지칭한다. 부라쿠민은 다시 두 가지 형태로 분류되는데, 첫째는 '아주 더럽다'는 뜻의 에타穢多(에다)이고, 둘째는 '사람이 아니다'라는 뜻의 히닌非人

(비인)이다. 에타는 백정, 사형집행인, 갖바치 등 주로 사람이나 동물을 죽이는 일이나 가죽 가공업을 하는 일에 종사하는 사람을 의미하고, 히닌은 거지, 육류 판매업자, 죄수, 시체 매장업자, 도로 청소업자, 사찰의 종, 광대, 사형 집행인의 보조자 등을 지칭한다. 말하자면 당시로서는 주로 천박한 일로 인식되던 일에 종사하는 사람을 통칭하던 표현인 셈이다. 이 사람들은 대개 무리를 이루며 마을을 형성하고 있었는데, 이 마을을 부라쿠라고 했던 것이다.

부라쿠민을 천시하고 차별하는 현상은 메이지 유신 이후 부라쿠민 해방령이 공포된 이후에도 이어졌다. 정부에서는 그들에게 평민의 지위를 부여했지만 여전히 에타나 히닌으로 불렀다. 도리어 다른 평민들에 의해 해방령 반대 운동이 벌어지기도 했다. 평민들은 그들을 '신평민'이라는 호칭을 붙여 배척했고 때론 부라쿠를 습격하기도 했다. 부라쿠민에 대한 차별은 패전 이후의 평화헌법 체제에서도 계속되었다. 그 때문에 아직까지도 부라쿠민 출신이라는 이유로 취직과 결혼 등에서 차별을 당하고 있는 형편이다.

일본 사회에서 여전히 부라쿠민에 대한 차별이 유지된다는 것은 아직도 사회 전반에 메이지 유신 시대의 잔재가 남아 있다는 의미이기도 하다. 비록 느슨해지긴 했지만 황족-화족-사족-평민-천민 등의 5단계 신분 구조가 존재한다는 뜻이다. 특히 황족과 화족, 천민의 존재는 확실히 유지되고 있다.

아베 내각을 장악한 세습 정치

이런 신분 구조를 유지시키는 배경엔 유신 시대의 폐습이라고 할수 있는 세습 정치 문화가 버티고 있다. 현재 일본 정가를 지배하는 유력한 정치인의 상당수는 세습 정치인이다. 그것은 아베 내각을 이루고 있는 정치인들의 면면만 봐도 쉽게 확인된다. 내각의 수장인 아베 신조 총리를 비롯하여 부총리 겸 재무대신 아소 다로, 총무대신 이시다 마사토시, 법무대신 야마시타 다카시, 방위대신 고노 다로 등 내각 각료 대다수가 세습 정치인이다.

일본식 세습 정치 형태의 전형은 아베 신조의 경우에서 쉽게 엿볼 수 있다. 아베 신조는 아버지 아베 신타로의 비서관을 시작으로 정계에 발을 들여놓았고, 아버지가 죽자 지역구를 물려받아 국회에 진출했는데, 대다수의 세습 정치인이 이런 과정을 밟는다. 또 대개 집안에서 아버지의 지역구를 물려받아 정치를 세습하는 인물은 장남인데, 장남이 원하지 않으면 차남이 대신한다. 이는 유신 시대의 정치 세습과 아주 흡사하다. 아버지의 작위를 물려받아 화족의 대를 이어가던 것이나 별반 차이가 없는 것이다.

그런데 일본의 세습 정치인은 평화헌법 초기인 1950년대만 하더라도 7퍼센트 정도밖에 되지 않았다. 패전으로 많은 화족이 몸을 사리고 정계에 진출하지 못했기 때문이다. 이 정도의 세습 정치 비율은 서방 선진국인 영국과 미국의 비율과 크게 차이가 없는 수준이었다. 그러나 일본의 세습 정치 비율은 해를 더할수록 늘어나더니 2000년대 이후에는 국회의원의 40퍼센트 정도가 세습 정치인으로 채워졌다. 거기다 이런 세습 정치 비율은 시간이 흐를수록 더욱 증가하고 있다.

현재 아베 내각의 각료 중 태반이 세습 정치인이라는 것은 정말 심각한 일이 아닐 수 없다. 그들 대다수가 과거 군국주의 시대를 이끌었던 인물들의 후손이기 때문이다. 거기다 총리 아베 신조와 부총리 아소 다로가 메이지 유신의 핵심 세력이던 조슈번과 사쓰마번을 대표하는 점도 간과할 수 없는 부분이다. 즉 현재 일본 내각은 메이지 유신 세력이 완전히 장악했다는 뜻이다. 그러니 아베 내각이 과거의 영화를 되살리기 위해 안간힘을 쓰는 것은 당연한 일일지도 모른다. 메이지 유신이 낳은 일본제국이 곧 그들의 뿌리이자 본질이기 때문이다.

흔히 정치는 그 사회를 진단하는 바로미터라고들 한다. 일본의 정치가 세습의 틀에 갇힌 채 이미 과거의 빛바랜 유물이 된 군국주의 시대의 영화를 되살리려고 한다는 것은 일본 사회가 여전히 그 시대의 폐습에 찌들어 있다는 증거다.

세습 정치의 가장 심각한 문제점은 크게 두 가지다. 하나는 능력이 아니라 가문과 파벌이 국가의 리더를 결정한다는 데 있고, 또 하나는 정계에 대한 진입 장벽을 높인다는 데 있다. 이는 결국 리더십의 약화와 국민들의 정치에 대한 무관심을 유발하여 국가 전체에 엄청난 재앙을 불러올 수 있다. 기실 일본의 경제 침체, 즉 '잃어버린 20년'도 이와 무관한 일이 아니었다.

'잃어버린 20년'과 일본의 우경화

일본 공략에 혈안이 된 미국

아베는 스스로가 자임하듯 일본 극우 세력의 상징이다. 그 때문에 아베 내각은 극우 내각이라고 해도 과언이 아니고, 아베가 총재로 있는 현재의 자민당은 극우당이라고 해도 무방할 것이다.

아베 이전의 자민당은 적어도 극우당이라는 소리는 듣지 않았다. 물론 자민당의 극우화 경향은 1980년대에 나카소네 야스히로 총리 시절부터 싹이 텄고, 2000년대 들어 고이즈미 준이치로 총리 재임 시에 줄기를 키웠지만, 그들은 노골적으로 극우의 길로 가지는 못했다. 그때까지만 하더라도 국민들의 정서가 극우의 지배를 용납하지 않았기 때문이다. 그런데 언제부터 자민당은 아베와 같은 극우 세력에 의해 장악되었을까? 이는 근본적으로 일본 국민의 정서 변화에서 비롯되었고, 일본의 오랜 경제 침체가 그 변화의 원인으로 작용했다.

패전 이후 일본은 미국의 품 안에서 성장하며 세계 2위의 경제 대국이 되었다. 이는 일본을 점령한 미국과 연합국 최고사령부의 상징이라고 할 수 있는 평화헌법 체제의 성공을 의미했다. 이 때문에 평화헌법은 한때 일본인들에게 번영과 민주주의를 안겨다 준 은혜로운 법으로 인식되었다.

물론 일본의 경제적 성공이 모두 평화헌법의 덕이라고 말할 수는 없다. 일본이 가진 인적 자원, 6·25 전쟁과 베트남 전쟁 특수 등이 전쟁으로 몰락한 일본 경제를 부활시킨 밑거름이 되었다. 그럼에도 일본인들은 1950년대부터 1980년대까지 40년 동안 평화헌법 체제에서 민주주의를 정착시키고 고도성장을 지속했기에 평화헌법 체제에 대한 불만이 그리 크지 않았다. 오히려 일본은 전 세계의 모범이라는 이야기를 들었을 뿐 아니라 미국이나 프랑스 같은 서방의 선진국들도 일본 예찬에 열을 올리던 터라 일본인의 다수는 평화헌법 체제에 자부심을 가졌다. 기껏해야 일부 극우 세력만이 지속적으로 평화헌법 체제를 종식시켜야 한다고 핏대를 올렸을 뿐이다.

그런데 1990년대에 이르러 일본 경제의 거품이 빠지면서 평화헌법 체제에 대한 일본인들의 신뢰가 서서히 무너지기 시작했다. 또한 일본인들은 일본 경제의 추락에 미국이 원인 제공을 했다고 생각했다. 1980년대 미국은 일본과의 무역 경쟁에서 일방적으로 패배했고, 그 탓에 1980년대 내내 일본 경제를 약화시키기에 혈안이 되었던 것이 사실이기 때문이다.

당시 미국은 일본의 폐쇄적인 무역 체계에 연일 비난을 퍼부었다. 미국은 법 체계가 외국 기업이 진출하기 쉬운 구조인 데 비해 일본은 일본 시장에 진출하려는 외국 기업에 대해 수많은 규제와 자국 보호책을 만들어 진입 장벽을 형성하고 있었다. 그래서 서방의 외국 기업들은 "일본 시장에 침투한다는 것은 잠자는 호랑이의 생이빨을 빼는 것만큼 힘들다"며 볼멘소리를 해댔다. 미국은 일본과의 무역 경쟁에서 일방적으로 패배하는 원인이 바로 일본의 높은 진입 장벽 때문이라고 분석했던 것이다. 그런 가운데 미국은 일본과의 무역 불균형을 해소하기 위한 방도로 '환율 카드'를 내밀었다.

거품 경제의 늪 속으로

미국은 독일, 프랑스, 영국 등 서방 주요 선진국들을 압박하여 1985년 9월 22일에 뉴욕 플라자 호텔에서 환율 조정을 위한 플라자 합의를 도출했다. 이 합의의 주요 내용은 세 가지였다. 첫째, 환율 조정으로 무역 불균형을 시정할 수 있다는 것, 둘째, 환율은 각국의 기본 조건을 반영해야 한다는 것, 셋째, 환율 조정은 달러화의 하향 조정이 아니라 엔화와 마르크화의 상향 조정으로 이루어져야 한다는 것이었다. 한마디로 말해서 무역수지에서 큰 이익을 올리고 있는 독일의 마르크화와 일본의 엔화를 평가 절상해서 미국의 달러 가치를 하락시키려는 것이었다. 일본은 울며 겨자 먹기로 이 합의에 찬성했다.

이후 엔화 가치는 8.3퍼센트 상승했고 마르크화는 7퍼센트 상승했다. 이후에도 엔화의 가치 상승은 지속되었다. 그래서 플라자 합의 당시엔 1달러당 260엔이었던 것이 지속적으로 하락하여 3년 뒤인 1988년에는 120엔 대까지 하락했다. 불과 3년 만에 엔화 대비 달러화의 가치가 100퍼센트 이상 하락한 셈이었다. 하지만 엔화에 대한 달러화의 하락은 거기서 멈추지 않았다. 1995년, 즉 플라자 합의 후 10년 된 시점에는 엔화에 대한 달러 환율이 무려 80엔 대까지 떨어졌다.

이렇게 되자 미국은 가격 경쟁력에 힘입어 경제를 회복하였고, 반대로 일본 경제는 계속 미끄러졌다. 그 과정에서 일본의 은행 금리는 매년 떨어졌다. 엔화의 지나친 가치 상승은 수출을 많이 해도 이익이 늘어나지 않는 기현상을 낳아 일본 기업의 채산성 악화를 유발했고, 일본 정부는 기업들의 이자 부담을 줄이기 위해 계속 은행 금리를 낮췄던 것이다. 은행 금리가 낮아지자, 일본 국민들은 은행에 묶어뒀던 자금을 인출하여 증권이나 부동산에 투자하기 시작했다.

일본인들의 투자 열기는 국내에 한정되지 않았다. 당시 일본 정부는 엔화 절상 압력을 줄이기 위해 국민들에게 해외투자를 독려했고, 이 때문에 일본 기업들이 수많은 미국의 기업들을 사들였다. 또한 엔고로 원가가 상승하자 그들은 앞다퉈 공장을 동남아로 옮겼다. 이는 훗날 일본 국내의 산업 공동화 현상을 불러일으키게 된다. 한편, 일본 국민과 금융 업계도 외국 투자에 열을 올렸다. 이 때문에 하와이 전체 외국인 투자의 96퍼센트를 일본계 투자사가 차지했을 정도였다.

이렇듯 일본 경제의 버블 현상이 가속화되자, 일본 정부도 더 이상의 버블 정책은 위험하다는 판단 아래 1989년 5월부터 기준 금리를 올려 2.5퍼센트로 만들었다. 그런데 금리를 올리는 속도가 너무 빨랐다. 불과 15개월 뒤인 1990년 8월에 이르면 기준 금리를 무려 6퍼센트까지 끌어올리게 된다. 버블 경제의 심각성을 인식하고 이를 해결하기 위해 너무 서두른 결과였다. 거기다 부동산 관련 대출도 강력하게 규제하기 시작했다. 심지어 부동산 관련 대출과 건설업에 대한 대출을 사실상 금지하는 조치를 감행했다.

리더십 부재로 초래된 혼란

그러자 지나친 금리 인상으로 자산 가치가 폭락하고 경기가 침체되면서 엄청난 혼란이 초래됐다. 그 때문에 다시 금리 인하 정책을 실시했다. 금리 인하 또한 인상 때와 마찬가지로 속도가 너무 빨랐다. 1991년 7월부터 1995년 9월까지 약 4년 동안 지속적으로 금리를 내린 결과 기준 금리가 0.5퍼센트까지 떨어졌다. 그야말로 널뛰기 금리가 아닐 수 없었다. 이로 인한 엄청난 경제 혼란은 일본 정부의 명백한 판단 착오로 리더십의 한계를 그대로 드러내는 것이었다.

일본 정부가 이런 조치를 취한 배경에는 주가와 부동산 가격의 급락이 있었다. 1990년 8월에 이라크가 쿠웨이트를 침공하자 유가가 급등했고, 이 때문에 주가는 곤두박질을 쳤다. 그리고 동시에 1991년부터 토지 가격이 미끄러지기 시작하더니 순식간에 반토막 나고 말았다. 이후 경기 침체를 염려한 일본 정부는 전국 곳곳에 도로와 댐, 공항 등의 건설 사업을 벌였다. 물론 그다지 필요치도 않은 사업들이었다. 단지 경기 회복에 대한 기대감 하나로 벌인 일이었다.

그러나 일본 정부의 이런 노력은 모두 허사가 되고 말았다. 기대와 달리 경기는 살아나지 않았고, 당연히 경제성장률은 고전을 면치 못했다. 1991년부터 1996년까지 평균 경제성장률은 1.7퍼센트 수준이었는데, 설상가상으로 1997년 이후에는 마이너스 성장이 이어졌다. 1998년에는 GDP 성장률이 전후 최악인 -1.5퍼센트를 기록했다. 그 때문에 일본 은행들은 외국 은행에서 돈을 빌릴 때 금리를 더 부담해야 하는 지경에 이르렀고, 기업들은 해외에서 자금 조달에 어려움을 겪어야만 했다.

일본 경제의 불황은 이후로도 계속되어 2010년까지 이어졌다. 이 때문에 일본에서 이를 '잃어버린 20년'이라고 부르는데, 이 일의 근본 원인 역시 리더십의 부재였다.

그런데 이 20년 동안 리더십 문제로 엄청난 어려움을 겪은 일본 국민은 또 한 번 잘못된 선택을 하게 된다. 장고 끝에 악수 두는 격으로 극우 세력에서 새로운 리더를 찾아내려 했던 것이다.

극우 세력은 경제 침체로 고통받는 국민들에게 새로운 리더를 영입하여 과거의 영화를 되찾자고 역설했다. 그들이 말하는 과거란 곧 메이지 유신에 뿌리를 둔 제국주의 일본을 의미했고, 새로운 리더란 극우주의자 아베를 가리키는 것이었다.

그들은 과거의 영화를 되찾으려면 천황을 중추로 삼아 애국심으로 똘똘 뭉쳐야 한다고 주장했고, 이를 위해서는 전후 체제를 종식시켜야 한다고 주장했다. 그들이 말하는 전후 체제란 곧 평화헌법 체제를 일컫는 것이었다. 그들은 평화헌법이 일본의 아이들을 나약하게 만들고 애국심을 상실하게 할 뿐 아니라 자기밖에 모르는 개인주의자로 만들었다고 역설했다. 그 때문에 일본이 활력을 잃고 기나긴 경제 침체의 늪에서 허우적거리고 있다는 뜻이었다. 말하자면 평화헌법 체제를 무너뜨리고 메이지 유신에 기반한 과거 체제를 복원하면, 사라진 애국심을 회복하여 일본의 아이들이 강해지고 국민은 단합될 것이며, 결과적으로 일본이 세계의 일등 국가로 되돌아갈 수 있는 길이 열린다는 논리였다.

일본회의와 아베 신조로 대표되는 극우 세력의 이 같은 논리는 경제 침체가 길어질수록 일본 국민의 귀를 솔깃하게 만들었다. 물론 국민들의 마음속에 피어오르던, 잘나가던 일본 경제를 압박해 경기 침체의 늪으로 밀어 넣은 미국에 대한 원망도 한몫했다. 그리고 그것은 결국 극우의 상징인 아베 정권의 등장으로 이어졌다.

잃어버린 20년이 극우 세력을 키웠고, 극우의 상징으로 아베 정권이 나타났기 때문에 아베 정권은 '경제 침체의 늪에서 태어난 기형아'라고 할 수 있다.

경제 침체의 수렁에서 탈출하기 위한 아베의 전략

용감무쌍한 아베노믹스의 청사진

아베가 극우 세력이라고 해서 경제 정책까지 극우 성향을 보이는 것은 아니다. 아베가 과거로 퇴행하는 극우 행보를 보이는데도 불구하고 일본 국민이 아베 내각에 장기 집권을 용인한 가장 큰 이유는 오랜 경제 침체에서 벗어나게 해줬다는 믿음 때문이다. 이른바 '아베노믹스'를 신뢰한다는 것이다.

노믹스nomics는 이코노믹스economics(경제학)의 뒷부분을 딴 것이므로 아베노믹스라고 하면 '아베의 경제학'이라는 뜻이다. 이 아베 경제학에 일본 국민이 호응했다.

2012년 12월 아베가 제96대 총리로 취임하면서 실시한 아베노믹스의 핵심 정책은 '세 개의 화살'로 대변된다. 세 개의 화살 가운데 첫 번째는 금융 완화, 두 번째는 재정 확대, 세 번째는 구조 개혁이다. 얼핏 들으면 어느 정권이나 떠드는 입에 발린 소리 같지만, 당시 일본의 경제 상황을 일정 정도 해결할 수 있는 키워드인 것만은 분명했다. 이 세 가지 중 금융 완화와 재정 확대는 어려운 조치가 아니었지만, 세 번째 구조 개혁은 험난한 여정을 예고했다.

이 화살들의 궁극적인 목표는 경제성장률을 향상시켜 국민의 부를 늘리는 데 있는 만큼 섣불리 성공 여부를 예단할 순 없지만, 어쨌든 아베는 이 세 가지 정책에서 모두 소기의 성과를 얻어냈고, 국민의 지지를 받고 있다.

아베 취임 당시 일본 경제는 잃어버린 20년의 늪에서 여전히 헤어나지 못하고 있었다. 이를 더 구체적인 한 문장으로 정리하자면 '엔고, 저성장, 저물가 등에 의한 장기 불황과 디플레이션에 시달리고 있었다'고 할 수 있다. 물론 이런 현상의 저변에는 저출산과 고령화에 따른 사회 동력 감소가 도사리고 있었다.

그런데 여러 복잡한 문제를 차치하고 일본 경제를 가장 힘들게 하는 것이 무엇인지 묻는다면, 단연 엔고였다. 엔화의 가치가 너무 높은 것이 모든 문제의 시발점이었기 때문이다. 아베는 이를 해결하기 위해 가장 간단하고 쉬운 방법을 동원했다. 그것은 엔화의 공급을 대폭 늘려 화폐 가치를 하락시키는 정책이었다. 이것을 금융 완화 정책이라고 하는데, 경제학에 대해 거의 무지한 수준이라도 쉽게 도입할 수 있는 정책이다. 돈의 가치가 너무 높다면 돈을 많이 풀어서 가치를 낮추면 된다는 말이다. 공급이 부족하여 많은 수요를 감당하지 못해 값이 올랐다면 값을 떨어뜨리는 방법으로 공급을 늘리면 된다는 아주 단순한 원리만 알면 실시할 수 있는 정책이다. 아베는 이 단순한 정책을 실행에 옮겼다. 이것이 아베노믹스의 첫 번째 화살이다.

그런데 여기서 궁금증이 생긴다. 그렇다면 아베 이전의 정부는 왜 이 쉬운 정책을 실시하지 않았을까 하는 점이다. 그것은 이 정책을 실시하는 데 따르는 부담감 때문이었다. 그 부담감이란 다름 아닌 돈을 찍어내는 데 따른 국가 부채다. 정상적인 국가라면 돈을 광고지 찍어내듯이 막 찍어낼 수가 없다. 화폐를 아무런 제동 장치도 없이 마구 찍어내다간 돈이 휴지로 전락하여 아무 쓸모 없는 쓰레기가 될 수 있기 때문이다. 그래서 통화를 늘리기 위해 돈을 찍어낼 때는 국가에서 국채를 발행하여 돈을 매입하는 방식을 취한다. 말하자면 찍어낸 돈만큼 국가 부채가 늘어나도록 하는 시스템을 만든 것이다. 따라서 아베노믹스의 첫 번째 정책인 금융 완화 즉, 본원통화를 늘리는 정책은 역으로 국가의 부채를 늘리는 정책이 되는 셈이다. 이전 정부가 이 쉬운 정책을 택하지 않은 이유가 바로 늘어나는 부채에 대한 부담감 때문이었던 것이다.

하지만 아베는 그따위 국채에 대한 부담감 같은 것은 뒷전으로 미루고 과감하게 엔화 공급을 늘려나갔다. 그야말로 용감무쌍한 정책이었다. 그것도 2013년과 2014년 2년 동안에만 무려 통화량을 두 배로 늘렸다. 덕분에 엔화의 가치가 떨어지기 시작했다. 엔화의 가치가 떨어진다는 것은 해외시장에서 일본 제품의 가격이 떨어진다는 것을 의미하고, 다른 국가와의 가격 경쟁에서 유리한 위치를 점할 수 있다는 뜻이 된다. 엔화 공급을 늘리는 것을 양적 완화라고 하고, 엔화의 가치가 떨어지는 것을 질적 완화라고 할 수 있으니, 결국 아베는 양적 완화를 통해 질적 완화를 달성한 셈이다.

이를 구체적인 수치로 확인하자면, 아베노믹스 이전인 2011년엔 1달러 대비 엔화 가치가 77엔 대였는데, 양적 완화 조치를 지속적으로 이어간 결과 2019년에 이르면 110엔 대에 이른다. 덕분에 수출입에서 만성적인 무역적자에 시달리던 일본은 2016년에 이르러 흑자 전환을 달성한다. 이렇듯 첫 번째 화살인 금융 완화 정책에서는 일정 정도의 성과를 거뒀다.

그러면 두 번째 화살인 재정 확대 정책은 어땠을까? 국가 재정을 확대한다는 것은 정부가 재정 지출을 늘려서 침체된 경기를 부양한다는 뜻이다. 정부가 경기를 활성화할 수 있는 가장 쉬운 방법은 공공 투자를 늘리는 것이다. 물론 이 역시도 국가 부채를 높이는 결과를 낳는다. 국가 재정은 근본적으로 세금 수입에서 비롯되는데, 국가 재정을 대폭 늘리기 위해서는 세금 수입보다 많은 재정을 사용해야 하니, 당연히 국채를 발행해서 모자란 부분을 충당할 수밖에 없다. 그래서 결과적으로 국가 부채가 늘어나는 것이다. 말하자면 금융 완화 정책과 마찬가지로 재정 확대 정책도 국가 부채를 늘리는 위험이 따른다. 그럼에도 불구하고 아베는 이 정책 역시 과감하게 실시했고, 덕분에 일정 정도 경기가 회복되고 경장성장률도 좋아졌다. 두 번째 화살도 나름 소기의 성과를 거둔 셈이다.

마지막 세 번째 화살인 구조 개혁 정책은 어떻게 되었을까? 이 정책의 궁극적인 목표는 고용 창출이었다. 이를 위해 아베는 법인세를 줄여 기업 부담을 줄이는 감세 정책을 구사했다. 기업의 법인세를 줄이면 당연히 기업의 이익이 늘어날 것이고, 늘어난 이익은 더 많은 사람을 고용하는 데 사용된다는 논리에 근거한 정책이다. 그래서 아베 정부는 35퍼센트에 달하는 법인세를 점점 낮춰서 2018년에 이르면 30퍼센트 이하로 낮춘다. 법인세를 5퍼센트포인트 내린 셈이다.

아베 정부는 감세 정책과 함께 여러 분야의 규제를 풀어 새로운 산업을 육성하는 정책도 실시했다. 이른바 신성장전략이었다. 그 일환으로 노동시장 개혁, 농업 생산성 확대 등에 관한 전략도 수립했다. 또한 저출산 문제를 해결하기 위해 육아 지원 사업을 실시하고, 노인복지 강화를 위해 간병 인력을 늘리고 간병 상담 센터와 지원 기관을 설립했다. 그리고 여기에 필요한 재정을 확보하기 위해 소비세를 8퍼센트에서 10퍼센트로 인상하는 조치를 단행했다. 물론 소비세 인상에는 일반적으로 국민의 엄청난 저항이 뒤따른다. 하지만 아베는 이번에도 용감무쌍하게 정책을 실행했고, 일본 국민은 크게 저항하지 않고 받아들였다. 이러한 구조 개혁 정책은 여전히 진행 중이고, 그 성과 여부에 대해서는 아직 섣부른 판단을 내릴 상황이 아니다.

어쨌든 아베는 공언한 대로 자신의 경제 정책을 무섭게 밀어붙이고, 국민들은 그의 추진력을 믿고 호응하는 상황이다. 이는 아베노믹스가 일부 긍정적인 성과를 이뤄냈다는 뜻이다. 구체적으로 열거하자면 첫째는 만성적인 디플레이션에서 벗어났다는 점이고, 둘째는 엔저의 효과로 기업들의 수익성이 개선되었다는 점, 셋째로는 주가가 상승하고 실업률이 낮아져 경제 안정성이 강화되었다는 점 등이다.

하지만 아베노믹스가 마냥 밝은 면만 보여주고 있는 것은 아니다. 세 가지 화살이 일본 경제에 드리운 그늘도 만만치 않다.

아베노믹스에 대한 부정적 시각

아베노믹스의 궁극적인 목표는 일본 국민의 부를 늘리는 데 있다. 그러나 아베노믹스는 아직 이에 대한 성과는 보여주지 못하고 있다. 오히려 아베노믹스의 실패 징후가 여러 곳에서 나타나는 중이다. 말하자면 부정적인 시각이 만만치 않은데, 그 근거는 다섯 가지 정도로 요약된다.

첫 번째는 노동자들의 임금이 제자리걸음이거나 하락하고 있다는 점이다. 경제 여건이 개선되었는데, 왜 노동자의 임금은 오르지 않는 것일까? 이는 금융 완화 정책의 역습 때문이다. 엔화의 가치를 하락시켜 엔저를 이끌어냈지만, 엔저가 모든 기업에 유리하게 작용하는 것은 아니다. 수출 위주의 대기업에게 엔저는 분명히 호재다. 하지만 원자재를 수입하여 제품을 만든 후 국내에 공급하는 중소기업이나 중견기업에겐 악재로 작용한다. 엔화의 약화로 원자재를 비싸게 주고 사들여야 하기 때문이다. 따라서 엔저로 이익을 보는 곳은 글로벌 수출 대기업에 한정될 수밖에 없다. 그 때문에 아베노믹스를 실시한 이후에도 2013년과 2014년에는 무역 적자 폭이 오히려 더 증가했다. 그나마 2016년에 이르러 무역 흑자로 전환한 것이 위안거리가 될 뿐이었다. 그러나 무역이 흑자로 전환된 뒤에도 내수 위주의 기업들은 여전히 원자재 값 상승에 따른 여파로 고전을 면치 못하고 있고, 그것이 노동자들의 임금을 묶어놓는 결과로 나타난 것이다.

두 번째는 물가가 좀처럼 상승하지 않는다는 점이다. 원래 아베노믹스는 물가를 상승시켜 디플레이션에서 벗어나는 것을 목표로 정했다. 그래서 매년 2퍼센트 물가 상승을 목표로 잡았는데, 결과적으로 단 한 번도 이를 달성하지 못했다. 그간 일본 정부는 이 목표를 달성하기 위해 별별 수단을 다 동원했다. 은행 금리를 −0.1퍼센트로 만들어 은행에 돈을 둘수록 손해가 되도록 하는 극단적인 조치까지 취했다. 그러나 모두 소용없었다. 그 때문에 급기야 목표를 1.5퍼센트 상승으로 수정하는 조치를 취해야만 했다.

세 번째 징후는 소비세 때문에 소비가 위축되어 있다는 점이다. 늘어나는 국채로 인해 국가 재정의 안전성이 점점 약화됐는데, 일본 정부는 이를 만회하려 지속적으로 소비세를 높였다. 소비세는 1989년 거품 경제 시대 때 거품을 걷어내기 위해 도입하여 처음엔 세율이 3퍼센트였다. 그런데 이것이 아베 내각 이후 2014년에 이르면 8퍼센트까지 높아진다. 그것도 모자라 2019년 10월엔 10퍼센트가 되었다. 소비세는 물품을 사면 붙는 세금이므로 소비세가 오르면 상품 값이 오른다. 이 때문에 소비세가 오르면 소비는 위축되고, 결과적으로 경기 침체로 이어질 수밖에 없다.

네 번째는 엥겔계수 상승이다. 엥겔계수는 가계의 소비지출에서 식비의 비율을 나타내는 것인데, 엥겔계수가 상승한다는 것은 가계 소비 중에 식비 비율이 증가했다는 뜻이다. 이는 역으로 가계 수입이 줄었다는 의미가 된다. 가계 수입 감소의 원인은 앞서 설명했던 노동자들의 실질임금 감소 탓이다. 아베노믹스 실시 이후에 일본 노동자들의 실질임금은 2013년부터 2015년까지 계속 줄어들었다. 그러다 2016년에야 겨우 0.7퍼센트 상승했으니 가계 수입이 줄었다고 보는 것이다. 또한 실질임금 상승도 대기업 위주로 이뤄졌고 오히려 중소기업은 여전히 실질임금 하락 국면에 있으므로 서민들의 삶은 훨씬 힘들어졌다. 엥겔계수 상승은 이런 현상을 반영하는 것이다.

다섯 번째는 고용의 질이 떨어졌다는 것이다. 일본은 2019년에 이르러 실업률이 역대 최저를 기록하고 있지만, 고용의 내용을 보면 비정규직이 늘어난 형국이다. 즉, 실업률은 떨어졌지만 고용의 질적 개선은 이뤄지지 않고 있다. 이는 결과적으로 평균임금 상승을 가로막는 악재가 되고 있다.

물론 이 다섯 가지 현상만으로 아베노믹스를 실패했다고 단정할 수는 없다. 아베노믹스는 아직도 진행형인 만큼 더 지켜볼 필요가 있다. 하지만 아베가 내각 출범 초기에 보인 용감무쌍한 호기는 많이 사라진 상태다. 거기다 엄청나게 불어난 국가 부채도 향후 일본 정부에 크나큰 부담이 될 것이다. 그럼에도 일본 국민이 아베를 지지하는 것은 그의 강한 리더십과 아베노믹스를 믿기 때문이다. 이 믿음을 바탕으로 아베는 향후 극우 행보를 더욱 강화할 것이다. 이제 일본 국민은 경제 회복을 대가로 군국주의 망령과 손을 잡은 셈이다.

트럼프의 미국, 미국인의 트럼프

트럼프의 '위대한 미국'

2015년, 트럼프는 대선 출마를 선언하면서 미국의 현실을 '불구 Crippled America'라고 규정했다. 그가 미국을 불구의 상태라고 단언한 이유는 중산층 이하의 미국 국민들이 빈곤에 허덕이기 때문이라고 했다. 말하자면 경제가 엉망인 탓에 미국은 불구의 상태에 놓인 것이나 진배없다는 것이다. 그러면서 미국을 불구의 상태로 만든 주범은 정치인과 언론인, 로비스트, 불법 이민자 들이라고 주장했다. 물론 이들 외에 변호사와 판사도 헌법을 마음대로 유린하고 있다며 법조계를 향한 비난을 곁들였고, 관료에 대해서도 방만한 태도로 마치 자신들이 정책 결정자인 것처럼 행동한다며 일침을 가했다. 그러면서 이들을 이겨내고 '불구의 미국'을 '위대한 미국'으로 되돌릴 수 있는 유일한 인물은 자신뿐이라고 설파했다.

그렇다면 2015년 당시 미국은 정말 불구의 상태에 놓였던 것일까? 트럼프가 불구의 미국을 주장했던 가장 중요한 근거는 역시 경제 문제였다. 따라서 트럼프 말의 진실 여부를 따지기 위해서는 반드시 2015년 미국 경제, 특히 트럼프가 몰락 지경에 있다고 단언한 백인 중산층의 경제 상황과 빈곤율을 면밀히 확인해볼 필요가 있다.

결론부터 말하자면, 당시 트럼프의 말은 사실이기도 하고 아니기도 했다. 2015년 미국의 빈곤율은 극히 양호한 곡선을 그리고 있었고, 백인 중산층의 경제 상황도 좋은 편이었다. 2014년 미국의 빈곤율은 14.8퍼센트였는데, 2015년에는 13.5퍼센트로 감소하고 있었다. 이는 1999년 이래 최대 감소폭이었다. 백인 중산층의 경제 상태를 대변하는 백인 중위수 가구 소득도 2014년에 60,325 달러에서 2015년에는 62,950달러로 2,625달러 증가한 상태였다. 덕분에 당시 오바마는 레임덕 기간임에도 58퍼센트의 국정 운영 지지율을 얻고 있었다.

하지만 트럼프는 2015년 경제지표가 결코 좋은 성적은 아니라고 단언한다. 그 근거로 제시한 것이 2008년 150년 전통의 투자은행 리먼 브러더스의 파산으로 야기된 글로벌 금융 위기 이전의 소득 경제지표다. 사실, 2015년 미국의 실질소득은 15년 전인 2000년 수준보다 훨씬 낮았다. 따라서 2015년의 경제지표가 나아졌다고 하는 것은 어디까지나 글로벌 금융 위기 이후로 한정된다. 거기다 빈부 격차도 2015년이 2000년보다 훨씬 심각한 상황이었다. 금융 위기 이후 양극화가 심화된 탓이다. 이는 상위와 하위의 소득 비교에서 명확히 드러난다. 2015년 상위 5퍼센트의 소득 비중은 22.1퍼센트인데, 이는 2014년의 21.9퍼센트에 비해 0.2퍼센트포인트 상승한 수치다. 또 1967년의 17.2퍼센트에 비해서는 4.9퍼센트포인트나 증가했다. 미국 국민의 빈부 격차가 점점 심화되고 있다는 의미다. 특히 금융 위기 이후 심화된 빈부 격차가 2015년에 이르러서도 개선되기는커녕 오히려 악화되고 있다는 뜻이었다. 학력별 실질소득도 마찬가지였다. 1991년 이래 실질소득이 증가한 집단은 대졸과 석사 이상 계층이었다. 트럼프는 이 점을 매섭게 파고들었다. 그는 미국 경제를 글로벌 금융 위기 이전 수준이 아니라 미국이 가장 좋았던 시절로 되돌려놓아야 다시 위대한 미국으로 돌아갈 수 있다고 주장했다. 그리고 트럼프의 주장은 상당히 효과적이었다. 특히 미국 백인 하층민들에겐 아주 설득력이 있었다.

트럼프의 말이 미국 백인들에게 먹혀든 이유는 또 있다. 미국 백인들은 미국이 세계의 절대강자로 군림하던 시절을 그리워했고, 트럼프는 이 점을 건드려서 그들의 마음을 움직였다.

20세기는 미국이 독주하는 시대였다. 물론 그 힘은 압도적인 경제 우위에서 나왔다. 제2차 세계대전 이후 유럽과 아시아가 폐허가

되었을 때에도 미국 본토는 상처 하나 입지 않았고, 덕분에 당시 미국의 GDP 비중은 세계 전체 GDP의 절반을 웃돌았으며, 20세기 말까지도 미국의 비중은 30퍼센트 이상을 유지했다. 덕분에 미국 통화인 달러는 세계의 기축통화가 되었으며, 어느 국가도 통화 패권을 거머쥔 미국의 적수가 되지 못했다. 거기다 1990년에는 소련으로 대표되는 사회주의가 몰락하면서 미국의 위상이 더욱 강화되었다. 그야말로 '팍스 아메리카나'라 할 만했다.

그러나 21세기로 진입하면서 미국의 위세는 크게 꺾였다. EU의 탄생으로 유럽의 경제 규모가 미국과 맞먹게 되었고, 유로화가 등장해 달러의 위세가 약화되는 동시에 세계경제에서 미국이 차지하는 비중도 대폭 줄어들었다. 설상가상으로 중국을 위시한 신흥국들이 약진을 거듭하여 세계경제에서 미국이 차지하는 비중은 20퍼센트 초반까지 줄었다. 2013년에 이르러 미국은 중국에 최대 무역국의 지위마저 내준다. 심지어 수입 1위국의 지위마저 위협받고 있는 상황이다. 글로벌 무역 증가 속도를 감안하면 머지않아 중국이 최대 수입국이 될 것이 뻔하고, 2030년대에 이르면 미국 달러의 패권도 유지하기가 쉽지 않을 것이다. 만약 미국이 기축통화의 지위를 잃거나 유로화 또는 위안화와 패권을 공유하는 상황이 되면 자칫 미국 경제는 파탄에 이를 수도 있다. 특히 이미 심각한 재정 적자 문제까지 가세하면 기축통화의 지위를 스스로 내려놓아야 할지도 모른다.

트럼프는 불구의 나라가 된 미국을 위대한 나라로 재건하기 위해서는 잘못된 정책과 제도를 바꿔야만 한다며, 군사력 강화와 불법 이민 차단, 경제 인프라 재건, 세금 체계와 교육 체계의 개선, 오바마 케어 폐지, 이란과의 핵협정 철회 등이 필요하다고 역설했다. 그러면서 무엇보다 중요한 것은 이런 정책들을 이끌고 나갈 리더를 뽑는 일이며, 그 적임자는 바로 자신뿐이라고 덧붙였다. 오직 트럼프 본인만이 위대한 미국을 재건할 수 있는 유일한 인물이라는 것이다.

지속적인 '2등 때리기'의 노림수

트럼프는 가장 시급하게 극복해야 할 문제가 무역 적자라고 판단했다. 미국은 1957년 이래 만성적인 무역 적자에 시달렸는데, 최근으로 올수록 적자 폭이 더욱 심화되고 있는 형편이다. 2009년부터 트럼프 집권 전인 2016년까지의 무역 적자 액수는 최저 3,800억 달러에서 최고 5,400억 달러에 이른다. 미국에 무역 적자를 안기는 나라 순위를 살펴보면 1위는 단연 중국이다. 중국은 미국 무역 적자액의 70퍼센트를 차지한다. 중국에 이어 멕시코, 일본, 독일, 아일랜드, 이탈리아, 말레이시아, 인도, 한국, 태국 등이 미국을 상대로 200억 달러 이상의 무역 흑자를 올리는 나라들이다.

막대한 무역 적자를 인식한 트럼프는 2017년부터 무역 불균형 해소를 위해 전방위적이고 공격적인 전략을 구사했지만, 2017년의 무역 적자액은 더 늘어났다. 2016년 무역 적자액이 5,023억 달러였는데, 2017년에는 5,523억 달러가 되었고, 2018년에는 6,210억 달러나 되었다. 그야말로 10년 만에 최대 적자를 기록했으니, 트럼프의 그간 노력이 큰 효과를 거두지 못했다는 뜻이었다.

트럼프는 무역 적자를 해소하기 위해 대미 무역에서 최대의 무역 흑자를 보는 중국을 상대로 무역 전쟁을 지속하고 있다. 그래서 2018년 중국산 제품에 대대적인 관세를 부과했다. 이해 7월 중국산 수입품 818개 품목에 관세 25퍼센트를 부과한 것을 시작으로 8월에는 284개 품목에 추가 관세 25퍼센트를, 9월에는 5,745개 품목에 10퍼센트 관세를 부과했다. 그 결과 2018년 한 해 동안 2,500억 달러 규모의 중국 제품에 관세를 부과한 셈이 되었다.

중국도 이에 맞대응하여 그해 7월 미국산 수입품 545개 품목에 25퍼센트의 관세를 보복 차원에서 부과했다. 8월에는 114개 품목에 역시 관세 25퍼센트를, 9월에는 5,207개의 품목에 5~10퍼센트의 관세를 부과했다. 이를 합하면 총 1,100억 달러 규모의 상품에 관세를 부과한 셈이었다.

이렇듯 중국의 강한 반발에 부딪혀 트럼프의 중국 공략은 별다른 성과를 거두지 못했다. 오히려 2017년엔 대중 무역 적자가 최대치를 경신하며 적자액이 3,752억 달러나 되었다. 2016년의 적자액에 비해 282억 달러가 늘어난 결과였다. 그리고 2018년엔 적자액이 더 늘어 최초로 4,000억 달러를 초과하여 4,197억 달러나 되었다. 중국 물품에 대한 관세가 높아져 소비자 부담이 늘어났는데 설상가상으로 무역 적자액까지 늘었으니 트럼프의 전략이 별 소용없었던 셈이다.

하지만 트럼프는 2019년에도 관세 전쟁을 지속했다. 5월에 2,000억 달러 규모의 중국산 수입품에 관세 10~25퍼센트를 부과했고, 그달에 다시 3,250억 달러 규모의 중국산 수입품에 25퍼센트 관세 부과를 예고했다. 중국은 이에 대항하여 6월에 600억 달러 규모의 미국산 수입품에 5~25퍼센트의 관세를 부과했다. 이후 6월에 G20 정상회의에서 추가 관세 잠정 중단 합의가 이뤄짐에 따라 미국이 예고한 25퍼센트 관세 부과 계획은 중단되었다.

하지만 그간 지속된 미중의 무역 전쟁 때문에 세계경제는 침체 국면으로 빠져들었다. 양국의 경제 규모가 세계경제의 40퍼센트를 차지하는 까닭에 미중 무역 전쟁의 영향에서 자유로울 수 있는 나라는 없었기 때문이다.

트럼프가 중국에 벌인 관세 전쟁은 미국 특유의 2등 때리기 전략의 일환이다. 미국이 2등을 강하게 몰아붙이는 이유는 2등만 꺾으면 나머지 국가들은 알아서 엎드릴 것이라고 판단해서다. 이 전략은 이미 미국이 1985년에 일본을 상대로 요긴하게 써먹은 수법이다. 당시 세계경제 2등이었던 일본은 플라자 합의를 통해 자국 통화인 엔화의 가치를 대폭 상승시켰고, 이것이 거품경제로 이어져 잃어버린 20년을 맞았다. 덕분에 미국 경제는 불황의 그늘에서 탈출하여 호황을 누렸는데, 트럼프가 이번에는 세계경제 2등 자리에 오른 중국을 상대로 똑같은 전략을 구사하려 했다. 말하자면 위안화의 가치를 대폭 상승시켜 미국에 대한 무역 불균형을 해소하라고 중국에 요구한 것이다. 이는 단순히 위안화 가치를 상승시키는 차원에 한정되지 않는다. 중국이 미국에서 얻어가는 이익 자체를 인위적으로 줄일 것을 매우 상세하게 요구하는 것이다.

그런데 중국은 과거 일본처럼 만만한 상대가 아니다. 위안화 가치를 상승시키면 중국 물품의 원가가 상승하여 가격 경쟁에서 뒤질 것은 불을 보듯 자명한 일이고, 그것은 결국 중국 경제를 침체의 늪으로 끌고 갈 것이다. 이런 사실을 뻔히 아는 중국이 미국의 의도대로 움직이지 않는 것은 당연하다. 말하자면 미중 무역 전쟁의 1라운드는 중국이 승리를 챙긴 셈이다.

그렇다고 쉽게 물러설 트럼프가 아니다. 그는 타고난 싸움꾼이다. 트럼프는 무엇보다도 싸움에 임하면 이겨야 하는 지독한 패권주의자다. 더구나 강자의 위치에 서 있으니 싸움을 마다할 이유도 없다. 그런 까닭에 중국을 상대로 한 그의 무역 전쟁은 앞으로도 지속될 전망이다.

그러니 트럼프의 중국 때리기 전략은 아직 끝난 것도 아니고, 실패한 것도 아니다. 여전히 진행 중이며, 그 효과는 서서히 드러나고 있다. 미국의 노골적인 중국 때리기로 중국 경제에도 어두운 그림자가 드리워졌기 때문이다. 현재 중국 시장에서는 대규모 자금이 이탈하고 증시는 추락을 거듭하며 수많은 기업이 도산하고 있다. 이러한 중국 경제의 문제는 세계경제의 위기로 이어져서, 그 때문에 고래 싸움에 새우 등 터지는 격으로 일본, 한국, 독일, 대만 등으로 경제 침체가 확산되고 있다. 그것은 결국 부메랑이 되어 미국 경제에도 심대한 타격을 입힐 수 있다.

하지만 트럼프는 2등 때리기가 1등을 유지하는 데 도움이 될 뿐 아니라 3등 이하의 국가들이 알아서 고개를 조아리고 1등의 밑으로 기어들게 한다는 것을 너무도 잘 알고 있다. 어쩌면 트럼프가 지속적으로 2등 중국을 때리는 진짜 이유는 일본, 독일, 한국 같은 3등 이하 국가들로부터 순종적인 복종을 이끌어내기 위함인지도 모른다.

세계 경찰에서 악덕 보안 업체로

트럼프의 위대한 미국 재건은 주변 국가들을 강하게 압박하고 있다. 대표적인 것이 각국에 배치된 미군의 주둔 비용 인상과 무기 수출 증가다.

제2차 세계대전 승전 이후 미국의 모든 지도자는 미국이 세계의 경찰국가임을 자임했고, 이에 대해 미국 국민은 일종의 자부심까지 가졌다. 적어도 20세기 말까지는 이런 기조가 어느 정도 유지되었다. 그러나 경제력이 현격히 약화된 21세기에 이르면 조금씩 변질되기 시작한다. 일본, 한국, 독일 등의 동맹국에 방위비 분담금이라는 이름으로 주둔 비용을 받기 시작한 것이다. 21세기에 이르러 부시와 오바마 정부는 주둔 비용 요구를 강화했는데, 트럼프는 한술 더 떠서 아예 노골적으로 미군 주둔 비용의 100퍼센트는 물론 중국과 러시아에 대한 안보 비용까지 해당 국가가 부담해야 한다고 주장한다.

미국이 세계의 경찰 역할을 해왔다는 것은 세계 각국에 주둔하는 미군의 존재를 통해 확인되는 일이다. 유럽에는 5만 5,000여 명의 가장 많은 미군이 주둔하는 독일을 비롯해 이탈리아, 그리스, 벨기에, 영국, 네덜란드, 덴마크, 노르웨이, 체코, 헝가리 등에 미군이 주둔하고 있다. 중동 지역에는 터키, 이라크, 사우디아라비아, 바레인, 아랍에미리트, 시리아, 아프가니스탄 등이 있고, 동아시아 지역에는 일본, 한국, 그 외 지역으로 호주와 남미의 온두라스, 콜롬비아, 쿠바 등에도 주둔하고 있다. 러시아와 중국, 인도 같은 강대국을 뺀 세계의 요충지 대부분에 미군이 주둔하는 셈이고, 비록 미군이 주둔하지 않더라도 중국과 러시아를 제외한 세계 대다수의 국가가 미군의 영향력 아래에 있다.

미국이 세계의 경찰 노릇을 하는 것은 세계 평화에 기여하겠다는 명목상의 이유가 있지만, 그 이면의 진짜 목적은 역시 자국의 이익이다. 군대를 앞세워 각종 이권에 개입하며 외교는 물론이고 경제적 이익까지 취해온 역사가 그 점을 증명한다. 그렇다고 군대를 무료로 주둔시킨 것도 아니었다. 독일, 일본, 한국, 사우디아라비아 등은 상당한 액수의 주둔 비용을 부담하고 있다. 하지만 트럼프가 대통령이 된 후로 미국은 미군이 주둔하는 나라들에 주둔 비용을 대폭 올려달라는 말을 강압적으로 표현하고 있다. 더 정확히는 미군이 주둔하는 데 드는 비용 전체를 해당 국가가 부담해야 한다는 주장이다.

미국의 주장은 결국 미국이 세계의 경찰임을 포기하고 보안 업체로 탈바꿈하겠다는 의도로밖에 보이지 않는다. 군대를 동원하여 나라를 대신 지켜주고 있으니, 그 이용료를 내라는 뜻이기 때문이다. 이는 각국에 주둔한 군대를 통해 패권을 거머쥐고 각종 이익을 챙기는 한편, 이용료까지 추가로 받는 꼴이니, 꿩 먹고 알 먹는 수법이라 할 수 있다.

트럼프는 단순히 미군의 주둔 비용을 올리는 것에 그치지 않고 미국의 무기 수출을 늘리려고 혈안이 되어 있다. 실제 트럼프가 대통령이 된 이후 미국의 무기 수출액은 기하급수적으로 증가했다. 미국 국내의 한 통계는 2017년 10월에서 2018년 9월까지 미국의 무기 수출액이 전년도에 비해 33퍼센트 증가했다고 분석했다. 2016년 10월에서 2017년 9월까지 미국의 무기 수출액이

750억 달러를 초과했다는 보고가 있는데, 이 수치로 보면 미국의 2018년 무기 수출액이 1,000억 달러 이상일 수 있다. 물론 미국의 무기 수출액은 정확한 통계가 없다. 비밀스럽게 거래하는 경우가 많아 그 수치가 고무줄일 수밖에 없는 까닭이다. 미국 국내에서는 500억 달러 수준이라고 주장하고, 중국이나 러시아 등에서는 1,000억 달러가 넘는다고 주장하는 것도 이 때문이다. 하지만 분명한 것은 트럼프 정부가 들어선 이후 미국의 무기 수출이 30퍼센트 이상 급증했다는 것이다. 여기에는 미국 국내 언론도 동의하고 있다. 그만큼 트럼프가 무기 수출에 발 벗고 나섰다는 뜻이다.

미국의 무기 수출은 주로 미군이 주둔하는 나라를 대상으로 이뤄지고 있다. 특히 동맹국으로 일컬어지는 사우디아라비아, 한국, 캐나다, 일본 등의 경제 강국들이 주요 고객이다. 이는 미군의 주둔과 미국의 무기 수출이 밀접한 함수관계에 있음을 의미한다. 무기 수출이 미군의 주둔 목적이 되어가고 있는 셈이다.

무기는 한번 종속 관계에 놓이면 쉽게 빠져나올 수 없는 특성이 있다. 이 때문에 무기는 수입선을 다변화하기가 매우 어렵다. 특히 미군이 주둔하거나 동맹을 형성하는 나라에서는 미국 무기를 쓸 수밖에 없는 처지다. 한국과 일본의 무기들이 미국산 일색인 것은 바로 이런 이유 때문이다. 그런 의미에서 보자면 미국의 무기 수출은 군대 주둔의 대가로 얻는 용병 개런티라고 할 수 있다.

미국이 세계의 경찰에서 보안 업체로 변신한 이후, 미군 주둔국에 대한 무기 수입 압박은 더욱 거칠어지는 상황이다. 특히 트럼프 정부 출범 이후에는 아주 노골적으로 무기 수입을 늘릴 것을 강요하고 있다. 미국이라는 보안 업체를 이용하려면 보안 비용을 내는 것은 당연하고 옵션으로 반드시 보안 장비도 함께 사야 한다는 것이다. 트럼프는 한술 더 떠서 러시아와 중국을 상대로 한 미국의 안보 비용까지 미군 주둔국에 떠넘기려 하고 있다.

미국 무기 수출액의 증가는 필연적으로 군비 경쟁을 촉발할 것이다. 미국이 적국으로 인식하는 중국이나 러시아도 무기 수출 경쟁력을 강화할 것이고, 이는 다시 끊임없는 군비 경쟁으로 이어질 것이기 때문이다.

하지만 트럼프 정부는 그런 문제를 대수롭지 않게 생각한다. 그는 미국의 경제가 호전되는 일이면 무슨 일이든 마다하지 않을 심사다. 트럼프는 내심 냉전 체제와 같이 안보 장사에 유리한 환경을 원하고 있다. 안보 문제가 이슈로 부상하면 할수록 보안 업체의 일은 늘어날 것이고, 동시에 보안 장비를 많이 팔 수 있다는 계산에 따른 것이다. 지금 그에게는 미국의 이익 이외에 그 어떤 것도 보이지 않는다. 그야말로 악덕 업자의 발상 그 자체라 할 수 있다.

트럼프 장벽과 '좋은 이웃'

트럼프는 대선에 나서기 전부터 불법 이민자에게 강한 적개심을 드러냈다. 심지어 미국과 멕시코 국경에 장벽을 세워 불법 이민을 막겠다고 공언했다. 대선 과정에서 이와 관련한 발표를 하면서 이런 말도 했다.

"저는 커다란 장벽을 세울 것이며, 저보다 장벽을 잘 세우는 사람은 없을 것입니다. 그 점은 장담합니다. 게다가 아주 저렴하게 세울 겁니다. 저는 남부 국경에 커다란 장벽을 세우되, 그 비용을 멕시코가 지불하도록 만들겠습니다."

이것은 정말 트럼프다운 생각이다. 아니, 트럼프가 아니라면 감히 이런 생각을 하지도 않을 것이다. 트럼프는 다소 터무니없는 일이라도 일단 입 밖으로 쏟아낸 말은 행동으로 옮기는 성향이 짙다. 그는 자신의 공언대로 대통령 자리에 오르자마자 바로 장벽 작업을 시작했다. 그 결과, 높이 9미터의 국경 장벽 작업이 이미 절반이나 진척된 상태다. 나머지 절반은 다음 대선을 위해 남겨둔 듯하다. 국경 장벽이야말로 트럼프의 상징이니, 적어도 두 번은 써먹을 작정으로 보인다.

트럼프가 국경 장벽을 세우는 목적은 공언한 대로 불법 이민을 막기 위함이다. 트럼프는 불법 이민에 대해 미국을 죽이고 있는 현상이라고 단언했다. 불법 이민을 더 방치했다간 나라가 망하고 말 것이라고 덧붙이기도 했다. 그는 그만큼 불법 이민을 심각한 문제로 보고 있다.

그렇다고 그가 이민 자체를 반대하는 것은 아니다. 스스로도 이민자의 후손이기 때문에 이민에 대해서는 우호적이라고 말하기도 했다. 심지어 이민을 사랑한다고 표현한 적도 있다. 다만 불법 이민을 방치하는 것은 합법적으로 오기 위해 몇 년 동안 기다리는 사람들을 비롯하여 다른 모든 사람에게 불공정한 일이라고 주장한다. 또한 미국으로 넘어오는 불법 이민자의 수가 너무 많아 위험한 수준에 이르렀다고 그는 진단한다.

사실, 트럼프의 지적대로 미국의 불법 이민자 규모는 엄청나다. 무려 1,000만을 넘는 숫자다. 거기다 연일 계속해서 밀려들고 있다.

불법 이민자에게 극도의 반감을 보이는 이유에 대해 트럼프는 그들이 미국에 와서 범죄자가 될 확률이 높고 실제 수많은 범죄를 저지르기 때문이라고 주장한다. 그래서 이들을 감옥에 가둬놓는 비용만 한 해에 10억 달러가 넘게 든다고 말이다.

그러나 이런 주장이 사실이라고 하더라도 4조 달러가 넘는 미국 연방 정부의 1년 예산에서 10억 달러는 그다지 큰 액수가 아니다. 또한 트럼프의 말처럼 불법 이민자들이 엄청난 범죄를 저지르지도 않는다.

그럼에도 불구하고 트럼프가 불법 이민자 문제에 집착하는 것은 자신의 지지층인 상류층 백인들과 하층의 백인들 때문이다. 상류층 백인들 사이에서는 트럼프의 말대로 불법 이민자들이 미국을 범죄 천국으로 만든다는 불만이 팽배하다. 한편 백인 하층민들은 이민자들이 많아져서 실업자가 늘어났다는 불만이 많다. 트럼프는 이 백인들의 불만에 불을 댕겨 지지 기반을 확대하는 전략에 성공함으로써 대통령이 되었다. 그런 만큼 트럼프로서는 차기 대선을 위해서라도 불법 이민자를 막기 위한 국경 장벽 설치를 결코 포기하지 않을 것이다.

트럼프는 국경 장벽 설치를 '좋은 이웃'을 만들기 위한 훌륭한 벽이라고 표현한다. 물론 좋은 이웃으로 표현된 사람들은 합법적인 이민자를 의미한다. 그 외의 불법 이민자는 모두 자기 나라로 돌아가야 한다고 소리친다.

이런 인식에 사로잡힌 트럼프는 국경 장벽만이 불법 이민자를 막을 수 있는 유일한 방도라고 역설한다. 그러나 미국의 불법 이민자 문제는 트럼프의 인식처럼 그렇게 간단하지 않다. 장벽만 설치한다고 불법 이민이 사라지는 것은 아니라는 뜻이다. 장벽을 설치하면 땅 밑으로 굴을 파거나 바다를 통해 넘어오는 이민자들이 늘어날 것은 불을 보듯 뻔하다. 그들은 미국 땅에 들어가기 위해 목숨을 건 사람들이기 때문이다.

미래의 불법 이민자를 막는 문제도 이처럼 한계가 있지만, 현재 미국에 살고 있는 불법 이민자 문제도 만만치 않다. 미국은 2005년에 이미 불법 이민자 수가 합법 이민자 수를 추월했으며, 그 숫자가 무려 1,100만 명이나 된다. 그들은 이미 미국에 터전을 잡고 가정을 꾸린 채 살고 있다. 더구나 그 이민자들이 미국에서 낳은 아이들은 모두 미국 시민이다. 미국이 속지주의를 택하고 있기 때문이다. 그래서 이민자들을 쫓아내는 것은 부모와 자녀를 강제로 떼어놓는 결과를 낳을 수밖에 없다.

실제 트럼프가 대통령이 된 이후, 불법 이민자를 대대적으로 색출하여 수용소에 가뒀고, 이는 부모와 아이의 강제 이별로 이어졌다. 그러자 미국의 양식 있는 시민은 물론이고 세계 각국에서 트럼프의 불법 이민자 정책에 대해 비난 여론이 들끓었다. 트럼프의 대선 경쟁자였던 힐러리가 불법 이민자들에게 시민권을 부여하겠다고 공언한 것도 바로 이런 현상을 막기 위함이었다.

하지만 트럼프는 따가운 눈총에도 불구하고 불법 이민자 색출을 멈추지 않고 있다. 물론 장벽 설치를 위해 국경 주변의 사유지를 사들이는 일도 계속 추진하고 있다. 그의 위대한 미국은 오로지 미국의 이익에만 모든 힘을 결집하는 까닭에 그의 눈엔 1,000만이 넘는 불법 이민자들의 피눈물 따위가 보일 리 없는 것이다. 그렇듯 트럼프의 좋은 이웃은 1,000만의 피눈물을 먹고 자라야 하는 '눈물의 꽃'인 셈이다.

전 세계 총기의 절반을 소유한 미국

미국의 인구는 2019년 말을 기준으로 약 3억 3,000만 명에 조금 못 미친다. 전 세계 인구가 약 77억 명이니, 미국 인구는 지구 인구의 약 4퍼센트 정도 된다. 그런데 이 4퍼센트가 전 세계 총기의 50퍼센트를 소유한다. 전 세계에는 총기가 약 8억 정 정도 있는데, 미국인이 약 4억 정을 가지고 있다. 미국인 100명이 121정을 소유하는 셈이다.

이렇듯 개인이 많은 총기를 가진 만큼 미국 사회는 늘 총기 사고의 공포에 시달리고 있다. 아이들이 다니는 학교 교실마다 방탄문을 설치하는 상황이고, 20대 아들을 강도로 오인해 총으로 쏜 아버지도 등장한다. 또 어린아이가 실수로 부모에게 총을 격발하여 사망에 이르게 하는 경우도 있고, 친구 간에 말다툼을 하다 아버지의 총을 가져와 친구를 죽이는 사건도 종종 발생한다.

그뿐만 아니다. 총기 난사 사건도 심심치 않게 일어난다. 〈뉴욕 타임스〉에 따르면 미국에서는 한 해 약 40건의 총기 난사 사건이 발생한다. 2019년 8월 한 달 동안에 총기 난사로 사망한 미국 시민은 51명이었다. 2017년 11월 텍사스의 작은 마을에서는 총기 난사로 불과 1분 동안 26명이 목숨을 잃는 불상사가 일어났다. 그것도 작은 교회에서 한 명이 총기를 무차별 난사하는 형태였다.

이런저런 형태로 미국에서 총기 사고로 죽는 사람은 매년 1만

명 이상이다. 여기에 총기 자살까지 포함하면 매년 3만 명 이상
의 미국 국민이 총기에 의해 목숨을 잃는다. 미국 질병통제예방센
터CDC에 따르면 2017년의 총기 관련 사망자 수(총기 사고 및 자살 사
고)는 3만 9,800명 정도로 집계되었다. 이는 한 해간의 교통사고
사망자 수를 능가한다. 이 때문에 총기 사고에 따른 미국의 경제
손실도 심각한 상황이다.

미국 한 시민단체의 통계에 따르면 총기 사고로 인한 미국의 연
간 경제적 손실이 약 2,300억 달러에 이른다고 한다. 이는 미국의
연간 의료 지출액인 2,510억 달러에 조금 못 미치는 수준이고, 글
로벌 기업 애플이 한 해에 벌어들이는 수익보다 500억 달러 이상
많은 액수다.

이런 이유로 미국 시민 중 상당수는 총기를 규제해야 한다고
목소리를 높이고 있다. 하지만 트럼프는 손사래를 치며 단호하게
말한다.

"총기가 방아쇠를 당기는 것이 아니다. 방아쇠를 당긴 그 사람
이 문제다. 총기 규제보다 정신병원을 늘려야 한다."

트럼프는 대선 출마 시절부터 총기 규제에 대해 강하게 반대해
왔다. 트럼프는 미국의 수정헌법 제2조를 들먹이며 절대로 총기
를 규제해서는 안 된다고 주장한다.

트럼프가 내세우는 수정헌법 제2조는 무려 230년도 더 전인
1791년에 제정된 것으로, 무기 휴대의 권리를 규정하고 있다. 미

국의 독립이 1774년에 이뤄졌으니 독립한 해로부터 17년 후에 제정된 셈이다. 미국의 저명한 헌법 전문 교수는 이 법이 제정된 배경에 대해 행정력이 미치지 못하는 광활한 땅을 개척해야 했던 시대에 자신은 물론 가족의 생명과 재산을 지키기 위한 방도로 총기 소유를 법제화할 수밖에 없었다고 설명한다. 또한 당시 국가가 개인을 온전히 보호해줄 처지가 아니었던 것도 이 법이 도입된 배경이라고 말한다. 결국 수정헌법은 국가가 개인의 생명과 재산을 온전하게 보호해주지 못한다는 불신이 낳은 제도인 셈이다. 수정헌법 제2조의 전문은 다음과 같다.

> 잘 규율된 민병대는 자유로운 주State 의 안보에 필수적이므로, 무기를 소장하고 휴대하는 인민의 권리는 침해될 수 없다.

트럼프는 230년도 더 된 이 법 조항에 근거하여 총기 소지의 정당성을 설파한다. 그는 총기를 소유할 권리가 종교를 선택할 권리나 언론이 정부를 비판할 권리와 동일한 권리라고 주장한다. 그러면서 자신은 물론 "두 아들 모두 전미총기협회의 자랑스러운 회원이다!"라고 덧붙인다.

트럼프가 거론한 전미총기협회는 어떤 곳일까? 사실 트럼프가 그토록 총기 규제에 반대하는 이유도 이 단체와 무관하지 않다. 그만큼 이 단체는 파워가 막강하다.

전미총기협회National Rifle Association, NRA는 1871년 11월 17일에 창설된 단체로 미국 남북 전쟁에 참전한 북군 출신 장교들이 주도적 역할을 했다. 현재는 미국 보수 세력을 대표하는 단체로서 500만 명 가까운 회원을 기반으로 미국 정가에 가장 많은 정치 헌금을 내고 있다. 이 때문에 정치적 영향력이 막강하며, 트럼프의 강력한 지지 세력이기도 하다.

트럼프는 2018년 5월 4일 미국 텍사스주 댈러스에서 열린 총기협회의 연례총회에 참석하여 이런 말을 하기도 했다.

"우리는 당신의 수정헌법 제2조를 보호하기 위해 싸우고 있으며, 앞으로도 싸울 것이다. 지금 (총기를 소유할 수 있는 권리가) 포위되어 있다. 내가 대통령직에 있는 이상 (총기 소유의 권리는) 절대 포위되지 않을 것이다."

이날 트럼프가 회의에 참석한 이유는 2018년 11월 실시 예정인 중간선거에서 공화당 지지를 호소하기 위한 것이었다.

트럼프가 총기협회에 매달리는 이유는 두 가지다. 하나는 500만에 육박하는 총기협회의 회원 수 때문이고, 다른 하나는 정치자금 때문이다. 그간 총기협회는 공화당에 엄청난 정치자금을 전달해 왔다. 총기협회는 매년 홍보와 정치자금에 2억 달러 이상의 예산을 사용하는데, 2000년에 조지 W. 부시와 앨 고어가 대선을 치를 때도 공화당에 무려 1,100만 달러의 정치자금을 냈다.

총기협회가 이토록 많은 정치자금을 조달할 수 있는 것은 회원의 핵심 세력이 총포상 업주들이기 때문이다. 미국의 총포상 수는 슈퍼마켓 수보다 많다. 그 때문에 총기협회에서 총포상들의 영향력은 거의 절대적이다. 말하자면 총기협회가 공화당에 그토록 많은 정치자금을 전달하는 것은 총포상들의 원활한 영업을 위한 로비 차원의 조치인 셈이다.

하지만 자금 동원력이 막강한 총기협회의 위상은 최근에 와서 조금씩 흔들리고 있다. 미국 전역에서 잇따라 총기 난사 사건이 발생하여 총기협회에 대한 국민들의 적개심이 역사 이래 최대로 악화된 데다, 전국적인 총기 규제 운동의 흐름이 심상치 않기 때문이다.

물론 총기 규제 운동은 그간 지속적으로 진행되었다. 2014년에는 총기 규제에 동조한 자산가 마이클 블룸버그가 총기 규제 운동에 5,000만 달러의 후원금을 내겠다고 공언하기도 했다. 그는 민주당, 공화당, 무소속 등을 오가며 활동한 정치인이기도 했다.

2018년 2월에 플로리다 더글러스 고등학교에서 총기 난사 사건으로 17명이 사망하자, 3월 24일에 미국 전역에서 총기 규제 강화를 촉구하는 시위가 벌어지기도 했다. 그날 미국의 주요 도시마다 수십만 명의 시민들이 거리로 나왔고, 워싱턴 D.C.에서만 무려 80만 명의 시민들이 가두 행진을 벌였다.

이듬해 9월 2일엔 앨라배마주 엘크몬트에서 14세 소년이 일가족 다섯 명을 모두 총으로 쏴 죽이는 끔찍한 사건이 발생했다. 사건의 충격으로 총기 규제는 더욱 중요한 이슈가 되었다. 이제 시민들은 물론이고 십 대 학생들까지 나서서 대대적으로 총기 규제 운동을 전개하고 있다. 이 때문에 2020년 미국 대선에서는 총기 규제 문제가 최대 이슈가 될 가능성이 크다.

하지만 2020년 대선전에서도 트럼프는 여전히 총기 규제를 반대할 것으로 보인다. 그는 근본적으로 모든 문제를 사업가 입장에서 바라보는 인물이기 때문이다. 사업적 측면에서 봤을 때 총기는 미국 경제에서 결코 포기할 수 없는 매력적인 상품이라는 것이 트럼프의 한결같은 인식이다. 거기다 그는 '선한 사람이 총을 놓으면 나쁜 놈들의 총에 맞아 죽는다'는 사고방식을 지니고 있다. 이런 생각이 바뀌지 않는 한, 트럼프는 향후에도 지속적으로 총기 소유를 고집할 것이다.

오바마 케어와 '주식회사 미국'

미국의 의료 제도가 OECD 국가는 물론이고 여러 후진국들과 비교해도 최악이라는 것은 너무도 잘 알려진 사실이다. 어떤 이는 미국의 의료 제도를 비판하며 '돈 없으면 병원 문 앞에도 못 가보고 죽어야 하는 나라'로 표현하기도 했다.

미국의 이런 현실은 마이클 무어 감독이 2007년에 발표한 다큐

멘터리 영화 〈식코〉를 통해 적나라하게 고발된 바 있다. 이 영화에서 가장 인상적인 부분은 손가락 두 개가 잘린 노동자가 돈이 없어 손가락 하나를 버리고 하나만 봉합하는 영상이다. 잘려나간 두 손가락 중 하나를 쓰레기통에 버려야 하는 나라, 그것이 바로 미국이다.

〈식코〉는 미국을 꿈의 나라로 여기던 세계인들을 경악시키기에 충분했다. 버락 오바마 전 대통령도 이 영화를 보고 경악한 사람 중의 하나였다. 그는 대통령 선거에 출마하면서 미국의 건강보험을 개혁하겠다고 선언했다. 그리고 백악관에 입성한 뒤에 기어코 자신의 말을 실천했다. 그 결과가 바로 '오바마 케어'다.

오바마 케어의 정식 명칭은 환자보호 및 부담적정보험법Patient Protection and Affordable Care Act이다. 쉽게 표현하자면 미국의 의료보험 체계 개혁법이다. 그 핵심 내용은 민영보험에만 의존하는 기존의 의료보험 체계에서 벗어나 국민들이 의무적으로 가입하는 건강보험 제도를 도입하는 것이었다.

오바마가 의무 건강보험 제도 도입을 주장한 이유는 당연히 미국의 후진적인 의료 제도를 개선하기 위해서였다. 〈식코〉의 고발 장면에서도 알 수 있듯이 미국의 의료 제도에는 가난한 사람들을 위한 의료 안전장치가 거의 전무했다.

미국의 병원은 근본적으로 수익 창출을 목적으로 하는 민영 조직이다. 그 때문에 세계 어느 나라보다 의료비가 비싸다. 비싼 의료비 때문에 미국인의 기대수명은 세계 42위에 그쳤고, 유아 사망률도 웬만한 개발도상국보다 높다. 한 연구는 미국 의료 제도 수준이 세계 191개국 중에서 70위 밖이라고 발표했다.

미국의 비싼 의료비는 미국 GDP의 20퍼센트를 의료를 위한 비용에 충당하도록 만들고 있다. 그만큼 의료비가 많이 드는 나라가 미국이다. 이 때문에 당연히 의료보험료가 비싸다. 그래서 오바마가 대선에 출마하여 건강보험 의무화를 주장하던 2007년 당시에 건강보험이 전혀 없는 미국 시민이 전체 인구의 15.3퍼센트나 될 정도였다. 당시 인구로 추산해보면 약 4,700만 명이 의료보험 혜택을 전혀 받지 못하는 상황이었던 것이다. 그리고 보험을 가진 사람들 중에서도 아주 부분적으로만 보험 혜택을 받는 사람을 더하면, 실질적으로 보험 혜택을 받지 못하는 인구는 전체의 약 30퍼센트, 즉 9,000만 명에 달했다.

오바마 케어는 이런 문제를 개선하기 위한 차원에서 이뤄졌다. 물론 오바마 케어 시행 과정에서 보수 세력의 엄청난 반발에 부딪히기도 했지만, 오바마는 마침내 이를 위한 법안 마련에 성공했다. 오바마 케어법은 2009년 12월 하원을 통과하고, 2010년 3월 상원을 통과해 오바마 대통령의 서명으로 효력을 갖게 되었다. 하지만 그 후에도 반발이 끊이질 않아 위헌 시비에 휘말렸고, 결국 미 연방대법원에서 효력을 다툰 끝에 2012년 6월에 합헌으로 결정이 남으로써 본격적으로 시행되었다.

오바마 케어의 의무 가입 대상자는 불법 이민자와 서류 미비자, 저소득층을 제외한 시민권자와 영주권자 전체였다. 덕분에 어느 의료보험에도 가입되지 못한 무보험자 4,700만 명도 의료 혜택을 받을 수 있는 길이 열렸다.

하지만 오바마 케어는 결코 미국의 의료 문제를 근본적으로 해결하는 방안이 아니었다. 사실, 해결은 고사하고 겨우 의료 제도 개혁의 발걸음을 뗀 수준에 불과했다. 이를 두고 '중증 수술환자에게 겨우 링거 바늘을 꽂은 수준'이라고 표현하기도 했다.

어쨌든 오바마 케어에 의해 미국 사회는 거의 처음으로 의무 건강보험 제도를 도입하게 되었다. 물론 아주 초기 단계에 불과했고, 시행 후에도 민주당과 공화당이 첨예하게 대립하며 싸웠다. 심지어 공화당의 격렬한 저항으로 의회에서 예산안 합의에 실패하여 셧다운 상태에 돌입하기도 했다.*

공화당이 셧다운까지 감수하면서 강하게 반발한 이유는 무엇보다도 오바마 케어가 정부의 재정 적자를 심화시키기 때문이었다. 오바마 케어는 빈곤층에게 의료보험 보조금을 지급하는 내용을 담고 있어 정부 지출이 늘어나는 것은 당연했고, 그 결과 재정

---

* 셧다운 상태가 되면 연방 정부에 소속된 200만 명의 공무원 중 80만 명이 강제 무급휴가에 들어가야 한다.

적자를 유발했던 것이다. 거기다 기업이 종업원들의 건강보험을 들도록 의무화했기 때문에 기업의 비용 부담도 늘어났다. 혹 기업이 의무 가입을 하지 않으면 엄청난 벌금을 내야 하는 구조였다. 공화당은 이런 강제 가입은 부당하며, 결과적으로 기업의 재정을 악화시키고 종국에는 국가 전체에 경제적인 어려움을 초래할 것이라고 주장했다.

공화당의 강한 반발에도 불구하고 오바마 케어는 적어도 오바마 정부 시절에는 법대로 유지되었다. 관건은 오바마 정부 이후에도 이 제도가 유지될 수 있느냐는 것이었다. 특히 공화당이 집권할 경우엔 앞날을 예측할 수 없었다.

그런 상황에서 공화당 대통령 후보가 된 트럼프는 오바마 케어 폐지를 아예 대선 공약으로 들고 나왔다. 트럼프는 특유의 공격적인 음성으로 오바마 케어는 '만병의 근원'이라고 외치고 다니며 오바마 대통령을 맹렬하게 비난했다.

"오바마 케어는 파국적이며, 폐지해야 하고, 대체해야 한다. 이 법안이 통과된 이유는 오바마 대통령이 기존 의사와 계약을 유지할 수 있다고 28번이나 거짓말을 했기 때문이다. 이는 명백한 사기이며 고발했어야 마땅하다. 앞으로 다른 조항들이 효력을 발휘하기 시작하면 본인 부담금이 계속 오를 것이다. 그러면 트럭에 치이는 정도의 사고가 나야만 보험 혜택을 받을 수 있을 것이다."

그러면서 이런 대안을 내놓았다.

"더 저렴한 보험료에 더 나은 보험을 원하는가? 고객을 놓고 경쟁을 붙여라."

이 말은 국가가 일방적으로 건강보험 가입을 의무화할 것이 아니라 보험회사들끼리 서로 경쟁을 하게 해서 국민이 그들 중 가장 자신에게 유리한 보험사를 선택할 수 있도록 해야 한다는 뜻이다. 즉, 의료보험도 시장의 논리에 맡겨야 한다는 전형적인 자본가의 논리였다. 이렇게 되면 정부의 재정은 건전해질 것이고, 국민들은 선택의 폭이 넓어질 것이며, 기업은 부담을 덜게 되어 경제적으로 훨씬 더 나아진다는 주장을 펼쳤다.

그러나 이는 빈민층은 전혀 고려하지 않은 주장이었다. 만약 의료보험 가입을 다시 개인에게 맡기면 전체 인구의 3분의 1에 해당하는 1억 이상의 인구가 의료보험 혜택을 제대로 누릴 수 없는 상황에 직면하게 된다. 그럼에도 트럼프는 자신의 방법이 '대다수 국민에게 저렴한 의료보험을 제공하는 일'이라고 강변하고 있다. 그가 이런 주장을 할 수 있는 이유는 그의 눈엔 약자가 보이지 않기 때문이다. 그의 머리엔 강한 자가 살아남는 것이 자연의 원리에 부합하고, 세상은 강자 위주로 돌아가는 것이 당연하다는 생각으로 가득 차 있다. 그의 가치관으론 이익을 남길 수 없는 사업은 하지 않는 것이 옳고, 정부도 결코 재정 손실을 초래하는 일은 손대지 않는 것이 옳다. 이것이 트럼프 특유의 '이익 우선주의'다. 비록 주체가 정부고 대상이 국민이라고 해도 그에겐 마찬가지다.

결국, 트럼프는 미국 정부가 아니라 '주식회사 미국'을 원하고 있는 셈이다.

미국이라는 '트럼프 빌딩'

2017년 6월 1일, 트럼프는 백악관 로즈가든에서 이렇게 선언했다.

"오늘부터 미국은 비구속적인 파리 기후협정의 모든 이행을 중단할 것이다."

트럼프는 대선 시절부터 줄기차게 파리 기후협정에서 탈퇴해야 한다고 주장했는데, 이날 마침내 그 의지를 행동으로 옮기겠다고 선언한 것이다.

파리 기후협정은 2020년에 만료되는 교토 의정서를 대체하기 위해 2015년 11월 파리에서 열린 제21차 유엔 기후변화협약 당사국총회에서 195개국의 합의로 마련되어 발효되었다. 파리 협정의 장기 목표는 '산업화 이전 대비 지구 기온의 상승폭(2100년 기준)을 섭씨 2도보다 훨씬 낮게 유지하고, 더 나아가 온도 상승을 1.5도 이하로 제한하기 위한 노력을 추구한다'는 것이다.

유엔에 모인 195개국이 이 협정에 동의한 이유는 지구의 평균 기온 상승에 따른 미래의 재앙을 막기 위해서였다. 국제식물보호협약IPCC은 지구 평균 기온이 산업화 대비 2도까지 상승할 경우

20억 명 이상이 물 부족에 시달릴 것이고, 생물종 중 30퍼센트 정도가 멸종할 것이며, 3,000만 명가량이 굶주림을 겪을 것으로 예측한다. 또 3,000만 명이 홍수의 위험에 노출될 것이며, 여름철 폭염으로 매년 수십만 명이 사망하고, 그린란드의 빙하와 안데스산맥의 만년설이 소멸될 것으로 보고 있다. 따라서 1.5도까지 낮춰야만 한다는 것이다.

하지만 트럼프는 이런 말들이 모두 헛소리라고 일축한다. 사실, 그는 지구의 기후 따위는 안중에도 없다. 그에게 중요한 것은 오직 미국의 이익을 더 늘리는 것뿐이다. 그에게 정의나 인류애 등을 기대하는 것은 사막에서 우물을 찾는 것보다 어려울 수 있다.

트럼프는 녹색 에너지 정책도 단호하게 반대한다. 그는 미국에는 2조 배럴의 채굴 가능한 석유가 매장되어 있다며, 이것만으로도 285년 동안 쓸 수 있는데 뭣 때문에 녹색 에너지를 운운하느냐고 항변한다. 그는 이 정도 석유만 채굴하면 미국은 중동 산유국의 눈치를 볼 필요도 없다고 주장한다.

트럼프가 화석연료 개발이 최선이라고 주장하는 이유는 그에게 최선이란 곧 최대 이익을 의미하기 때문이다. 애초에 지구의 미래 따위에 대한 계획 같은 것은 없었다. 그는 그저 현재 이 순간 배불리 잘 먹고 잘사는 것이 최선이라고 생각하고 있다. 그것도 미국 국민, 그중에서도 힘 있는 자들에 한해서 말이다.

이런 생각으로 트럼프는 파리 기후협약에서 탈퇴했다. 개발 지상주의로 가득 찬 그의 뇌 속엔 애당초 지구의 기후변화 같은 것이 들어설 자리가 없었던 것이다.

트럼프는 도대체 왜 이런 약육강식의 사고방식에 빠진 것일까? 그가 약육강식의 틀 속에서만 산 탓일 게다. 그의 삶을 살펴보면, 25세 이후 그의 모든 행동은 오로지 부를 축적하는 일에만 매몰되어 있었다. 또한 개발의 상징으로 여겨지는 빌딩을 통해서 부를 축적하고 힘을 키워왔다. 자부심도 모두 이 빌딩에서 비롯했다. 그는 모든 문제의 해결 방식을 자신이 빌딩을 건설하여 부를 축적해온 행위에서 찾고 있다. 그리고 그 과정 속에서 자신이 싸워온 방식만이 진리라는 의식을 키웠다. 그래서 자신이 세운 빌딩으로 인한 문제점이나 누리는 부유함 때문에 고통받는 사람들에 대해서는 고민하지 않는다. 오히려 문제점을 지적하는 사람이나 고통을 호소하는 사람을 죄다 적으로 몰아버린다. 그를 향해 개발 지상주의자라고 비난하는 자들은 모두 그의 적이 될 수밖에 없다. 그 수가 아무리 많더라도 그는 항상 그들과 싸울 준비가 되어 있다. 그들이 자신의 이익을 앗아간다는 생각으로 팽배해 있기 때문이다. 그는 지금 이런 의식을 미국이라는 국가에 그대로 적용하고 있다. 미국을 자신이 건설하는 또 하나의 빌딩으로 보고 있는 것이다. 그는 지금 미국이라는 거대한 트럼프 빌딩을 올리려고 한다.

이란을 버리고 북한을 택한 진짜 이유

2018년 5월 트럼프는 오바마와 이란의 아야톨라 하메네이가 맺은 핵협정에서 탈퇴했다.

트럼프가 이란과의 핵협정을 탈퇴한 근본적인 이유는 이란의 안정이 결코 미국의 이익에 부합하지 않는다는 생각 때문이다. 미국이 핵협정에 따라 이란에 대한 금수 조치를 해제하면 이란의 원유 수출이 늘어날 것은 뻔한 일이고, 그렇게 되면 내심 트럼프가 채굴 준비를 하고 있는 미국의 석유 값이 떨어질 것 또한 당연하다는 것이다. 트럼프는 미국의 석유 가치를 올리기 위해서는 중동의 긴장 상태가 그대로 유지되어야 한다고 생각한다.

트럼프는 근본적으로 중동 국가들이 석유를 기반으로 에너지 권력을 쥐고 있는 것을 매우 못마땅하게 여긴다. 미국 땅 곳곳에 캐낼 수 있는 석유가 널렸는데, 왜 중동 국가들이 석유를 무기로 미국을 위협하는지 이해할 수 없다는 입장이다.

이렇듯 트럼프는 애당초 석유수출기구OPEC의 존재를 못마땅해했다. 이란 역시 이 단체의 회원이다. 그런데 이란의 석유 수출 금지 조치가 풀려 더 많은 석유를 생산해낸다면 OPEC의 힘은 더 강화될 것이고, 상대적으로 석유 산업에서 미국의 입지는 더 약화된다. 또 석유 값이 떨어져 미국에서 굳이 석유를 채굴할 필요가 없게 될 것이다. 이미 미국의 석유 채굴이 국토를 오염시킨다고 주장하는 세력이 많은데, 이란의 석유 생산량이 늘면 미국 땅에 묻힌 석유를 채굴하겠다는 트럼프의 계획은 물 건너가게 되는 것이다. 더구나 트럼프는 뉴욕, 펜실베이니아, 오하이오, 웨스트버지니아에 걸친 마셀러스 셰일 유전에서 수백억 배럴의 석유를 생산할 수 있다는 생각인데, 이 사업 역시 좌초될 가능성이 커진다.

이 때문에 트럼프는 어떻게 해서든 이란에 대한 금수 조치가 해제되는 일은 막아야 한다고 보았다. 그리고 궁극적으론 사우디아라비아를 비롯한 중동의 석유 생산국들이 테러 또는 전쟁으로 석유 생산에 차질을 빚어야 한다고 생각한다. 그래야 미국 땅에 묻힌 엄청난 양의 석유를 파낼 수 있다고 판단한 것이다. 그렇게 되면 미국은 석유를 바탕으로 순식간에 엄청난 부를 축적할 수 있다는 계산이다.

트럼프는 결국 미국 전역에 묻힌 엄청난 양의 석유와 가스, 셰일 유전 등을 사업화하기 위해 이란과의 핵협정에서 탈퇴한 셈이다. 그러면서 이에 대한 비난을 모면하고 여론의 시선을 다른 곳으로 돌리기 위한 전략으로 북한의 김정은을 끌어들인다. 이는 트럼프가 이란과의 핵협정 탈퇴를 선언한 날로부터 불과 한 달 뒤인 2018년 6월 12일에 김정은과 정상회담을 연 사실을 통해서도 짐작할 수 있는 일이다.

트럼프는 북한의 김정은과 정상회담 자리에 앉기까지 매우 치밀하고 도발적인 전략을 구사했다. 사실, 트럼프가 백악관의 주인이 된 뒤로 약 1년 동안 미국과 북한은 금방이라도 전쟁을 치를 것처럼 강하게 부딪쳤다. 김정은은 연일 미사일을 쏘아 올렸고, 트럼프는 그에 대한 보복으로 당장 전쟁을 시작하겠다는 듯 포효했다. 그 때문에 한반도에 긴장이 고조되는 상황이 반복되었다. 양쪽은 모두 단추만 누르면 상대를 끝장낼 수 있다는 듯이 으르렁거렸고, 세계 언론은 북미 관계를 한 치 앞도 내다볼 수 없는 안 갯속이라고 진단했다.

그런 가운데 하나의 변수가 생겼다. 남한에서 보수의 상징인 박근혜가 탄핵되어 대통령직에서 물러나고 진보 세력의 수장 문재인이 청와대에 입성한 것이다. 문재인 정부는 트럼프와 김정은의 강한 대립이 오히려 대화의 기반이 될 수 있다고 판단했다. 그리고 그 판단은 적중했다. 문재인은 김정은과 남북 정상회담을 개최했고, 이후 김정은과 트럼프를 중재하여 북미 정상회담을 이끌어 냈다. 물론, 트럼프가 원한 일이기도 했다.

트럼프는 대선 시절부터 김정은과 만나 함께 햄버거를 먹으며 핵 협상을 하고 싶다는 말을 할 정도로 내심 김정은과의 정상회담을 원하는 입장이었다. 김정은 또한 트럼프와의 정상회담을 원하기는 매한가지였다. 두 사람은 이 같은 목적을 달성하기에 앞서 전략적 차원에서 매우 강하게 대립했다. 연일 내던진 말 폭탄은 두 사람 모두 만나고 싶다는 의사의 반어적 표현이었던 것이다. 문재인 정부는 이런 속내를 파악해 중재자를 자처했고, 덕분에 모양새 좋게 트럼프와 김정은은 정상회담장에 앉았다.

그렇다면 트럼프는 김정은을 통해서 무엇을 얻으려 했던 것일까? 따지고 보면 미국이 북한에게 얻을 수 있는 것은 별로 없다. 미국이 북한을 통해 취할 수 있는 경제적 이익은 전무하기 때문이다. 명목상으로는 북핵을 제거하여 미국의 불안감을 없앨 수 있다는 것이었지만, 사실 북한의 핵은 미국에게 늘 호재였지, 악재인 적은 없었다.

클린턴 정부 이후 북한의 핵은 늘 미국이 동아시아 정책에서 헤게모니를 쥐는 수단으로 활용되었다. 북한의 핵을 핑계로 미국의 미사일 방어 체제Missile Defense, MD를 확보했고, 일본과 한국에 대한 지배권도 강화할 수 있었다. 또한 중국이나 러시아를 견제하는 차원에서 사드 같은 전략 무기를 동아시아 지역에 마음껏 배치할 수 있었다. 거기에다 일본과 한국, 대만 등에 막대한 양의 무기를 팔아먹는 성과까지 더해졌다. 이런 의미에서 볼 때, 북한의 핵은 미국의 이익을 위해선 결코 사라져서는 안 되는 존재였다.

그럼에도 불구하고 미국이 끊임없이 북한의 핵을 제거해야 한다고 소리 높이는 것은 북한이 결코 핵을 포기할 수 없다는 사실을 너무도 잘 알기 때문이다. 북한이 핵을 가지려는 이유는 매우 간단하다. 북한이 제아무리 용빼는 재주가 있다 해도 미국을 상대로 전쟁을 해서 이길 가능성은 제로다. 이 때문에 늘 미국의 공격을 두려워했다. 그런 과정에서 가장 값싼 비용으로 미국의 공격을 받지 않는 방법을 모색하다가 찾아낸 해법이 핵 보유였던 것이다. 따라서 북한은 미국의 공격 가능성이 사라지지 않는 한 결코 핵을 포기할 수 없는 입장이다.

트럼프 또한 북한의 핵이 미국에게 전략적으로 도움이 된다는 것이나 북한이 여간해서는 핵을 포기하지 않을 것을 너무도 잘 알고 있다. 그러면서도 김정은과 만나 핵 협상을 진행하는 것은 김정은이 자신에게 매우 쓸모 있는 수단이 될 수 있다고 판단하기 때문이다.

트럼프 입장에서 보면 김정은과의 회담은 가장 저렴한 비용으로 자신을 가장 비싸게 광고할 수 있는 일이며, 결과적으로 손해 볼 것이라고는 하나도 없는 엄청나게 남는 장사다. 세계의 이목을 집중시키는 효과는 물론이고, 그간 어느 미국 대통령도 하지 못한 일을 하고 있다는 인식을 심어줌으로써 2020년 12월에 있을 재선 승리의 발판까지 마련할 수 있다. 그럼에도 불구하고 정작 미국은 한 푼의 돈도 들이지 않으니, 이렇게 남는 장사가 또 있을까 싶은 것이 트럼프의 생각이다.

트럼프는 오히려 북한과 평화 분위기를 조성하는 것이 돈을 절약하는 일이 된다는 논리를 편다. 한미 연합 훈련같이 많은 비용이 드는 일들을 할 필요가 없으니 재정 지출이 줄어든다는 것이다. 또 북한에 행한 금수 조치를 일부 완화시킨다고 하더라도 그것은 금강산 관광이나 개성공단 재개 등이 될 것이니, 이에 대한 비용은 전적으로 남한이 부담하게 된다. 그럼에도 생색은 자신이 다 낼 수 있으니, 역시 남아도 한참 남는 장사인 것이다.

하지만 트럼프의 야량은 거기에서 그칠 공산이 크다. 막상 2020년 대통령 선거에서 재선에 성공하고 나면 다시 북한을 내팽개칠 확률이 높다. 트럼프가 김정은을 통해서 얻어낼 가장 큰 이득은 자신의 연임이기 때문이다. 다만 재선 성공 이후에도 북한이 여전히 자신을 언론의 중심에 놓이도록 만들 수 있다는 판단이 서면 쉽게 김정은의 손을 놓지는 않을 것이다.

한반도 분단 이래 미국의 전략가들은 남한과 북한의 평화가 결코 미국에 이익이 되지 않는다고 판단했다. 이 때문에 미국의 일관된 전략은 한반도에 긴장이 계속 유지되어야 한다는 것이었다. 이는 민주당이든 공화당이든 별반 다르지 않았다. 물론 평화주의자를 가장한 오바마도 마찬가지였다.

트럼프의 전략 역시 여기서 멀지 않다. 트럼프는 철저히 미국의 이익에만 매몰된 전략을 구사하고 있다. 현재 북한과의 정상회담을 통해 한반도 평화에 기여하는 것 같은 인상을 주고 있는 것은 전적으로 자신의 개인적 욕심, 즉 재선 성공과 언론의 스포트라이트 때문이다. 만약 북한과 남한이 그 이상을 기대하고 있다면 그것은 트럼프라는 인물을 제대로 파악하지 못한 탓일 것이다.

한국사 속 미국의 재발견

미국에게 한국이란?

트럼프와 미국의 속내, 특히 한반도에 대한 미국의 태도를 제대로 이해하기 위해서는 미국이 한국의 역사 속에서 어떤 태도를 일관했는지를 살펴보는 것이 매우 중요하다. 미국은 늘 민주와 평화라는 가면을 쓰고 한반도에서 자유의 수호자를 자처해왔지만, 역사의 실상은 단호하게 반박하고 있는 까닭이다.

미국의 속내를 이해하기 위해서는 무엇보다도 미국의 관점에서 역사를 재점검하는 자세가 필요하다. 한국의 관점에서 미국을 이해하려 하면 항상 본질은 제대로 드러내지 못하고 현상의 늪에 빠져 허우적거리게 되기 때문이다.

국제 관계를 가장 객관적이고 냉정하게 판단할 수 있는 기준을 찾으려면 이익과 손해만큼 요긴한 것이 없다. 본질적으로 이해관계가 전제되지 않은 국제 관계는 없는 까닭이다. 어떤 나라가 다른 나라에 특정 행위를 한다면 그 배경엔 반드시 이해관계가 도사리고 있다. 이것은 누구도 부정할 수 없는 명백한 현실이며 국제 관계에서 절대로 간과해서는 안 되는 가장 핵심적인 요소다. 따라서 한국과 미국의 관계에서도 이해관계를 가장 먼저 고려해야 마땅하다. 또한 이는 미국의 이해관계 관점에서 한국 문제를 바라보면 미국의 속내가 자연스럽게 드러난다는 뜻이기도 하다.

한국 현대사를 논할 때 미국이라는 존재를 빼놓고는 어느 것 하나 제대로 설명할 수 있는 것이 없다. 그만큼 미국은 한국 현대사를 쥐락펴락해왔다. 그렇다면 미국은 도대체 무슨 이유로 한반도에 진출하여 한국을 손아귀에 넣고 주물러왔을까? 그것이 과연 한국만을 위한 일이었을까, 아니면 미국을 위한 일이었을까? 이 물음에 대한 대답은 굳이 구체적으로 말하지 않아도 누구나 다 안다. 당연히 미국의 이익을 위한 일이라는 뜻이다.

현재 트럼프가 벌이는 모든 일은 미국 또는 트럼프 정권의 이익 우선주의에 바탕한 것이다. 비단 트럼프뿐 아니라 과거 미국이 세계 각국을 상대로 벌인 모든 일들 속에는 '미국의 이익'이 숨어 있다. 외교란 것이 기본적으로 자국의 이익을 위한 행위인 만큼 미국을 비난할 수만은 없다. 그렇다고 미국이 자국의 이익을 위해 타국에 끼친 폐해와 손실을 합리화할 수 있다는 말은 아니다. 국제 관계를 제대로 이해하기 위해서는 각국의 이해관계부터 정확하게 파악하는 것이 먼저라는 뜻이고, 한국과 미국의 관계를 이해하기 위한 단초도 이해관계에 있다는 점을 강조하기 위함이다.

지금껏 한국 현대사를 바라보는 관점은 매우 순진하고 단편적인 시각을 벗어나지 못했다. 한국 현대사의 미국에 대한 평가는 항상 이해관계를 빗겨갔다. 그 때문에 미국의 행위와 결정을 객관적으로 바라보지 못했다. 이는 한국 사학계와 정치계, 그리고 사회 전반에 공통으로 나타나는 현상이다. 한국 사회 전체가 해방 이후로 줄곧 미국의 이해관계를 중심으로 하는 시각을 금기시해왔기 때문이다. 그만큼 한국 사회 전체가 미국의 힘에 억눌려 있다는 방증이기도 하다.

그러나 한국 현대사를 좀 더 냉정하게 바라보기 위해서는 이해관계의 시각으로 미국을 바라보는 것이 필요하다. 단언컨대 세계의 그 어떤 나라도 순전히 타국의 이익만을 위해서 자국의 손해를 감수하는 일은 없다. 미국은 물론이고 한국도 예외일 수 없다. 더구나 타국을 지키기 위한 대가로 자국 국민의 목숨을 지불해야 하는 상황이라면 더욱 그렇다. 미국은 한반도 남쪽을 지키기 위해 수만 명의 자국 군인을 희생시키고 천문학적인 비용을 들였다. 도대체 왜 그랬을까? 한반도를 지키는 것이 미국에 얼마나 이익이 되기에 그토록 엄청난 희생과 투자를 한 것일까?

이 물음에 대해 좀 더 효과적으로 답하기 위해서는 과거로 시간을 거슬러 올라갈 필요가 있다. 따라서 순전히 한국과 미국의 이해관계에 기초하여 한국의 운명을 가른 지난 역사의 몇몇 지점을 되짚어보려 한다. 미국인이 한반도에 첫발을 들인 그 순간부터 시간순으로 다시 되밟아오면 의문은 자연스럽게 풀릴 것이다.

처음 한반도에 미국인이 나타난 것은 1866년 8월 16일이었다. 이날 황해도 황주목 삼전방의 송산리 앞바다에 상선 한 척이 진입했는데, 이 배가 바로 상인 프레스턴 소유의 미국 상선 제너럴셔먼호였다. 조선 땅으로 진입한 이유는 명확했다. 청나라 톈진 주재의 영국 회사 메도스 상사에서 산 물품들을 조선 사람들에게 팔아먹기 위해서였다. 물론 입국 허가서 같은 것은 없었고, 명백한 불법 침략이었다. 그러나 셔먼호의 선주 프레스턴과 선장 페이지는 당당했다. 셔먼호에는 대포 2문이 있었고, 승선자들은 모두 총으로 중무장한 상태였기 때문에 조선 군대쯤은 얼마든지 힘으로 눌러버릴 수 있다고 판단했다.

셔먼호는 곧장 황주를 거쳐 대동강을 타고 평양으로 향했고, 수일 동안 평양 경내의 대동강에 정박한 채 통상을 요구했다. 셔먼호 이전에도 몇 차례 미국 배가 항로를 잃고 조선 땅에 들어온 적이 있지만 그때마다 조선은 미국 선원들을 따뜻하게 대우하며 도움을 준 후 돌려보냈다. 심지어 난파당한 상선에서 살아남은 선원들을 청에 인도하기도 했다. 그런데 셔먼호는 이전의 배들과 달랐다. 무력시위를 하며 막무가내로 통상을 허락하라고 생떼를 썼다.

거기다 마음대로 수심을 측정하고 조선 사람들을 붙잡아 억류하고 대포를 쏘며 평양 백성들을 위협하기까지 했다. 그 바람에 평양 백성 일곱 명이 죽고 다섯 명이 다치는 사태가 벌어졌다.

조선 조정은 더 이상 셔먼호를 방치할 수 없다는 판단 아래 군대를 동원했으며, 결국 셔먼호는 불타고 승무원들은 불에 타 죽거나 익사했다.

이렇듯 셔먼호 사건은 미국 상선의 불법 침입과 노략질에 대해 주권 국가의 응징 차원에서 이뤄진 일이었다. 그럼에도 미국은 셔먼호 사건의 보복으로 조선 정벌을 감행했다. 미국은 1871년 5월 16일에 일본 나가사키에 정박 중이던 함선 5척과 병력 1,200여 명을 동원하여 서해를 거슬러 올라와 강화도를 공격했다. 이것이 이른바 신미양요다. 강화도에서 상륙작전을 감행한 미군은 8시간 동안 전투를 벌여 조선군 350여 명을 죽이고, 20여 명을 포로로 잡았다. 이 전투에서 미군 전사자는 장교 한 명과 사병 두 명뿐이었다. 화력 차이가 너무 컸기 때문에 말이 전투지 학살이나 다름없었다.

이후 미군은 포로로 잡은 조선 병사들을 빌미로 줄곧 통상을 요구했다. 하지만 조선 조정이 결사 항전의 뜻을 전하며 도저히 통상 요구를 받아들일 기미를 보이지 않자 이내 포로들을 놓아주고 자진 철수했다.

이렇듯 미국이라는 나라는 우리 역사에 침략과 학살의 형태로 첫발을 들였다. 물론 침략의 목적은 통상으로 이익을 얻으려는 것이었다. 또 그 이익 앞에서는 타국 국민의 목숨은 안중에도 없었다.

그로부터 11년 뒤, 조선 조정은 미국 정부 대표와 정식으로 대면했다. 1882년 5월 22일(음력 4월 6일)에 조선의 전권위원 신헌과 미국의 전권위원 로버트 윌슨 슈펠트가 제물포에서 만나 조미 수호통상조약을 맺었다. 이 조약은 조선이 구미 국가와 맺은 최초의 수호통상조약이었다.

그러나 미국은 1905년 7월 29일에 조인된 일본과의 가쓰라·태프트 밀약을 통해 사실상 일방적으로 조미 조약을 파기했다. 가쓰라·태프트 밀약은 미국의 필리핀에 대한 지배권과 일본의 한국에 대한 지배권을 상호 승인하는 내용이다. 즉, 미국이 필리핀을 차지하는 대신 일본이 한국을 식민지로 삼는 것을 인정한 것이다. 미국이 자국의 이익을 위해 일본의 한국 침략에 협력했다는 뜻이다.

'분할=분단'의 등식

이후로 한국은 을사늑약에 의해 일본의 수중에 들어갔고, 이후 40여 년간 일본의 식민지로 지냈다. 그 과정에서 미국과 일본의 관계가 악화되어 태평양 전쟁이 발발했고, 전쟁의 와중에 미국은 또 한

번 한국의 운명을 가르는 행동에 돌입한다.

　제2차 세계대전이 막바지에 이른 1945년 2월 4일부터 2월 11일까지 소련 흑해 연안에 있는 크림반도의 얄타에서 미국·영국·소련의 정상들이 전후 문제 처리를 논의했다. 흔히 얄타 회담이라고 부르는 이 만남에서 미국의 프랭클린 루스벨트와 소련의 이오시프 스탈린은 일본의 항복 이후 한반도를 미국과 소련이 분할 점령하는 데 잠정 합의했다. 이에 대한 공식적인 문서가 확인된 바는 없지만 일제의 항복 선언 전날인 1945년 8월 14일에 미국이 소련에 한반도 분할점령안을 통지하고 소련이 즉각 수용한 것만 봐도 그들의 밀약은 충분히 짐작할 수 있는 일이다.

　그렇다면 미국은 왜 소련에 한반도의 분할점령을 제의했을까? 도대체 무슨 이익을 노린 것일까? 이 물음의 답을 찾으려면 철저히 미국의 입장에서 생각해볼 필요가 있다. 당시 미국의 입장에서 소련에 한국의 분할통치를 제안한 목적은 두 가지 정도로 파악된다.

　첫째는 일본에 대한 통치권을 안정적으로 확보하기 위한 차원이었을 것이다. 당시 미국은 태평양 지역의 패권을 장악하기 위해 어떻게 해서든 일본 국토 전체를 지배하고자 했다. 이 때문에 소련이 일본을 독일처럼 분할통치 하자고 주장할까 봐 몹시 경계했다. 따라서 그 같은 소련의 요구를 차단하기 위한 고육책의 하나로 한반도 분할통치를 제안했을 가능성이 크다. 즉, 일본의 영토를 잘라주지 않기 위해 한반도를 대신 희생시킨 것이다.

둘째는 소련의 영향력이 일본에까지 미치는 것을 차단하기 위함이었을 것이다. 얄타 회담 당시 미국은 소련에게 참전하여 극동 지역의 일본군을 격퇴시킬 것을 제안했다. 소련은 이 제안을 받아들였는데, 문제는 소련이 극동 지역에서 일본군을 쫓아낸 뒤, 한반도 전체를 차지할 수 있다는 것이었다. 만약 소련이 한반도를 장악하면 일본도 그 영향력에서 자유로울 수 없게 된다. 한반도는 일본과 너무 가까워서 소련의 힘이 한반도를 통해 일본을 위협할 수 있기 때문이다. 소련이 한반도를 장악하면 미국이 일본을 지배하는 데 방해가 될까 봐 이를 저지하는 차원에서 이뤄진 조치라는 것이다.

결국 미국의 분할점령안에 따라 한반도는 38선을 기준으로 남북으로 나뉘었고, 이는 분단으로 이어졌다. 이를 두고 흔히 한반도 분할점령 당시만 하더라도 미국은 한반도의 분단은 전혀 염두에 두지 않았다고들 말한다. 하지만 당시 상황에서 분할점령이 분단으로 이어지리라는 점은 충분히 예측 가능한 일이었다. 당시 소련은 소비에트 세력을 확장하는 마당이었고, 미국은 소련의 패권 확장을 경계하고 있었다. 그 때문에 소련이 차지한 지역과 미국이 차지한 지역이 서로 다른 국가 체제를 형성하는 것이 당연했고, 이를 한반도에 대입했을 때 분단은 필연적인 수순이었다. 당시 미국의 정보력을 고려할 때 한반도 분할점령을 계획하면서 분단을 예측하지 못했다는 것은 말이 되지 않는다.

오히려 미국은 혹 분할이 분단으로 이어지지 못할 것을 염려하여 쐐기를 박는 조치를 하나 더 취했다. 바로 신탁통치다. 일본의 패망 이후 한반도 문제에 대한 처리를 놓고 미국과 소련의 의견은 완전히 반대였다. 소련은 한국의 즉각적인 독립을 주장한 반면, 미국은 신탁통치를 원했다. 그것도 무려 50년 동안 지속되어야 한다고 주장했다. 38선을 중심으로 한반도를 소련과 미국이 분할해 점령한 상황에서 50년 동안 신탁통치를 한다는 것은 결과적으로 50년간 분단시켜놓겠다는 뜻이기도 했다.

1945년 12월 모스크바 3상회의에서 논의 끝에 신탁통치 기간은 5년으로 줄었고 실제 실행된 신탁통치 기간은 3년이었지만, 결국 이 3년의 신탁통치가 분단을 고착화하는 결과를 낳았다. 말하자면 미국의 분할점령안과 신탁통치안이 한반도의 분단을 가져왔다는 뜻이다. 따라서 미국이 애초부터 '분할＋신탁통치＝분단'이라는 등식을 성립시켰을 가능성이 아주 농후하다.

그렇다면 다시 이해관계의 관점으로 돌아가보자. 분할이 곧 분단을 의미한다면 분단을 통해 미국이 취할 수 있는 이익이 있어야만 한다. 그것이 이해관계의 시각에 부합하는 일이다. 분할이 분단임을 알았고 분할을 미국이 먼저 계획한 것이라면 분단 또한 미국의 치밀한 계획 아래 추진된 것으로 보아야 마땅하다. 그렇다면 이 치밀한 계획을 통해 미국은 무엇을 얻고자 했는가?

미국이 한반도를 지배하려는 목적은 두 가지였다. 첫 번째는 소련과 중국의 위협으로부터 일본을 지키기 위함이고, 두 번째는 소련과 중국을 견제하기 위한 전략상의 요충지를 얻기 위해서였다. 이 두 가지 이유로 미국은 한반도에 미군 기지를 건설하여 한국을 소련과 중국의 위협을 막는 완충지대로 활용하고자 했다. 그런데 한반도 전체를 차지하면 너무 많은 부담을 안게 된다.

미국이 분단이 아닌 한반도 전체를 지배하면 어떤 부담이 생길까? 그것은 대략 세 가지 정도로 요약될 수 있다.

첫째로 비용 부담이 너무 크다. 만약 한반도 전체를 미국이 지배하고, 또 그런 상황에서 한반도에 미군 기지를 두면 미군은 졸지에 중국과 소련이라는 두 대국과 동시에 대치하는 상황이 된다. 그러면 한반도에 주둔시켜야 할 병력이 적어도 수십만은 되어야 하는데, 그 비용이 부담스러울 수밖에 없다.

둘째는 전쟁 위험에 대한 부담이다. 미국이 한반도를 안정적으로 장악하기 위해서는 소련과 중국 양국의 접경 지역에 미군을 주둔시켜야 하는데, 이것은 자칫 전쟁으로 이어질 가능성을 키울 수 있다. 혹 예측하지 못한 국지전이라도 벌어지는 날엔 중국과 소련, 두 대국을 상대로 전쟁을 치러야 하는 사태가 벌어질 수도 있기 때문이다. 따라서 분단은 이런 중국, 소련과의 직접적인 군사 대립을 피하기에 가장 요긴한 수단으로 기능한다.

셋째는 좌익 세력의 저항에 대한 부담이다. 당시 한국 사회는 좌익과 우익 세력이 뒤섞인 상태였다. 이 상황에서 한반도 전체를 미국식 자본주의 체제로 만들자면 우익 정권을 세워야 하는데, 그러면 좌익 세력의 강한 저항에 부딪힐 수밖에 없다. 이미 중국에서 좌익과 우익의 극렬한 투쟁이 벌어지고 있었던 만큼 염려하지 않을 수 없는 일이었다. 특히나 농업국가인 한국의 현실을 감안할 때 좌익 성향의 국민이 대다수를 차지할 공산이 컸다. 따라서 좌익의 저항을 줄이고 동시에 안정적으로 남쪽을 지배할 수단으로 분단을 택했을 가능성이 크다. 말하자면 좌익에 38선 북쪽을 내줌으로써 남쪽에 우익 정권을 확립하는 데 더 유리한 환경을 조성하기 위한 차원에서 분단이 필요했다는 뜻이다.

이 세 가지 부담을 줄이는 것 외에 분단이 주는 또 다른 이익이 있었다. 한반도를 냉전의 완충지대로 활용할 수 있다는 점이다. 제2차 세계대전 이후, 세계는 소비에트와 자본주의 국가로 재편되었다. 그 중심에 소련과 미국이 있었고 양대 세력의 패권 다툼은 필연적이었다. 흔히 말하는 좌우 냉전 시대가 열린 것이다.

이 냉전의 시대에 소련과 미국이 직접 부딪치는 것은 제3차 세계대전을 유발할 가능성이 컸다. 미국이나 소련 양쪽 모두 이런 극단적인 결과는 원하지 않았다. 그래서 완충지대로 선택된 곳이 유럽에선 독일이었고, 극동에서는 한국이었던 것이다. 특히 극동의 상황은 변수가 많았다. 중국에서 공산당과 국민당의 투쟁 결과가 어떻게 될지 알 수 없었던 탓이다. 만약 중국이 모두 소비에트 세력에 넘어간다면 유럽보다는 극동의 긴장이 훨씬 높아질 상황이었다. 이런 상황에서 한국이 남과 북으로 나뉘어 대립함으로써 미국과 소련의 대리전 양상을 띠는 것은 미국이나 소련에게 나쁠 것이 없었다. 미국으로서는 굳이 소련과 직접 싸우지 않고도 한반도 내에 미국의 전략기지를 유지할 수 있는 묘안이었고, 소련으로서도 미국을 직접 상대하지 않고 미국의 태평양 지배권을 위협할 수 있는 방책이었기 때문이다.

이렇듯 분단은 한반도 전체를 지배하는 것보다 여러 면에서 미국에 유리했다. 따라서 전적으로 미국의 이해관계 차원에서 보자면 한반도 분단은 미국의 이익에 매우 부합하며 전략상의 목표를 실현하는 데도 용이한 수단이었다. 바로 일본을 안정적으로 지배하고 소련과 중국을 효과적으로 견제하기 위해 한반도의 분단이 꽤 요긴했다는 뜻이다.

친일파 부활의 디딤돌, 미군정

1945년 9월 4일 인천 앞바다에 미국의 7함대가 밀려왔다. 하지 중장이 이끄는 미군 제24군단이었다. 그로부터 3일 뒤인 9월 7일 미육군 총사령관 더글러스 맥아더의 포고령이 떨어졌다.

조선 인민에게 고함.

태평양 방면 미국 육군부대 총사령관으로서 나는 이에 다음과 같이 포고함.

일본국 정부의 연합국에 대한 무조건 항복은 두 제국 군대 간에 오랫동안 속행되어온 무력투쟁을 끝냈다. 일본 천황의 명령에 의하여 그를 대표하여 일본국 정부와 일본 대본영이 조인한 항복문서 내용에 의하여 나의 지휘하에 있는 승리에 빛나는 군대는 금일 북위 38도 이남의 조선 영토를 점령한다.

조선 인민의 오랫동안의 노예 상태와 적당한 시기에 조선을 해방 독립시키라는 연합국의 결심을 명심하고 조선 인민은 점령 목적이 항복 문서를 이행하고 자기들의 인간적 종교적 권리를 보호함에 있다는 것을 새로이 확신하여야 한다.

조선과 조선 주민에 대하여 군사적 관리를 하고자 다음과 같은 점령 조건을 발표한다.

제1조 북위 38도 이남의 조선 영토와 조선 인민에 대한 통치의 전 권한은 당분간 나의 권한하에서 시행한다.

제2조 정부의 전 공공 및 명예 직원과 사용인 및 공공복지와 공공위생을 포함한 전 공공사업 기관의 유급 혹은 무급 직원 및 사용인과 중요한 사업에 종사하는 기타의 모든 사람은 새로운 명령이 있을 때까지 그의 정당한 기능과 의무를 실행하고 모든 기록과 재산을 보존 보호해야 한다.

제3조 모든 사람은 급속히 나의 모든 명령과 나의 권한하에 발한 명령에 복종하여야 한다. 점령 부대에 대한 모든 반항 행위 혹은 공공안녕을 문란케 하는 모든 행위에 대하여는 엄중한 처벌이 있을 것이다.

제4조 제군의 재산 소유 권리는 존중하겠다. 제군은 내가 명령할 때까지 제군의 정당한 직업에 종사하라.

제5조 군사적 관리를 하는 동안에는 모든 목적을 위하여 영어가 공식 언어다. 영어 원문과 조선어 혹은 일본어 원문 간에 해석 혹은 정의에 관하여 어떤 애매한 점이 있거나 부동한 점이 있을 때에는 영어 원문이 적용된다.

제6조 새로운 포고, 포고 규정 공고, 지령 및 법령은 나 혹은 나의 권한하에서 발출될 것으로 제군에 대하여 요구하는 바를 지정할 것이다.

포고령 속에 보이듯이 미군은 38선 이남을 점령하고 통치하려는 목적으로 한반도에 진주했다. 그리고 곧장 총독부로 진군하여 일장기를 내리고 성조기를 올렸다. 태극기가 아닌 성조기를 달았다는 것은 미군이 해방군이 아니라 점령군임을 의미했다. 이후 38선 이남에선 2년 11개월 동안 미군정 시대가 전개된다.

길다면 길고 짧다면 짧은 이 3년의 미군정 시대는 굴곡과 상처로 얼룩진 채 치유하기 힘든 고질병을 안고 태어난 한국 현대사의 자궁 역할을 수행하게 된다. 또한 맥아더 포고령은 그 자궁의 양분을 강제로 전해주는 탯줄이 되었다.

미군정은 맥아더 포고령 제2조에 따라 일제에 부역하던 경찰과 법관, 검찰, 공무원 들을 모두 복귀시켰다. 친일 세력을 모두 불러 들여 친미 세력으로 변모시킨 격이었다. 미군정은 그들을 앞세워 좌익 제거 작전에 돌입했고, 친일 세력은 미군정을 등에 업고 반공의 선봉에 섰다. 미군정의 1차 목표는 어떻게 해서든 하루빨리 좌익을 제거하고 전국을 미군의 통제 아래 두는 것이었다. 이를 위해 친일 세력의 전위부대인 일제 경찰을 부활시켰다.

일제강점기 시절에 조선인으로서 경찰 생활을 한 자들은 8,000명 정도였다. 이들은 해방 직후 거의 와해되어 잠적한 상태였다. 그러나 미군정이 그들 중 5,000명 이상을 재기용하였고, 특히 경찰 간부 대다수를 일제 경찰 출신으로 채웠다.

이에 대해 우익이 결집하여 만든 정치 세력인 한국민주당(한민당)은 눈을 감거나 동조했다. 한민당은 좌익을 제거하는 데에만 눈이 멀어 친일 경찰은 물론 친일 행각을 벌인 정치인에 대해서도 눈을 감았다. 이는 한민당의 태생적 한계였다. 한민당 요인들은 대다수가 유학파 지식인이었고, 당시 지식인들 상당수가 지주나 자본가, 친일 인사나 언론인이었기 때문이다. 따라서 그들은 내부에서 친일 인사를 가려낼 경우, 자신의 아버지나 형제 친구나 동지, 그리고 자신에게까지 칼을 겨누는 결과가 될 것이라는 사실을 알고 있었다. 그렇듯 한민당 내부에 친일 세력이 득실거렸으니, 미군정이 친일 세력을 부활시키는 데 동조한 것은 어쩌면 당연한 일이었다.

미군정은 한민당 세력을 대거 요직에 앉힌 터였다. 경무국장 조병옥, 수도경찰청장 장택상, 검찰총장 이인, 대법원장 김용무 등이 대표 인사였다. 이로써 해방 직후에 몸을 숨겼던 친일파는 미군정의 후원과 한민당의 방조 아래 완전히 권력의 핵심이 되어 부활했다. 한국 현대사의 자궁 역할을 했던 미군정이 친일파 부활의 디딤돌이 되었으니, 한국 현대사는 시작부터 친일파의 피를 뒤집어쓰고 태어난 셈이었다.

애치슨 선언과 6·25 전쟁, 그리고 주한 미군

생뚱맞은 애치슨 선언

1948년 8월 15일 남한에서 단독정부가 수립되면서 3년간의 미군정 시대가 끝났다. 또한 북한에서도 9월 9일 조선민주주의인민공화국이 선포되면서 소련 군정도 끝이 났다. 남쪽엔 이승만의 친미 정권이, 북쪽엔 김일성의 친소 정권이 들어섰다. 물론 미소 양국이 의도한 결과였다. 어쨌든 이로써 미국과 소련은 더 이상 신탁통치를 유지할 명분이 사라졌고, 동시에 군대를 철수해야 할 입장이었다.

군대 철수에 먼저 나선 쪽은 소련이었다. 소련은 해방 당시 13만 군대를 북한에 주둔시켰지만, 1946년부터 부분 철수를 시작하여 북한 정부 수립 이전인 1948년 여름쯤엔 4만 병력만 남겨뒀다. 그리고 그해 9월 9일에 김일성 정권이 수립되자, 김일성의 요청에 의해 빠르게 철수를 시행했다. 10월 12일부터 본격적인 작업에 들어가더니 12월 25일에 완전히 철수했다.

한편, 남한에서 미군의 철수도 본격화되고 있었다. 해방 당시 한반도에 진주한 미군은 하지 중장 휘하의 제24군단 소속 7만 병력이었다. 이 병력은 1948년 9월 15일에 철수를 시작했는데, 이승만은 남한의 군대가 증강될 때까지 철수를 연기해줄 것을 강력히 요청했다. 그 때문에 철수 작전이 몇 달 연기되었는데, 김구가 외국군의 철수를 강력하게 요청하고 국회에서 외국군 철퇴 결의안이 발의됨에 따라 1949년 1월 초에 미군 철수 작전이 본격화되었다. 7사단과 6사단이 미국으로 돌아갔고, 1월 중순엔 제24군단 사령부가 일본으로 이동했다. 그리고 6월 29일 제5연대 전투단이 철수함으로써 500여 명의 군사고문단만 남았다.

이렇듯 남과 북에서 미군과 소련군이 철수하고 있을 당시 38선에서는 격렬한 대치 상황이 전개되었다. 38선 부근에서 남북 군대가 충돌하기 시작한 것은 1947년부터였고, 이듬해 남북에 단독 정부가 수립된 이후부터는 충돌이 더욱 잦아지고 형태도 아주 극렬해졌다. 남과 북에서 미군과 소련군이 철수한 뒤에는 거의 전쟁 상황을 방불케 할 정도로 자주 부딪쳤다. 1949년 한 해에만 100여 차례 무력 충돌이 벌어졌고, 그해 8월에는 700명이 넘는 사상자가 발생할 정도였다. 거기다 남쪽에선 좌익 세력에 대한 소탕 작전이 본격화되었다. 1948년 4월, 제주에서 4·3 사건이 발발한 이후 여순 사건이 터졌고, 이어 지리산에서는 빨치산 토벌 작전으로 수천 명의 좌익 세력이 궤멸되었다. 그야말로 선전포고만 하지 않았을 뿐 한반도는 이미 전쟁의 소용돌이 속으로 빨려들고 있었다.

설상가상으로 1949년 10월 중국에 마오쩌둥의 공산당 정권이 들어섰다. 마오쩌둥이 국민당을 이끌던 장제스와 내전을 벌인 끝에 국민당 군대를 타이완으로 내쫓고 중국 대륙을 차지한 것이다. 이때 마오쩌둥 휘하의 인민해방군 내에는 조선인 부대 수만 명이 예속되어 있었는데, 이들은 승전이 확실해지자 북한으로 귀환했다. 덕분에 김일성은 전쟁 경험이 풍부한 군 병력을 갖추게 되었다.

이런 상황에서 미국은 다소 생뚱맞은 선언을 내놓았다. 1950년 1월 10일 미국 국무장관 딘 애치슨이 상원 외교위원회의 비밀회담에 참석하여 '미국의 극동 방위선은 타이완의 동쪽, 즉 일본 오키나와와 필리핀을 연결하는 선'이라고 말했고, 이틀 후인 1월 12일엔 상원 외교위원장 톰 코널리가 이를 대외적으로 발표해버렸다. 이어 국무장관 애치슨이 직접 나서서 언론을 상대로 '아시아의 위기'란 제목의 연설을 하면서 톰 코널리의 발언을 재확인했다. 미국 정부가 나서서 미국의 태평양 방위선을 알류샨열도부터 일본과 오키나와, 필리핀에 한정한 것이다. 이는 미국의 방위선에서 한반도와 타이완, 인도차이나반도를 제외한 것으로, 소련이나 중국이 한반도와 타이완, 인도차이나에서 무슨 짓을 해도 상관하지 않겠다는 뜻이었다.

이른바 '애치슨 선언'으로 불리는 미국의 이 조치는 굳이 대외에 발표할 필요 없이 비밀로 유지해야 할 전략의 하나였다. 그럼에도 미국 정부와 의회를 대표하는 국무장관과 상원 외교위원장이 직접 나서서 굳이 이 비밀 전략을 대외에 공개한 의도는 무엇이었을까? 심지어 애치슨은 자청하여 언론을 상내로 언설까지 했다.

애치슨의 이 생뚱맞은 행동을 두고 어떤 학자들은 당시 미국이 한반도 및 인도차이나를 전략적으로 중시하지 않았기 때문이라고 해석한다. 하지만 이는 너무 순진한 해석이다. 미국 정부의 대외 전략을 지나치게 과소평가했다는 뜻이다. 설사 미국이 한반도 및 인도차이나를 중시하지 않았다고 하더라도 굳이 그 속내를 드러낼 이유가 없었던 까닭이다.

애치슨 선언에 숨겨진 노림수

도대체 애치슨 선언이 미국에게 어떤 이익을 줄 수 있는가? 적어도 미국 상원과 정부가 동시에 나서서 대외적으로 알릴 내용이라면 미국에게 이익이 될 만한 것이어야 한다. 만약 미국이 내심 태평양 방위선에서 한반도와 인도차이나를 제외했다손 치더라도 굳이 알려서 미국에 이로울 것은 없었다. 그냥 아무 말도 하지 않는 것이 훨씬 이익이 크다. 그런데 왜 굳이 정부와 의회가 동시에 나서서 미국은 한반도와 인도차이나가 어떻게 되든 간여하지 않겠다고 선언한 것일까? 만약 미국이 이 지역에 간여하지 않으면 중국과 소련의 영향력 아래 들어갈 것은 뻔한데 말이다.

미국은 당시 애치슨 선언을 통해 한반도, 인도차이나, 타이완 등을 미국의 태평양 방위선에서 제외했다고 했다. 그런데 실제 미국이 방위선에서 제외한 지역은 한반도 하나뿐이었다. 인도차이나와 타이완을 함께 거론한 것은 일종의 물타기였다. 목표는 한반도였지만, 그 사실을 숨기기 위해 인도차이나와 타이완을 끼워 넣었다는 뜻이다. 이는 당시 인도차이나와 타이완의 상황을 살펴보면 쉽게 확인된다.

당시 인도차이나는 미국의 간여가 필요 없는 곳이었다. 인도차이나엔 베트남, 캄보디아, 미얀마, 라오스, 타이 등 다섯 나라가 있다. 애치슨 선언이 있었던 1950년 초 이들 나라의 상황을 살펴보면, 베트남은 프랑스와 전쟁 중이었고, 캄보디아는 프랑스의 식민국이었다. 또 미얀마는 영국이 지배했고, 라오스 역시 프랑스의 영향력 아래 있었으며, 타이는 자력으로 독립국 지위를 유지하고 있었다. 따라서 당시 인도차이나는 영국과 프랑스의 영향력 아래 있었기 때문에 미국이 태평양 방위선으로 삼을 이유가 없는 지역이었다. 만약 당시에 미국이 이곳에 영향력을 행사할 수 있는 입장이었다면 당연히 간여했을 것이다. 그것은 훗날 미국이 통킹만 사건으로 베트남 전쟁을 일으킨 사실을 통해서도 확인된다.

더불어 미국이 태평양 방위선에서 타이완을 제외한 것은 너무나 당연한 일이다. 타이완은 중국 땅이기 때문에 타이완을 방위선으로 삼으면 중국과의 일전이 불가피해진다. 더구나 당시 중국은 내전을 겪고 있었고, 중국 본토에서는 마오쩌둥의 인민해방군이 승리한 상황이었다. 타이완에 장제스의 국민당 패잔병들이 집결한 상황에서 미국이 타이완을 태평양 방위선에 포함시킨다는 것은 중국과 전쟁을 하자는 말이나 마찬가지였다. 그러므로 미국의 태평양 방위선에서 타이완이 제외되는 것은 너무도 당연했다.

이렇게 볼 때, 애치슨 선언에 의해 실질적으로 미국의 태평양 방위선에서 제외된 곳은 한반도가 유일했다. 즉, 애치슨 선언의 목적은 한반도를 미국의 태평양 방위선에서 제외했다고 세계에 알리려는 것뿐이었다.

6·25 전쟁과 주한 미군

자, 그러면 다시 미국의 이해관계 관점에서 이 문제를 살펴보자. 한국을 미국의 방위선에서 제외했다고 만방에 공표하는 것이 미국에 어떤 이익을 줄 수 있을까?

우선 사실들을 나열해본다. 미국이 애치슨 선언을 공표하자, 바로 5개월 뒤인 6월 25일 한반도에서 전쟁이 발발했다. 그리고 다음 날 주미 한국대사 장면은 미국 대통령 트루먼을 만나 파병을 요청했다. 트루먼 대통령은 즉각 참전을 결정하고 6월 30일에 극동군 사령관 맥아더에게 북한에 대한 공격 명령을 내렸다. 이는 의회의 동의도 없이 대통령 해외파병권에 따른 명령이었다. 제2차 세계대전과 훗날의 베트남 전쟁 참전이 모두 의회의 결정임을 감안한다면 매우 예외적인 조치였다. 그리고 7월 1일, 미군이 부산에 상륙했다.

이런 일련의 사실들에 근거할 때, 애치슨 선언이 6·25 전쟁을 유발했다는 비판을 면할 수 없다. 또 미국 정부나 트루먼 대통령의 즉각적인 조치를 감안하면 미국은 이미 전쟁을 예상했음을 알 수 있다. 파병 결정이 전쟁이 발발한 다음 날에 이뤄졌고, 발발 5일 만에 파병이 실행되었으며, 발발 6일 만에 미군의 한반도 진입이 성사됐다. 그것이 의회 동의 절차도 거치지 않고 대통령이 단독으로 취한 조치임을 고려하면 미국 정부가 6·25 전쟁을 예상했거나 기다리고 있었음을 짐작할 수 있다.

6·25 전쟁에 미국이 즉각 개입한 것도 애치슨 선언에 배치되는 행동이다. 애치슨 선언을 통해 한반도를 태평양 방위권에서 제외했다면 전쟁에 개입하는 것 자체가 앞뒤가 맞지 않는 행동이다. 물론 유엔의 결의가 있었다는 핑계가 있긴 했다. 하지만 당시 유

엔은 미국이 주도한 데다, 트루먼의 전쟁 개입 결정은 유엔의 결정 이전에 이미 이뤄진 일이었다. 따라서 애치슨 선언이 6·25 전쟁을 유발했다는 비판이 더욱 설득력을 얻는다. 애치슨 선언이 북한의 김일성에게 한반도에서 전쟁을 일으켜도 된다는 일종의 시그널로 작용했다는 뜻이다. 따라서 애치슨 선언의 목적은 하나로 귀결된다. 바로 한반도에서 전쟁을 유발하려는 의도였던 것이다.

도대체 왜 미국은 한반도에 전쟁을 일으켜야만 했을까? 무슨 이익을 기대하고 벌인 일일까? 이 물음에 대한 대답은 명확하다. 처음 미군이 한반도에 진입한 목적과 다르지 않기 때문이다.

앞서 말한 것처럼 미국은 한반도의 분할과 신탁통치, 그리고 분단을 원했다. 한반도에 군사 주둔지를 확보하여 일본 열도를 안정적으로 지배하고 소련과 중국을 효과적으로 견제하기 위해서였다. 하지만 미군은 신탁통치가 끝났기 때문에 소련과의 합의에 따라 철수할 수밖에 없었다. 그렇다면 다시 미군이 한반도에 진주할 방도는 무엇이었을까? 그것도 아주 당당하게 환영을 받으며 한반도로 들어갈 방도는 무엇이었을까? 과연 전쟁만큼 확실한 것이 있었을까? 따라서 애치슨 선언의 목적은 전쟁 유발이고, 전쟁 유발의 목적은 한반도 내에 미군 주둔지를 확보하는 것이었다. 6·25 전쟁 이후 무려 70년 동안 미군이 한반도에 계속 주둔하고 있다는 사실이 그 점을 방증하고도 남는다.

이렇듯 미국은 한국 땅에 미군을 주둔시키기 위해 전쟁까지 유발했고, 전쟁 중에 자국 군인 수만 명을 희생시켰으며, 엄청난 전쟁 비용과 전후 복구 비용까지 부담했다. 이 모든 것이 세계의 패권을 쥐기 위한 미국의 전략 기지 구축 차원에서 이뤄진 일이었다. 그럼에도 불구하고 미국은 간간이 한반도에서 주한 미군을 철수하겠다는 으름장을 놓곤 하였다. 이는 물론 한반도에 전쟁의 공포를 불어넣기 위한 일종의 공갈이자 협박이었다. 그 많은 희생과 비용을 치르고 얻은 전략 기지에서 스스로 물러난다는 것이 가당키나 한 일이겠는가? 혹 미국에서 한국의 수호천사를 자처하는 인물이 대통령이 된다고 하더라도 결코 주한 미군이 철수하는 일은 일어날 수 없다는 뜻이다.

특이하게도 트럼프는 백악관 입성 전부터 주한 미군을 철수해야 한다는 말을 공공연히 하고 다녔다. 만약 트럼프가 그 말을 실행하려 한다면 대다수 미국 정치인은 그를 정신 나간 인간이라고 몰아세울 것이다. 단언컨대 미국은 어떤 상황에서도 주한 미군을 철수하지 않을 것이다. 심지어 한국이 나가라고 해도 결코 나가려 하지 않을 것이 분명하다. 패권적 측면은 물론이고 안보 면이나 경제 면에서도 한반도에 미군을 주둔시키는 것은 엄청난 실익이 되는데, 이런 이익을 내버리고 떠날 미국이 아니다.

4·19냐, 5·16이냐?

미국은 4·19 혁명을 원했을까, 5·16 군사정변을 원했을까? 얼핏 보면 황당한 질문 같지만 한국을 대하는 미국의 입장을 이해하는 데 이보다 명징한 물음은 없을 것이다. 그리고 이 물음에 대한 답을 먼저 하자면 미국은 확실히 4·19보다는 5·16을 원했다. 미국이 5·16을 원했다는 것은 5·16 당시 미국 정부의 태도를 통해 어렵지 않게 확인할 수 있다.

5·16 군사정변은 1961년 5월 16일 새벽에 일어났다. 주모자는 당시 제2군 사령부 부사령관이던 박정희 소장이었고, 예비역 중령 김종필 등 육사 8기, 박치옥 대령 등 육사 5기, 해병대 출신 예비역 소장 김동하와 그를 추종하는 일부 군인들이 핵심 동조 세력이었다.

박정희가 동원한 병력은 제2군 예하 6군단 포병대와 해병대, 제1공수 특전단이었다. 총병력은 장교 250여 명과 부사관 및 사병 3,500여 명이었다. 이들은 당일 새벽을 기해 한강 인도교를 건넌 후 순식간에 서울의 주요 기관을 점령함으로써 쿠데타에 성공했다.

박정희는 5·16 이전에도 두 번이나 쿠데타를 모의한 전력이 있었다. 첫 번째는 6·25 전쟁 중이던 1952년에 이승만의 발췌 개헌에 반발하여 피란지인 부산에서 이용문 준장과 함께 모의했으나 동조 세력을 얻지 못해 미수로 끝났다. 두 번째는 1960년 3·15 부정 선거 이후 이승만 정권에 대해 국민의 비난 여론이 비등하자 그해 5월 8일을 거사일로 잡고 쿠데타를 계획했으나 시민혁명의 성공으로 실행에 옮기지 못했다. 그리고 1961년 5월 16일에 세 번째로 쿠데타를 시도하여 마침내 성공한 것이다.

그러면 5·16 당시 미국은 어떤 태도를 취했을까? 우선 미국 대사관은 장면 총리의 도움 요청에 응하지 않았고, 미국 국무부는 불개입원칙을 고수했다. 그러면서도 군사작전권을 쥐고 있던 주한 미군 사령관과 주한 미국 대사는 장면 총리를 지지한다는 성명을 발표하고, 박정희를 압박하는 모양새를 취했다. 하지만 그것은 요식 행위일 뿐이었다. 그들은 다만 책임을 회피하기 위해 대통령 윤보선에게 동의만 하면 군대를 움직이겠다는 말만 반복했을 뿐 실제론 반란군을 진압할 의도가 없었다. 심지어 미국 대사관은 장면과 전화 통화를 지속하면서도 장면의 도움 요청을 이런저런 말로 회피했고, 장면에게 책임을 전가할 방도만 모색하고 있었다.

사실 미국은 이미 오래전부터 군부 정권이 들어서길 원했다. 실제로 미국은 1952년에도 야당과 군부를 이용하여 쿠데타를 일으킬 계획을 세운 적이 있었다. 이승만과 자주 갈등을 일으키던 미국은 이승만을 제거하고 장면을 그 자리에 앉히려 했고, 그런 첩보를 접한 한국 군부가 쿠데타를 일으켜 장면을 총리로 앉히려는 시도를 하였다. 박정희가 처음으로 쿠데타 계획을 준비한 것도 바로 이때였다. 당시 쿠데타 계획의 중심은 이용문 준장이었고, 박정희는 이용문의 수하로서 계획에 동조했다. 이때 이용문은 장면의 비서를 지낸 선우종원과 접촉하여 장면에게 자신들의 계획을 알릴 것을 요청했으나 선우종원은 수단과 절차가 민주적이지 못하다며 동조하지 않았다. 그래서 쿠데타 계획이 장면에게 전달되지 않았고, 미국의 이승만 제거 계획도 무산되었다.

미국의 쿠데타 계획은 이 사건 하나만이 아니다. 미국이 장면 정권을 전복하고 육군 참모총장 장도영을 앞세워 쿠데타를 계획했는데, 이것이 바로 4·19 체제를 무너뜨리려던 크레퍼 사건이다. 크레퍼 사건은 미국 정보 기관의 대령 크레퍼가 미국 정부를 대신하여 장도영에게 쿠데타를 종용한 사건이다. 비록 실현되지는 않았지만 크레퍼 사건은 박정희 쿠데타 이전에 계획되었다가 철회된 음모였다. 이 음모가 4·19 직후에 일어났다는 것은 미국이 4·19를 원하지 않았음을 단적으로 증명한다.

이런 사실은 미국이 민주적 절차보다는 한국을 손아귀에 넣는 것에 더 집착했음을 보여주는 중요한 증거다. 미국은 한국의 정부가 민주적이든 독재를 하든 상관없이 한국을 효과적으로 통제하고 지배하기만을 원했던 것이다.

박정희의 반란 사건에 대해 미국 국무부가 불개입 지시를 내린 것도 군부가 정권을 장악하는 것이 미국에 훨씬 유리한 국면

이 조성될 수 있다고 판단했기 때문일 것이다. 심지어 미 국무부는 쿠데타 이후 박정희가 취한 일련의 반공 조치에 대해 고무적인 처사라고 칭송하는 말까지 했다. 이렇게 볼 때, 미국은 박정희의 반란을 사전에 인지하고서도 예방은커녕 오히려 지지하고 후원했을 것이다.

미국이 박정희의 쿠데타를 지원한 증거는 또 있다. 미국 중앙정보부CIA 국장 델레스는 1964년 5월 3일 영국 BBC 텔레비전에 출연하여 연설 도중 이런 말을 했다.

"내가 재직 중에 CIA의 해외 활동에서 가장 성공한 것이 바로 이 혁명(5·16 군사정변)이다. 미국의 일부 지도자가 지지하고 있던 장면 내각은 이승만 정권을 타도한 민중의 기대에 부응하지 못했고 참 위험한 순간이었다. 만약에 미국이 아무것도 안 했더라면 민중은 공산주의 선전에 말려들어 남북통일을 요구하는 폭도들을 지원했을지도 모른다."

델레스의 이 연설은 미국이 CIA를 동원하여 5·16을 지원했다는 것을 자백한 것이나 진배없다.

이렇듯 미국은 근본적으로 4·19 혁명을 질서의 혼란으로 판단하고 5·16 군사정변은 질서의 정립으로 여겼다. 미국은 4·19와 5·16을 질서와 통제의 측면에서 바라보았을 뿐, 한국의 민주주의 같은 것에는 전혀 관심이 없었다. 미국의 이런 기조는 미군정 시절부터 일관된 것이었다. 미군정이 친일 세력을 부활시킨 것도 바로 이런 정책 기조에서 나왔다.

미국이 이러한 정책 기조로 한국 사회를 이끈 것은 어떤 방식으로 형성되었든 질서가 지배에 용이하기 때문이다. 미국은 한국을 효과적으로 지배하는 일이라면 그 수단이 무엇이든 크게 개의치 않았다. 미국이 5·16을 원한 것도 바로 군부 통치가 한국을 효과적으로 지배하는 데 도움이 된다고 판단한 데 따른 것이다.

미국이 군부 통치를 원했다는 것은 5·16뿐 아니라 전두환의 신군부독재 체제를 옹호한 것에서도 드러난다. 박정희가 김재규에 의해 암살된 10·26 사건 이후 전두환 등의 하나회 소속 신군부가 12·12 군사반란을 통해 권력을 장악했을 때, 미국은 전두환을 지지했다. 거기다 신군부 체제에 반기를 들고 일어난 5·18 광주 민주화 운동 당시에는 한미연합사령부 사령관 존 위컴이 연합사 소속 부대를 광주에 투입하는 것을 동의하기까지 했다. 이는 명백히 미국 정부가 전두환의 신군부 정권을 옹호했음을 확인시켜준 일이다.

미국은 이처럼 해방 이후 지속적으로 한국을 손아귀에 움켜쥐는 것에만 몰두했다. 그러니 4·19 혁명이 달가웠을 리 없다. 4·19를 통해 민주화가 가속화되면 당연히 국민의 힘이 강해지고, 국민의 힘이 강해지면 한국에 대한 미국의 영향력은 약화될 수밖에 없다. 이 때문에 미국은 4·19 체제를 와해시키고 5·16 체제를 구축했던 것이다.

늘 일본 편만 드는 미국

2019년 10월 2일, 미 국무부는 '미국의 소리VOA'를 통해 "한국과 일본 간 최근의 의견 충돌을 고려할 때 리앙쿠르 암초Liancourt Rocks(독도)에서 행하는 군사 훈련의 시기, 메시지, 늘어난 규모는 현안 문제를 해결하는 데 생산적이지 않다"고 했다.

미 국무부의 이 발언은 노골적으로 일본을 두둔하는 입장을 보이고 있다. 미국이 독도 문제와 관련해서 일본 편을 든 것은 어제오늘 일이 아니다. 사실, 오늘날 한일 간에 독도 영유권 문제가 생긴 것도 따지고 보면 미국 탓이 크다.

일본은 패망 이후 미국과의 협상 과정에서 독도를 내놓지 않기 위해 갖은 방법을 동원했다. 심지어 일본은 독도를 일본령으로 남겨주면 미국의 폭격 연습장으로 내놓겠다고 했고, 미국은 이 제의를 수용했다. 이후 독도는 정말 미국의 폭격 연습장이 되었다.

일본이 이와 같은 제의를 한 것은 1947년이었다. 당시 미국과 일본은 패망 전 일본이 차지하던 각국의 영토에 대한 협상조약의 초안을 작성한 상태였다. 이때 작성된 초안의 제1장 4조엔 한국의 영토에 대한 권리를 다음과 같이 규정했다.

"일본은 한국에 대한 모든 권리right와 권원title을 포기하고, 울릉도와 독도(리앙쿠르 암초), 거문도 등을 포함한 모든 한국 해안 섬들을 포기한다."

이 초안에 따르면 분명히 독도는 한국에 반환될 예정이었다. 하지만 일본과 미국의 야합 후, 1951년의 샌프란시스코 강화조약에서는 다음과 같이 변경되었다.

"일본은 한국 독립을 인정하면서 퀠파트(제주도)와 해밀턴 항구(거문도), 다즐레(울릉도) 같은 여러 섬을 포함하는 한국에 대한 모든 권리, 권원과 청구권을 포기한다."

1947년에 작성된 초안에서 독도만 쏙 빼버렸던 것이다. 일본이 독도를 '다케시마'라고 우길 근거를 미국이 제공한 셈이다. 물론 조약 당시 한국 대표는 초대도 받지 못했다. 더구나 6·25 전쟁이 한창인 상황이었다. 그런 때에 미국은 한국을 쏙 빼놓고 한국 영토 문제를 일본과 합의했다. 그러니 일본에 유리한 결과가 나온 것은 당연했다.

이후로도 미국은 독도 문제에 대해 항상 방관자 입장을 취하면서도 노골적으로 일본 편만 들어왔다. 미국이 독도 영유권 문제와 관련해서 일본 편을 들고 있다는 증거는 자명하다. 미국 CIA는《월드 팩트북》에서 동해를 일본해Sea of Japan로, 독도를 리앙쿠르 암초로 표기했고, 또 비록 민간 기업이지만 미국의 대표 IT 대기업 구글도 구글맵에 같은 이름으로 표기하고 있다. 이런 까닭에 미국에서 출간되는 대다수의 지도는 독도를 리앙쿠르 암초 또는 다케시마Takesima라고 표기하고 있다.

미국의 일본 편들기는 1965년의 한일 협정 과정에서도 노골적

으로 이뤄졌다. 한일 협정의 정식 명칭은 '대한민국과 일본국 간
의 기본관계에 관한 조약'으로 1965년 6월 22일에 체결되었다. 이
조약은 근본적으로 한국과 일본이 국교를 맺고 관계를 정상화하
는 데 목적을 두고 있었다.

　미국이 한국과 일본의 국교 정상화를 원한 목적은 두 가지였다.
첫째는 한국 지원에 따른 미국 정부의 재정 부담을 일본에 떠넘
기기 위한 것이었고, 둘째는 한미일 동맹 체제 구축에 있었다.

　당시 미국은 어떻게 해서든 한국에 대한 경제적 부담을 일본에
떠넘기려 했다. 이와 관련하여 1964년 미국 국가안보위원회는 다
음과 같은 내용의 보고서를 만들었다.

　　요즘 동북아의 가장 급선무는 한일 협정이다. 이는 병력을 감축
　　하는 것보다 미국의 재정 부담을 줄이는 더 좋은 방법이다. 우
　　리는 2,000만 인구의 한국에 매년 3억 달러 이상을 쓰고 있는데
　　그 끝이 보이지 않는다. 그래서 미국은 장기간에 걸친 부담을
　　나눌 수 있는 나라를 찾아야 하며, 그게 바로 일본이다. 한일 협
　　정이 맺어지면 6억 내지 10억 달러의 일본 자금이 한국에 들어
　　가게 될 것이다.

　　미국은 제2차 세계대전 이래 남한에 38억 달러 이상의 경제원
　　조와 28억 달러 이상의 군사원조를 쏟아부었는데, 우리의 모든
　　원조에도 불구하고 이 나라는 여전히 미국의 불안정한 의붓자

식^{unstable U.S. stepchild}이다.

우리는 1965년 한국에 3억 5,000만 내지 4억 달러의 원조를 계획하고 있지만, 결실이 나타나지 않는 지불을 계속할 수는 없다.

당시 미국은 한국의 전략적 가치는 중요하게 생각했지만, 한국에 들어가는 재정 문제로 골치를 앓고 있었다. 그래서 그 해결책의 일환으로 한일 국교 정상화를 서둘렀던 것이다.

이런 경제 문제 외에 미국의 안보 측면에서도 한일 협정은 필수적이었다. 미일 사이엔 이미 안전보장조약이 체결되었고, 한미 사이엔 군사원조협정을 맺었지만, 한국과 일본이 국교를 맺고 있지 않아 한일 사이는 군사 외교적으로 대립 관계인 상태였다. 미국은 이런 상황에서 빨리 벗어나 한일 사이에도 동맹 관계를 맺음으로써 한미일 동맹 체제를 구축하려 했다.

미국이 한미일 동맹을 구축하려던 의도는 북중러 동맹 체제에 대응하기 위함이었다. 미국은 소련과 중국의 영향력 확대를 막으려면 한미일 동맹 체제 구축이 필수라고 보았고, 이를 위해서는 무엇보다도 한일 간 국교 정상화가 급선무라고 판단했던 것이다.

이렇듯 경제와 안보 문제 때문에 미국은 샌프란시스코 강화조약 이후 지속적으로 한일 국교 정상화를 시도했다. 하지만 당시 일본 정부의 태도 탓에 한국인의 반일 감정은 높아만 갔다. 일본 정부는 식민 지배에 대한 배상액 부담을 줄이기 위해 '일본의 식민 지배가 한국에는 유익했다'는 식의 억지 주장을 하고 있었고, 심지어 당시 일본이 한국에 남긴 사유재산에 대해 한국이 일본에 보상해야 한다는 주장까지 펼쳤다. 이로 인해 이승만 정권 내내 한일 간에는 첨예한 감정 대립만 지속되었다.

미국은 민족주의 성향이 강한 이승만 정부에서는 한일 국교 정상화가 불가능하다고 판단하고, 6·25 전쟁 중에 쿠데타를 계획하여 이승만을 제거하려 했다. 하지만 쿠데타가 성사되지 못한 상황에서 이승만 정권이 이어졌고, 다시 4·19 혁명이 일어나자 민족주의 성향이 강화될 것을 우려한 끝에 5·16 군사정변을 후원하여 박정희 정권을 탄생시켰다. 이후 미국은 박정희에게 한일 국교 정상화를 주문했고, 결국 박정희는 미국의 압박을 이겨내지 못하고 한일 협정을 체결했다.

한일 협정은 근본적으로 미국의 강한 압박을 이기지 못하고 박정희 정권이 맺은 근시안적인 졸속 조약이기 때문에 한국에 매우 불리하고 굴욕적인 내용으로 채워졌다. 당시 박정희 정권이 미국의 압박에 시달릴 수밖에 없었던 것은 박정희 정권이 5·16 이후 지속적으로 일본 기업들에서 자금을 받아 쓴 사실을 미국 CIA가 간파하고 있었기 때문이다. 미국은 이를 약점으로 삼아 박정희 정권을 강하게 압박했고, 박정희 정권은 여러 불리한 조항에도 불구하고 서둘러 굴욕적인 한일 협정을 체결할 수밖에 없었다. 심지어 박정희는 1965년 5월 미국을 방문하여 한 달 뒤인 6월에 한일 협정 체결을 완료하겠다는 약속까지 하고 돌아왔다. 그리고 계엄령을 선포하면서까지 한일 협정 반대 여론을 무시한 채 6월 22일에 협정서에 조인했던 것이다.

한일 문제에서 미국의 일본 편들기는 '한일 일본군 위안부 협상'에서도 여실히 드러났다. 2015년 12월 28일, 박근혜 정부는 이른바 '일본군 위안부' 문제에 대해 일본과 협상, 타결함으로써 최종 종결을 약속했다. 물론 졸속이자 굴욕적인 타결이었다. 이 협상도 일본에 유리하게 이뤄졌고, 미국의 개입이 있었다. 그래서 영국 일간지 〈가디언〉은 2015년 12월 29일 기사에서 '일본과 미국의 승리'라고 단언했다. 〈가디언〉은 또한 '버락 오바마 미국 정부의 지속적이고, 때로 직설적인 압력의 결과'라고 덧붙였다. 그만큼 미국 정부가 '일본군 위안부' 문제와 관련하여 한국 정부에 강한 압박을 가해왔다는 뜻이다.

미국은 기본적으로 한일 간의 갈등이 한미일 동맹에 방해가 된다는 입장이다. '일본군 위안부' 문제를 바라보는 시각도 여기에 한정되어 있다. 그 때문에 오바마 행정부는 어떻게 해서든 이 문제를 빨리 떨쳐버리고자 했고, 박근혜 정부를 강하게 압박한 끝에 기어코 성사시켰던 것이다.

지소미아에 집착하는 미국의 진짜 의도

미국이 '일본군 위안부' 문제를 해결하고자 했던 목적은 지소미아General Security of Military Information Agreement. GSOMIA, 즉 한일 군사정보보호협정 체결에 있었다. 미국의 계획대로라면 지소미아 협정은 이명박 정부 말기인 2012년 6월 29일에 체결되었어야 했다. 당시 이명박 정부는 협정안을 국무회의에서 비공개로 의결했는데, 이 사실이 알려지자 일본과의 군사협정은 안 된다는 반발 여론이 거세게 일어나 협정 체결 예정 시간을 불과 1시간 반 앞두고 무산됐다. 이후 이 협정은 물밑에 잠복해 있다가 다시 박근혜 정부 말기인 2016년 11월 23일에 전격 체결되었다. 이때는 박근혜에 대한 국회의 탄핵 소추 의결을 불과 12일 앞둔 시점이었다. 그야말로 박근혜 정부가 식물 정부가 된 상황에서 일어난 돌발 사태였는데, 레임덕은 물론이고 쫓겨날 처지에 있던 박근혜 정부를 압박하여 얻어낸 미국의 쾌거였다고 할 수 있다.

묘하게도 지소미아 체결 시도는 이명박 정부와 박근혜 정부의 레임덕 기간에 이뤄졌다. 정권 말기, 그것도 한국 대통령의 힘이 거의 사라지고 약점이 노출된 시점에 미국은 협정을 추진했다. 말하자면 약할 대로 약해진 정권을 상대로 강한 압박 전략을 구사하여 한국 국민이 제대로 인식하지 못하는 사이 신속하게 진행하려 한 것이다. 그리고 결국 성공으로 이끌었다. 지소미아는 미국이 한국 집권 세력의 약점을 최대한으로 활용해서 거의 강압적으로 이뤄낸 협정이나 다름없었다.

그렇다면 미국은 왜 지소미아에 이렇듯 집착했을까? 그것은 미국의 오랜 숙원 사업과 밀접한 관련이 있다. 해방 이래 미국은 줄곧 한미일 군사동맹을 숙원 사업으로 삼아왔다. 그 대척점에는 북중러 군사동맹 체제가 있다. 즉, 한미일 군사동맹 체제는 북중러 군사동맹 체제와 대립 관계를 기본 전제로 하며, 이는 다시 한반도 분단 체제에 기초한다. 따라서 한미일 군사동맹 체제 구축은 곧 한반도 분단 체제의 유지를 의미하며, 이는 미국이 앞으로도 계속 한국을 전략 기지로 삼겠다는 뜻이다.

한국을 미국의 전략 기지로 묶어두기 위해서는 한미일 군사동맹 체제 구축이 필수적이다. 하지만 그동안은 한일 관계가 원만하지 못해 잘 성사되지 않았다. 초기에는 한일 국교 정상화 문제가 걸림돌이었고, 이후에도 독도 문제와 한일 간의 민족 감정 때문에 한일 간 군사동맹은 요원한 일이 되었다. 거기다 '일본군 위안부' 문제까지 더해졌다. 특히 '일본군 위안부' 문제는 한일 간의 가장 민감한 현안이었다. 이 때문에 미국은 선제적으로 이 문제부터 해결하려 했고, 결국 박근혜 정부를 압박하여 2015년 연말에 한일 일본군 위안부 협상을 성립시켰다.

이후 미국 정부는 서둘러서 한일 군사동맹 체제 구축에 나섰고, 그 결과가 바로 지소미아였다. 그것도 박근혜의 탄핵을 불과 며칠

앞두고 한국 정부를 강압하여 맺은 협정이었다. 협정의 성사로 한미일 군사동맹 체제 구축의 터 닦기 작업은 성공적으로 끝난 셈이었다. 이 때문에 한국이나 일본보다는 미국에 더 의미 있는 사건이었다. 미국이 지소미아를 한미일 군사동맹 체제 구축의 시발점으로 보는 까닭이다.

사실, 지소미아는 한국에겐 실익이 별로 없는 협정이었다. 겉으로 보면 일본에도 엄청난 실익이 있는 협정은 아닌 것처럼 보였다. 이 협상은 명목상으로 한국과 일본이 북한에 관한 군사정보를 주고받는 것이 목적이었다. 하지만 이는 포장된 이유였을 뿐이다. 협정 이전에도 한국이 취득한 정보는 미국에 자동으로 넘어가게 되어 있고, 미국이 취득한 정보는 일본에 자동으로 넘어가도록 되어 있었다. 그것도 거의 실시간으로 이뤄졌다. 그 때문에 한국과 일본이 직접 정보를 주고받지 않아도 한국이나 일본 양국 모두 아쉬울 것이 없었다. 특히 한국 입장에선 일본에서 들어올 군사정보에 별 영양가가 없었다. 북한에 관해서는 일본보다 한국의 정보가 훨씬 신속하고 정확했다. 일본 역시 굳이 한국을 통해 북한의 군사정보를 받을 이유가 없었다. 미국을 통해 쉽게 취득할 수 있는 구조였기 때문이다. 그래도 굳이 실익을 따진다면 한국보다는 일본의 이익이 컸다. 일본으로선 한국과 미국에서 동시에 북한의 정보를 받는 것이 아무래도 안보에 유리한 까닭이다.

하지만 일본이 지소미아를 원했던 것은 이런 표면적인 이유 때문이 아니었다. 지소미아를 원한 일본의 진짜 속내는 미국이 지소미아에 집착하는 이유와도 밀접하게 연결되어 있다.

미국이 지소미아 체결에 집착한 진짜 이유는 한국의 이익과는 전혀 무관하다. 지소미아는 한국과 일본을 하나의 군사동맹 체제로 묶기 위한 기초 단계 조치였고, 이에 가장 민감한 반응을 보인 쪽은 중국이었다. 즉, 지소미아의 진짜 목적은 한국과 중국의 관계를 악화시키는 데 있었다는 뜻이다.

중국이 한국의 가장 큰 무역 시장이 된 지는 이미 오래되었다. 미국 및 일본과의 무역량을 합쳐도 중국과의 무역량에 한참 못 미친다. 이는 곧 한국에 대한 중국의 영향력이 점점 커져간다는 뜻이고, 반대로 한국에 대한 미국과 일본의 영향력이 감소되고 있다는 의미이기도 하다. 이는 다가올 미래에는 한국이 미국과 일본보다는 중국에 더 의존할 수밖에 없다는 우려를 낳는다.

만약 한국이 미국과 일본보다 중국과 훨씬 친밀해지면 한반도는 어느 순간 중국의 영향력 아래 놓일 수밖에 없고, 그것은 곧 아시아 태평양 지역에서 중국의 패권이 미국을 능가할 것임을 의미한다. 그만큼 한국의 영향력이 커졌고 한반도의 전략적 무게도 무거워졌다. 한국은 세계 10위권의 경제력에, 국방력 면에서는 미국, 중국, 러시아 다음으로 영국, 프랑스와 맞먹는 강력한 힘을 가진 국가다. 거기다 남북이 결합한다면 그 힘은 상상을 뛰어넘는 수준으로 강화될 수 있다. 핵무기를 제외하더라도 어느 국가도 넘보기 쉽지 않은 국력을 갖추는 것이다. 이는 현재 아시아 태평양 지역에서의 패권이 누가 한반도와 결합하느냐에 달려 있다는 뜻이다. 따라서 무역량 증가에 따른 한국에 대한 중국의 영향력 확대는 아시아의 패권이 미국에서 중국으로 이동하는 것을 의미한다.

아시아 태평양 지역에서 중국의 패권이 미국을 앞서면 미국의 품 안에 있는 일본은 엄청난 위협을 받을 수밖에 없다. 기왕에도 일본은 중국 경제에 휘둘리는 상황이고, 영토 문제 때문에 대립각을 형성하는 처지이며, 군사적으로도 상당히 위협받는 입장이다. 그나마 미국의 핵우산 덕에 중국이 발톱을 감추고 있을 뿐이다. 따라서 미국과 일본은 어떻게 해서든 중국과 한국의 관계를 악화시키지 않으면 안 될 처지에 있다. 일본이 지소미아에 매달릴 수밖에 없었던 이유도 바로 여기에 있었다. 중국과 한국의 관계가 돈독해지는 것이 결과적으로 미국보다는 일본에 더 큰 위협이 될 수 있다는 현실이 지소미아에 대한 일본의 집착으로 이어진 것이다.

이처럼 지소미아는 겉으론 안보 문제처럼 보이지만 본질은 경제 문제이고, 겉으론 한일 간의 군사정보 교류 문제인 것처럼 보이지만 본질은 한중 간의 경제 교류 문제다. 일본이 일제의 강제징용 문제에 대한 한국 대법원 판결을 빌미로 한국에 무역 보복을 감행하자, 한국 정부가 지소미아 종료 카드로 맞받아친 것도 이것이 근본적으론 경제 문제이기 때문이다.

사드 배치의 본질

2017년 4월 26일 새벽 4시부터 6시 사이 미군은 경북 성주 골프장에 사드 포대를 전격 배치했다. 당시 한국은 박근혜가 탄핵된 후 차기 대통령 선거전이 진행되던 시점이었다. 2016년 7월 8일에 한국과 미국이 사드 1개 포대를 주한 미군에 배치하기로 결정한 것에 따른 일이긴 하지만, 하필 이 시기에 설치를 강행한 것은 대선 승리가 확실해진 문재인 정부가 들어설 경우 배치가 불가능할 것이라는 판단 때문이었다. 즉, 한국 정부의 기능이 제대로 작동하지 못하는 상태에서 미국이 거의 일방적으로 행한 조치였다. 지소미아에 이어 미국이 또 한 번 한반도에서 전략적 쾌거를 거둔 것이다.

사드Terminal High Altitude Area Defense. THAAD란 미국의 미사일 요격 체계 중 하나로, '고고도 미사일 방어 체계'로 번역한다. 사드는 단·중거리 탄도미사일이 발사됐을 때 레이더와 인공위성 등에서 수신한 정보를 바탕으로 요격미사일을 발사시켜 40~150킬로미터의 높은 고도에서 직접 충돌 및 파괴함으로써 되도록 지상에 미사일의 피해가 생기지 않도록 하는 데 목적을 둔 방어 시스템이다.

사드는 기본적으로 미국의 미사일 방어 체제의 일환이다. 그리고 한국에 사드가 배치되었다는 것은 한국이 미국의 미사일 방어

사드 배치는 국내외에 큰 논란을 불러일으켰다. 국내에도 정치권뿐 아니라 시민단체와 성주 주민들의 반대가 극심했고, 국외에서는 중국과 마찰이 일어 경제 보복으로 이어졌다.

체제에 편입되었다는 의미다. 물론 미국은 사드 배치가 한반도를 미국의 미사일 방어 체제에 편입한 것은 아니라고 발뺌한다. 미국은 사드 배치의 목적이 북한의 탄도미사일에 대항하는 방어 체제 구축에 있다고 주장한다. 하지만 이는 성주에 설치한 사드가 한국의 수도인 서울조차 방어하지 못하는 시스템이라는 사실에 근거할 때 앞뒤가 전혀 맞지 않는 주장이다.

사드 1포대는 사격통제소, 사격통제레이더 1대, 발사대 6기, 요격미사인 48발(발사대 1기당 미사일 8개 장전)로 구성되어 있다. 사드

요격미사일의 최대 사거리(발사 지점에서 표적까지의 거리)는 200킬로미터로, 성주에 설치된 사드가 기껏해야 충청도 일대까지만 방어한다는 뜻이다. 이는 사드 설치가 한국의 수도인 서울 방어와 전혀 무관하다는 뜻이며, 결과적으로 사드가 북한의 탄도미사일을 방어하기 위한 차원에서 설치된 것이 아님을 방증한다.

미군이 사드를 성주에 설치한 이유는 따로 있다. 사드의 핵심은 요격미사일이 아니라 'X-밴드 레이더'다. 이 레이더에는 두 가지 모드가 있다. 탐지 거리가 600~800킬로미터인 종말모드TBR(사격통제용)와 최대 탐지 거리가 1,800~2,000킬로미터인 전진배치모드FRB(사전탐지 조기경보용)다. 한반도에 배치된 것은 탐지거리 600~800킬로미터의 종말모드 레이더다. 미군이 사드를 성주에 배치한 진짜 이유는 바로 이 레이더를 활용하기 위해서다. 요격미사일 48발은 일종의 진열품에 불과하다는 것이다.

그렇다면 이 레이더를 설치한 목적은 무엇일까? 북한의 탄도미사일을 감시하려는 것이 아니라 중국과 러시아의 탄도미사일을 감시하기 위해서다. 이에 대해 미국 측은 성주의 레이더는 중국 지역을 탐지하지 못한다고 변명하며 손사래를 친다. 하지만 단 8시간이면 종말모드 레이더를 전진배치모드, 즉 최대 탐지거리가 2,000킬로미터에 이르는 레이더로 전환할 수 있다. 따라서 성주의 사드는 본질적으로 중국과 극동 러시아의 미사일을 감시하는 체계이고, 이것이 한반도에 설치되었다는 것은 한반도가 미국의 중국과 러시아 방어를 위한 군사 기지가 되었음을 의미한다. 이는 원래 미군이 한반도에 주둔한 목적과도 부합한다.

성주에 설치된 사드가 중국과 러시아를 감시하는 용도라는 것은 주변 국가의 반응을 통해서도 쉽게 확인된다. 사드가 설치된 이후, 강하게 반발한 곳은 북한이 아니라 중국과 러시아였다. 중국과 러시아는 성주의 사드가 미국의 미사일 방어 체제의 일환이라고 판단한 것이다. 물론 한국과 미국 정부는 이런 사실을 부인하지만 성주의 사드가 미국의 미사일 방어 자산의 일부라는 것은 명확하다.

사실, 사드는 한반도 지형에 적합한 방어 체계도 아니다. 특히 북한의 미사일에 대한 방어 차원이라는 설명은 전혀 설득력이 없다. 북한이 남한 공격용으로 굳이 고각발사 가능한 미사일을 사용할 이유가 없기 때문이다. 거기다 성주의 사드는 서울을 방어할 수도 없다. 그러니 북한 미사일에 대항하는 방어 체계라는 설명은 한마디로 거짓말이다. 중국이나 러시아의 주장대로 성주 사드가 그들을 겨냥한 방어 체계인 동시에 미국 미사일 방어 체제의 일부라는 것은 부인할 수 없는 사실이다. 이런 까닭에 성주 사드 설치 이후 중국과 러시아가 군사 대응까지 언급하며 강력하게 반발했던 것이다.

특히, 성주의 사드는 중국의 ICBM, 즉 대륙간탄도미사일 방어와 직접 관련이 있다. 성주 사드의 레이더가 중국 동부에 배치된 대륙간탄도미사일을 감시할 수 있기 때문이다. 이와 관련하여 중국 국방부는 사드 배치 결정이 나자 "국가 전략 안전과 지역 전략 균형을 유지하기 위해 필요한 조치를 취하는 방안을 고려 중"이라며 군사행동 가능성을 언급했다. 또 러시아도 한국 내 미군 사드 기지를 공격할 수 있는 미사일 부대를 극동 지역에 배치하겠다고 경고하기도 했다. 그만큼 성주 사드는 중국과 러시아에게 위협적인 무기고, 결과적으로 한국이 중국과 러시아의 미사일 위협을 받게 된 것이었다.

중국은 결국 사드 배치에 보복하는 경제 제재를 단행했다. 중국 관광객에 대해 한국행 송출 금지 방침을 세우는 한편, 중국 내에 있는 한국 기업에 보복적인 세무조사와 소방, 위생, 안전 점검 등을 실시했다. 동시에 중국인들의 반한 감정이 높아져 한국 상품 불매 운동까지 일어났다. 이 때문에 롯데가 3조 원을 들여 추진해온 중국 선양의 롯데월드 공사도 중단되고, 현대·기아차의 중국 판매량도 급감했다. 그로 인해 한국은 크나큰 경제적 손실을 감내해야만 했다. 사드를 설치하여 이익을 보는 쪽은 미국인데 정작 손해는 모두 한국이 부담하는 상황이 전개된 것이다.

일련의 사태를 통해 사드 배치도 결국 지소미아와 마찬가지로 한국과 중국의 관계를 악화시키기 위한 미국의 전략적 행위였음을 알 수 있다. 미국은 사드 배치로 한중 관계를 악화시키는 데 성공했고, 동시에 미국이 마음만 먹으면 언제든지 한국 경제를 위협할 수 있다는 경고도 한 셈이었다. 거기다 사드 배치를 빌미로 한국에 방위비 분담 압박까지 강화하는 성과를 얻었다. 트럼프는 사드 배치와 관련하여 이렇게 말했다.

"사드는 한국인을 보호한다. 우리는 한국인을 보호할 것이다. 그러나 한국인은 그에 대한 비용을 지급해야 한다. 사드는 10억 달러 시스템이다. 매우 경이롭다. 미사일을 하늘에서 바로 격추한다."

트럼프의 이 말은 미국이 왜 사드를 한국에 배치했는지 그 본질을 명징하게 드러낸다. 사드 배치로 중국과 러시아의 미사일을 효과적으로 감시할 수 있는 전략 기지를 확보했음에도 불구하고 사드 배치가 한국인을 보호하기 위한 조치라고 강변하며 더 많은 군사 비용을 부담하라고 압박하는 것이다. 그야말로 도랑 치고 가재 잡는 전략이 아니고 무엇이겠는가?

성주 사드로 미국이 얻는 이익은 이것으로 끝나지 않는다. 사드는 본질적으로 미국의 미사일 방어 체제의 일환이고, 그 뒤에는 미국 무기 산업이 도사리고 있다.

사드는 미국 최대 방위산업체인 록히드마틴사의 제품이다. 록히드마틴사는 2011년에 아랍에미리트와 계약을 체결하여 미사일과 발사대, 레이더 세트 지원 물자 등을 포함한 사드 2개 포대를 19억 6,000만 달러(약 2조 1,560억 원)에 판매했다. 그 외에도 사우디아라비아와 이스라엘 등 다른 중동 국가에도 사드를 팔기 위해 혈안이 되어 있다. 물론 한국 역시 그 대상국 중 하나인 것은 말할 필요도 없다. 한국에 패트리어트를 팔아먹었듯이 사드를 팔기 위해 성주에 전시장을 마련한 셈이다.

문재인의 한국, 한국인의 문재인

문재인의 '나라다운 나라'

"권력 기관은 정치로부터 완전히 독립시키겠습니다. 그 어떤 기관도 무소불위의 권력을 행사할 수 없도록 견제 장치를 만들겠습니다.

안보위기도 서둘러 해결하겠습니다. 한반도 평화를 위해 동분서주하겠습니다. 필요하면 곧바로 워싱턴으로 날아가겠습니다. 베이징, 도쿄도 가고 여건이 조성되면 평양도 가겠습니다. 한반도 평화를 위해서라면 제가 할 수 있는 일은 뭐든 하겠습니다.

튼튼한 안보는 막강한 국방력에서 비롯됩니다. 자주국방력을 강화하기 위해 노력하겠습니다. 북핵 문제를 해결할 토대도 마런하겠습니다.

분열과 갈등의 정치도 바꾸겠습니다. 보수-진보 갈등은 끝나야 합니다.

무엇보다 먼저 일자리 챙기겠습니다. 동시에 재벌 개혁도 앞장서겠습니다. 문재인 정부에서는 정경 유착이라는 낱말, 완전히 사라질 것입니다.

지역, 계층, 세대 간 갈등을 해소하고 비정규직 문제도 해결의 길 모색하겠습니다. 차별 없는 세상 만들겠습니다.

기회는 평등할 것입니다. 과정은 공정할 것입니다. 결과는 정의로울 것입니다."

2017년 5월 10일 문재인이 취임사에서 발표한 정부 청사진의 핵심이다. '박근혜 탄핵'을 외치며 광장에 모였던 시민들의 "이게 나라냐?"는 물음에 "'나라다운 나라'를 만들겠다"며 내놓은 문재인의 대답인 셈이다. 내용을 좀 더 간단하게 요약한다면 첫째는 권력 기관의 독립성과 견제 장치 확보, 둘째는 한반도 평화 정착 및 국방력 강화, 셋째는 정치 갈등 완화, 넷째는 투명한 경제 성장, 다섯째는 사회 갈등 해소 등이 될 것이다. 그리고 이를 통해 평등하고 공정하며 정의로운 나라를 만들겠다는 것이고, 이것이 곧 문재인이 꿈꾸는 나라다운 나라의 목표다.

이후 문재인은 자신이 생각하는 나라다운 나라를 좀 더 구체적으로 '국민의 나라, 정의로운 대한민국'이라 표현하고 국가 비전으로 삼았다. 비전을 실천하기 위한 5대 국정 목표는 취임사에서 제시한 내용을 쉽게 다듬은 것으로, 다음과 같다.

첫째, 국민이 주인인 정부(15개)
둘째, 더불어 잘사는 경제(26개)
셋째, 내 삶을 책임지는 국가(32개)
넷째, 고르게 발전하는 지역(11개)
다섯째, 평화와 번영의 한반도(16개)

이 5대 국정 목표를 실행하기 위해 각 항목마다 3~5개의 국정 전략을 마련하여 20대 국정 전략으로 삼았고, 또 이를 구체화하여 100대 국정 과제를 제시했다. 괄호 속 숫자는 바로 다섯 개의 국정 목표에 들어 있는 국정 과제 개수다. 그리고 이 과제들을 세분화하여 다시 487개의 실천 과제를 설정한 후, 각 부처에 배당했다. 이로써 문재인이 꿈꾸는 나라다운 나라의 설계도가 완성된 셈이었다.

그렇다면 5대 국정 목표에 포함된 20가지 국정 전략과 100대 과제는 과연 무엇일까?

우선 첫 번째 국정 목표인 '국민이 주인인 정부'의 국정 전략은 국민주권의 촛불 민주주의 실현, 소통으로 통합하는 광화문 대통령, 투명하고 유능한 정부, 권력 기관의 민주적 개혁 등 네 가지다.

그런데 이 네 가지 전략 중에 첫 번째인 '촛불 민주주의 실현'은 다소 관념적이고 모호하다. 그래서 이 항목의 구체적인 국정 과제를 살펴보니, 그 첫 번째가 '적폐 청산'이다. 이는 이명박과 박근혜 정부의 비리를 척결하는 것으로 보면 되겠다. 두 번째 전략인 '소통으로 통합하는 광화문 대통령'과 세 번째 전략인 '투명하고 유능한 정부'는 구체적인 내용이 있기보다는 그저 구호에 지나지 않는 것으로 보이고, 그나마 네 번째 전략인 '권력 기관의 민주적 개혁'은 첫 번째 과제인 적폐 청산의 일부로 보아도 될 것 같다. 따라서 이 네 가지 전략의 핵심은 '적폐 청산' 하나임을 알 수 있다. 즉 '국민이 주인인 정부'라는 국정 목표에 네 가지 전략이 있고, 15개의 국정 과제가 열거되어 있으나 실질적으로 기대할 수 있는 것은 '적폐 청산' 하나뿐이다.

다음으로 두 번째 국정 목표인 '더불어 잘사는 경제'의 전략 다섯 가지는 소득 주도 성장을 위한 일자리 경제, 활력이 넘치는 공정경제, 서민층과 중산층을 위한 민생경제, 과학기술 발전이 선도하는 4차 산업혁명, 중소벤처가 주도하는 창업과 혁신성장 등이다.

이 다섯 가지 전략 중에서 가장 눈에 띄는 현실적인 내용은 '소득 주도 성장을 위한 일자리 경제'일 것이다. '더불어 잘사는 경제'와 관련해 총 26개의 국정 과제가 제시되어 있으나 그중 핵심은 일자리 창출이기 때문이다.

세 번째 국정 목표인 '내 삶을 책임지는 국가'에는 모두가 누리는 포용적 복지국가, 국가가 책임지는 보육과 교육, 국민 안전과 생명을 지키는 안심사회, 노동 존중·성 평등을 포함한 차별 없는 공정사회, 자유와 창의가 넘치는 문화국가 등 다섯 가지 전략을 제시했으며, 이를 구체화하여 32개의 국정 과제를 설정했다. 이 32대 국정 과제는 익히 들어온 형식적인 내용이 대부분이고, 그나마 국민이 현실적으로 받아들일 수 있는 요소는 보육과 교육 관련한 내용뿐이다. 그중에서 바로 실현 가능한 것은 '유아에서 대학까지 교육의 공공성 강화' 항목이다. 이 항목은 100대 국정 과제 중에서 49번째인데, 결국 공공성 강화라는 것은 무상교육을 고등학교까지 확대하는 것 정도가 아닐까 싶다.

네 번째 국정 목표인 '고르게 발전하는 지역'은 과거 노무현 정부 시절 추진했던 균형 발전 전략의 연장선이다. 풀뿌리 민주주의를 실현하는 자치 분권, 골고루 잘사는 균형 발전, 사람이 돌아오는 농산어촌 등 세 가지 전략을 제시하고 11개의 국정 과제를 열거하고 있다. 하지만 대다수의 과제들이 누차 들어온 표현들로 채워져 있어 특별히 언급할 만한 항목은 찾기 힘들다.

마지막 다섯 번째 국정 목표인 '평화와 번영의 한반도'에는 강한 안보와 책임 국방, 남북 간 화해 협력과 한반도 비핵화, 국제 협력을 주도하는 당당한 외교 등 세 가지 전략을 열거하는데, 이에 대해 다시 16개의 국정 과제를 제시하고 있다. 16개의 국정 과제는 과거 정부에서 제시했던 것들과 별반 차이가 없다. 결국 북핵 문제 해결과 한반도 평화 체제 구축이라는 익숙한 문장으로 요약되는 수준이다.

결론적으로 이 설계도의 100대 국정 과제 중 그나마 실현 가능하고 국민이 피부로 느끼거나 정부가 주요 정책으로 삼을 수 있는 것은 적폐 청산, 국민주권적 개헌, 권력 기관 개혁, 일자리 창출, 북핵 문제의 평화적 해결 및 평화 체제 구축 등 다섯 가지다. 그런데 권력 기관 개혁은 적폐 청산의 일부로 볼 수 있으므로 실제로는 네 가지뿐이다. 나머지 95개는 이전 정부 정책의 연장선상에 있는 것들이고 어느 정부에서 해도 별반 차이가 없는 정책들이다. 따라서 문재인 정부가 가장 중점적으로 추진할 정책은 적폐 청산, 개헌, 일자리 창출, 한반도 평화 체제 구축 등 네 가지라고 할 수 있다.

물론 이 네 가지 중에서도 개헌과 평화 체제 구축, 일자리 창출 등은 이전 정부에서 늘 해왔던 말들이다. 따라서 적폐 청산이 문재인 정부의 핵심 정책이고, 어쩌면 이것이 문재인 정부가 남길 수 있는 업적의 총량이 될 공산이 크다.

그렇다고 문재인 정부가 개헌과 한반도 평화 체제 구축, 일자리 창출 등의 과제를 소홀히 할 것이라는 말은 아니다. 이 세 사안엔 복잡하게 얽힌 난제들이 산적했기 때문에 실행에 한계가 있다는 뜻이다. 개헌 문제는 여당과 야당의 합의 없이는 불가능한데, 당리당략과 관련된 것이라 합의를 도출하기는 힘들어 보이며, 한반도 평화 체제 구축은 단순히 남북만이 아니라 미국을 비롯한 주변 강대국의 이권과 복잡하게 얽힌 문제라 한국 정부의 의지만으론 해결될 수 없다. 또한 일자리 창출은 정부가 할 수 있는 역할의 한계가 뚜렷하다. 정부가 일시적으로 일자리를 늘릴 수 있을지 모르지만 근본적으로 기업의 안정과 경제 전반의 변화가 선행되지 않고는 좋은 일자리 창출이 힘들다는 뜻이다. 그럼에도 이 세 문제를 계속 안고 갈 수밖에 없는 것은 국민의 열망이 워낙 강하기 때문이다.

따라서 적폐 청산, 소득 주도 성장에 따른 일자리 창출, 국민 주권적 개헌, 평화 체제 구축 순서로 문재인 정부의 정치, 경제, 노동, 외교에 대한 전략과 대처 능력을 살펴보고 나라다운 나라의 실체에 접근해보려 한다.

구속된 적폐, 환호하는 민심

문재인이 꿈꾸는 나라다운 나라는 어차피 시민 권력의 힘에 의지하고 있다. 그 때문에 시민 권력이 원하는 방향으로 국정을 끌고 갈 수밖에 없다. 시민 권력이 원하는 첫 번째 국정 과제는 당연히 적폐 청산이었으므로 문재인 정부의 첫걸음도 이를 향해 달려갔다.

적폐란 오랫동안 쌓이고 쌓인 관행, 부패, 비리 등에 의한 폐단을 의미한다. 그래서 이를 청산하는 작업은 결코 간단치가 않다. 적폐를 통해 이익을 누리는 기득권 세력의 강한 저항이 따라붙기 때문이다. 물론 저항의 목적은 기존 조직과 법을 유지하여 기득권을 빼앗기지 않는 것에 있다. 인적 청산은 물론 행정조직의 개편과 법 제도의 개혁 없이는 적폐 청산이 불가능하다는 뜻이다.

그렇다면 문재인 정부에서 일차로 청산해야 할 적폐의 대상은 누구였을까? 당연히 문재인 정부와 대척점에 있는 이명박과 박근혜 정부에서 권력을 행사했던 사람들이라고 생각하기 쉽다. 그러나 그것은 적폐 청산의 본질이 아니다. 그들이 부정과 비리를 행할 수 있도록 방치한 조직과 그 조직을 유지시킨 법을 바꾸는 작업이 오히려 본질일 수 있다. 만약에 후자를 이루지 못하고 이전 권력에 대한 처벌만 목표로 삼는다면 자칫 정치 보복만 하고 적폐는 청산하지 못했다는 비난에 직면할 가능성이 크다.

어쨌든 적폐 청산 작업의 첫 번째 대상은 박근혜 정부를 몰락으로 이끈 국정 농단 세력이었다. 박근혜를 비롯하여 국정 농단의 주역인 최순실과 관련된 인물들이 대표적이다. 흔히 '박근혜-최순실 게이트'로 불리는 이 사건과 관련하여 특검과 검찰이 기소한 대상은 박근혜와 최순실에 더해 김기춘, 안종범 등의 청와대 참모들과 삼성전자 부회장 이재용, 이화여대 총장 최경희, 문체부 장관 조윤선 등 22명이었다. 대다수가 직권 남용이나 뇌물수수 또는 공여, 업무방해 등의 혐의로 기소되고 구속되었다.

박근혜 세력이 기소된 이후 검찰은 이명박 세력에게로 칼끝을 돌렸다. 검찰은 2018년 3월 19일에 뇌물수수, 횡령, 배임, 조세포탈 등의 혐의로 이명박을 구속 수감했다. 그리고 약 6개월 뒤인 9월 6일 주식회사 다스의 실소유주로서 349억 원대 비자금을 조성한 혐의 등으로 재판에 넘겨졌고, 그해 10월 재판부는 1심에서 징역 15년에 벌금 130억 원을 선고했다.

박근혜에 이어 이명박까지 구속되자 국민의 반응은 엇갈렸다. 한쪽에선 적폐 청산이라 하고, 다른 쪽에서는 정치 보복이라 했다. 당시 CBS의 여론조사 결과로는 적폐 청산이라고 생각하는 쪽이 65퍼센트, 정치 보복이라고 생각하는 쪽이 26퍼센트였다. 적폐 청산의 일환이라는 쪽에 국민 여론이 쏠린 셈이다. 심지어 보수 성향이 강한 대구와 경북 지역에서도 적폐 청산이라는 의견이 65퍼센트나 됐다. 서울에서는 적폐 청산이라는 응답이 74.1퍼센트나 되었다. JTBC의 여론조사에서는 적폐 청산이 67.4퍼센트, 정치 보복이 22.5퍼센트였고, 그 외 언론사들의 여론조사 결과도 적폐 청산으로 인식한다는 여론이 압도적으로 높았다. 또한 적폐 청산에 대한 문재인의 국정 운영 지지율도 65퍼센트를 웃돌았다. 여론은 두 전직 대통령을 비롯한 적폐 청산 대상들을 구속한 것에 압도적인 지지를 보냈고, 따라서 적폐 청산의 첫걸음은 성공적이었다.

검찰 개혁과 공수처

하지만 국민들은 이것으로 적폐 청산이 완료되었다고 보지 않았다. 여전히 검찰과 국정원 등의 권력기관과 재벌, 언론의 적폐를 청산해야 한다고 보았다. 특히 가장 강력한 권력 기관인 검찰의 적폐 청산이 무엇보다 급선무라는 여론이 우세했다. 문재인 역시 검찰 개혁이 권력 기관 적폐 청산의 핵심이라고 판단했다. 국정원, 국세청, 감사원, 금감원 등의 기관은 운영만 제대로 한다면 적폐 청산이 크게 어려운 일은 아니었지만 검찰의 적폐 청산은 이들 기관을 개혁하는 것과는 차원이 다른 문제들에 얽혀 있었다.

무엇보다 검찰이 정치권력과 밀접한 관계를 형성하고 있는 것이 가장 큰 걸림돌이었다. 다른 권력 기관은 정치인들을 움직일 힘이 없었지만 검찰은 정치인의 목을 움켜쥐고 있는 기관이었다. 또한 검찰은 수사권과 강제수사권, 기소독점권이라는 무소불위의 권한을 모두 가져, 정치계와 경제계는 물론이고 사회 전체에 닿지 않는 곳이 없었다. 개인 간의 이권을 다투는 사소한 민사 사건에서 살인 사건과 같은 형사 사건에 이르기까지 모든 이권을 쥐락펴락할 수 있는 힘이 모두 검찰에 집중되어 있었다.

특히 검찰의 전관예우는 사법 질서를 교란하고 이권을 주고받는 카르텔을 형성해 검찰에 대한 신뢰성을 훼손하는 주범으로 인식되었다. 문재인은 어떻게든 이런 검찰 권력을 분산하여 검찰이 법의 정의를 실현하는 본연의 조직으로 환원되길 바랐다. 하지만 그것은 요원한 일이었다.

검찰을 비롯한 권력 기관 적폐를 청산하려는 시도는 이미 노무현 정부 시절에도 있었고, 국세청이나 감사원, 국정원, 금감원 같은 기관의 개혁은 일정 정도 성과도 있었다. 하지만 이명박과 박근혜 정부를 거치면서 이 기관들은 다시 개혁 이전의 상태로 돌아갔다. 특히 노무현 정부가 가장 강력한 의지를 보였던 검찰 개혁은 검사들의 집단 반발에 부딪혀 아무런 성과도 얻지 못했다.

당시 노무현은 검찰의 정치적 중립성을 확보하는 데 주력했다. 그래서 검사들이 정치적 줄 세우기에 따르지 않도록 신분을 보장해주는 것이 급선무라고 판단했다. 이를 위해 검찰총장의 2년 임기를 보장해주는 것은 물론이고, 평검사들의 의견을 광범위하게 수렴하는 한편, 검사들 스스로 주체가 되어 개혁을 달성하도록 할 계획이었다. 물론 목표는 검찰의 정치적 독립성과 중립을 보장해주는 일이었다. 그렇게만 된다면 나머지 일은 검찰 스스로 알아서 하리라는 것이 노무현의 판단이었다.

하지만 그것은 순진한 생각이었다. 검찰의 독립성과 중립성을 보장해준 조치가 오히려 검찰의 힘만 키워주는 결과를 낳았다. 그 때문에 문재인은 검찰 개혁이 단순히 검찰의 독립성과 중립성 보장만으로 이뤄질 수 없다는 것을 뼈저리게 깨달았다. 또한 검찰은 스스로 자정할 능력이 없다는 점도 확신하게 되었다. 한때 정치권력의 도구였던 검찰은 어느덧 독립성을 기반으로 정치의 중심이 되어 있었다. 정치 검찰 수준이 아니라 검찰의 정치기 문제가 되는 상황에 이르렀고, 괴물 같은 정치권력을 감시해야 할 검찰이 스스로 정치를 하는 괴물이 되어 있었다. 따라서 방법은 하나밖에 없었다. 검찰이 가진 막대한 권력을 분산하는 것이 유일한 해결책이었다.

그러나 대한민국 행정조직 안에서 검찰을 견제할 기구는 한 곳도 없다. 경찰에 수사권이 있다고 해도 검찰이 영장청구권을 가지고 있기 때문에 한계가 명백하다. 경찰이 검찰의 비리를 수사하여 재판까지 끌고 갈 가능성이 제로라는 뜻이다. 기소권을 독점하는 검찰의 범죄와 권력 남용을 단죄하려면 오직 검찰 스스로의 선한 의지에만 의존해야 하는 처지다. 검찰이 자기 조직에 칼을 꽂는 행위를 할 리 만무하다. 따라서 검찰을 견제할 새로운 조직을 만들지 않는 한 괴물 권력이 되어버린 검찰과 우리 사회에 만연한 법조 비리의 적폐를 해결할 방법은 없다는 것이다.

문재인은 공수처, 즉 '고위 공직자 비리 수사처' 설치만이 괴물이 되어버린 검찰을 제자리로 되돌릴 수 있는 유일한 방도라고 판단했다. 그렇다면 공수처란 무엇이며, 이에 대한 설치 요구는 언제 처음 시작되었고, 공수처법은 어떤 내용을 담고 있을까?

먼저 공수처를 설치하는 목적은 권력형 부패 범죄를 처리하기 위함이다. 그러니 설치 조건은 정치권력으로부터 독립되어야 한다는 것이다. 말하자면 공수처는 독립성이 보장된 특별 사정 기관이다.

공수처 설치를 처음 주장한 단체는 참여연대였다. 참여연대는 1996년 11월에 부패방지법의 입법을 청원했는데, 그 내용 속에 공수처 설치가 포함되어 있었다. 당시 부패방지법은 제정됐지만 공수처 설치는 제외되었다.

이후에도 공수처 설립에 대한 논의는 계속되었다. 특히 노무현은 대통령 후보 시절 공수처와 유사한 '고위 공직자 비리 조사처(고비처)' 설치를 공약하기도 했다. 그는 취임 후인 2004년 6월에 국가청렴위원회(현재의 국민권익위원회)에 기소권 없는 조직으로 공수처를 신설하는 내용의 법안을 마련하여 국회에 제출했으나, 실현되지 않았다. 물론 실현되었다고 하더라도 기소권 없는 사정 기관이 검찰의 비리를 재판정으로 끌고 가기는 쉽지 않았을 것이다. 아무리 수사를 열심히 해도 검사가 기소하지 않으면 재판은 열리지 않기 때문이다. 이런 사실을 노무현도 잘 알고 있었지만 그래도 검찰에 대한 최소한의 견제 장치는 될 수 있다는 판단 아래 고비처 법안을 제출했던 것이다. 하지만 이 법안조차도 야당의 반대로 무산되고 말았다.

2010년에 이르러 참여연대가 다시 공수처 신설 입법을 청원했고, 문재인이 이를 받아들여 2012년 대선에서 공약으로 내놓기도 했다. 하지만 대선에서 패배하는 바람에 실행에 옮기지 못했다. 그리고 2016년 7월에 정의당의 노회찬 의원, 8월에는 더불어민주당의 박범계 의원, 12월에는 더불어민주당의 양승조 의원이 대표로 공수처 설치에 관한 법안을 발의했다. 이후 2017년 5월 대선에서 문재인이 다시 공수처 신설을 공약했고, 마침내 2019년 4월 29일 패스트트랙을 통해 공수처법이 타결되었다.

공수처 설치를 놓고 여당과 야당의 의견은 첨예한 대립 양상을 보였다. 여당인 더불어민주당은 고위 공직자 비리 척결을 위해서 반드시 필요하다고 역설했지만 야당인 자유한국당은 자칫 공수처가 대통령의 하수인 노릇을 할 수 있다며 강하게 반대했다. 이에 대해 여당은 공수처장의 임명을 야당의 찬성 없이는 불가능한 구조로 만들면 된다고 주장했고, 야당은 어떤 형태가 되었든 공수처는 권력의 지팡이가 될 수밖에 없다고 맞섰다. 이런 상황에서 군소 야당들이 공수처 설치에 찬성하면서 가까스로 공수처 법안이 패스트트랙으로 지정된 것이다.

물론 공수처법 통과까지는 넘어야 할 산이 많았다. 공수처 설치에 찬성한 더불어민주당과 제2야당인 바른미래당의 법안 내용이 달랐기 때문이다. 또한 제1야당인 자유한국당과 검찰의 노골적인 반발과 군소 야당의 복잡한 셈법 때문에 공수처법 마련 여부는 한동안 미지수였다. 하지만 더불어민주당은 군소 야당과 협의체를 만들어 표결에 주력했고, 마침내 2019년 12월 30일 국회 본회의에서 공수처법 통과를 이끌어내는 데 성공했다. 이로써 1954년에 형사소송법이 제정된 이후 철옹성처럼 유지된 검찰의 기소독점권이 무너졌다. 이는 권력 기관 적폐 청산의 핵심으로 여겨지던 검찰 개혁이 본격적인 궤도에 올랐음을 의미했다.

공수처법은 복잡해 보이지만 간단하게 정리하면 공수처가 수사권과 기소권을 갖고 고위 공직자의 비리를 수사하고 기소하는 것이 골자다. 여기에서 말하는 고위 공직자란 대통령과 국무총리, 국무위원, 장관 등 행정부 공무원과 국회의원, 지방자치단체의 장, 법관과 검사 등 법원 공무원, 장관급 장교, 치안감급 이상 경찰공무원 등과 그 가족이며, 그 숫자는 약 8,000여 명에 이른다. 다만 수사 대상이 검사가 아닐 때에는 기소권은 없고 수사권만 가지는 형태다.

하지만 공수처가 설치된다고 하더라도 이것이 고위 공직자 비리 척결의 요체가 될지는 여전히 확언할 수 없다. 자칫하면 옥상옥이 될 수 있다는 우려도 결코 기우는 아니다. 그럼에도 공수처가 검찰의 권력을 분산시키는 역할을 할 것임은 분명해 보인다. 그것만으로도 공수처는 '검찰의 정치'를 막고 검찰이 본연의 위치로 돌아가도록 만드는 지렛대가 될 수 있을 것이다. 그러니 구더기 무서워서 장 못 담글 이유는 없을 듯하다. 일단 설치해놓고 사후에 발생할 문제점들을 보완하는 편이 현명한 선택일 것이다.

산산이 부서진 검찰 개혁의 쌍두마차

문재인은 검찰 개혁의 성공을 위해서는 검찰청 지휘권이 있는 법무부 장관과 검찰총장이 모두 혁신적인 인물이어야 한다고 판단했다. 그가 적임자로 여긴 인물은 윤석열과 조국이었다.

문재인이 검찰총장 감으로 염두에 두고 있던 윤석열은 박근혜 정부 시절에 서울중앙지검 특수1부 부장검사로 재직하다가 국정원의 대선개입 사건 수사를 지휘하면서 미운털이 박혀 수원지방검찰청 여주지청 지청장으로 좌천됐던 인물이다. 그리고 문재인 정부 출범 직후에 서울중앙지검장으로 발탁된 상태였다. 또 법무부 장관의 적임자로 생각한 조국은 서울대 법학전문대학원 교수 출신으로 한때 참여연대에서 활동하며 공수처 설치의 입법 청원을 주도한 한편, 검찰 개혁을 강하게 주장하던 대표 인사였다. 그래서 문재인은 정부 출범과 함께 그를 민정수석으로 발탁하여 적폐 청산과 공수처 설치를 지원하도록 했다. 윤석열과 조국을 서울중앙지검장과 민정수석으로 힘을 키우게 한 뒤, 정권 출범 2년 뒤쯤에는 본격적으로 검찰 개혁의 쌍두마차로 나서게 할 요량이었다.

문재인이 조국과 윤석열을 정권 출범 초기부터 법무부 장관과 검찰총장에 앉히지 못한 데는 나름대로 사정이 있었다. 우선 윤석열이 아직 검찰총장으로 임명될 서열이 아니었고, 조국 또한 법무부를 장악할 만한 기반을 마련하지 못한 터라 시간이 필요했다. 그래서 정권 초기에 검찰 개혁을 위한 터 닦이 작업을 해줄 수 있는 인물들을 그 자리에 앉혔는데, 그들이 바로 법무부 장관 박상기와 검찰총장 문무일이었다.

문재인은 교수 출신인 박상기에겐 법무부의 탈검찰화 작업 추진을, 그리고 문무일에겐 경찰과의 수사권 조정 작업을 맡겼다. 하지만 두 사람 모두 기대에 부응하지 못했다. 박상기는 재임 2년 동안 검사 출신 일색이던 법무부 요직에서 검사의 영향력을 줄이는 정도의 성과를 보였고, 문무일은 공개적으로 경찰과의 수사권 조정에 반대하고 나서는 바람에 오히려 문재인과 대치했다. 문재인은 그 두 사람을 통해 검찰 개혁을 위한 최소한의 예비 작업을 진행하려 했지만 의도했던 결과를 얻지 못한 셈이었다.

이후 문재인은 문무일의 임기가 끝나는 시점에 맞춰 다시 한번 검찰 개혁을 시도한다. 이번에는 처음부터 염두에 뒀던 조국과 윤석열을 쌍두마차로 삼을 요량이었다. 그래서 2019년 7월에 문무일의 2년 임기가 끝나자, 서울중앙지검장으로 있던 윤석열을 검찰총장으로 지명했다.

하지만 야당의 반발이 만만치 않았다. 같은 달 8일에 청문회가 진행되기는 했지만 야당은 그의 임명을 끝까지 반대했고, 결국 인사청문회 보고서 채택에 동의하지 않았다. 그럼에도 문재인은 윤석열의 검찰총장 임명을 강행했고, 윤석열은 7월 25일에 임명장을 받고 검찰총장에 취임했다. 야당의 반발이 거셌음에도 문재인은 전혀 개의치 않았다.

그러자 언론에서는 이제 조국을 법무부 장관으로 기용할 것이라는 예측 기사들이 쏟아졌다. 야당은 매우 예민하게 반응했다. 조국을 절대로 법무부 장관에 임명해서는 안 된다는 것이 자유한국당과 바른미래당의 일치된 목소리였다. 하지만 8월 9일 문재인은 박상기 법무부 장관의 후임으로 민정수석에서 막 물러난 조국을 지명하였고, 이어 8월 14일에 조국의 인사청문 요청안을 국회에 제출했다.

이에 자유한국당과 바른미래당 등 야당 세력은 조국의 과거 사노맹(남한사회주의노동자동맹) 활동 전력을 문제 삼으며 장관 지명 철회를 요구했다. 사회주의 혁명을 꿈꾸던 인물에게 공산주의자를 색출하는 일의 수장인 법무부 장관직을 맡길 수 없다는 논리였다. 또 16일에 인사청문 요청안이 공개되자, 야당과 언론은 조국 가족을 둘러싼 각종 의혹을 제기했다. 의혹의 핵심은 크게 세 종류였다. 첫째는 조국 자녀의 진학 논란, 둘째는 조국 부인의 사모 펀드 논란, 셋째는 조국 집안이 운영하는 학교의 사학 비리 논란이었다.

제1야당인 자유한국당은 이 세 가지 논란을 모두 범죄로 단정하고 연일 공격을 지속하며 조국의 장관 지명 철회를 요구했다. 또한 청문회도 거부했다. 이에 호응하여 보수 시민단체는 조국 일가를 각종 범죄 혐의로 고발했고, 검찰 또한 대대적인 압수수색을 감행하며 이른바 '먼지털이식 수사'로 조국 가족들을 궁지로 몰았다. 한편 언론은 검찰에서 흘러나온 불확실한 말들을 핑계로 수십만 건의 의혹 기사를 쏟아내며 조국 일가에 관한 여러 논란을 범죄 행위로 몰고 갔다.

그러자 진보 측 일각에서는 '조국 수호'를 외치며 검찰과 언론, 자유한국당을 향한 비판 여론이 커졌다. 검찰과 언론, 그리고 자유한국당이 한 패가 되어 검찰 개혁을 저지하기 위해 조국을 짐승몰이 하듯 몰아세우고 있다는 주장이었다.

이런 상황에서 문재인은 조국에 대한 법무부 장관 지명을 철회하지 않았고, 조국 역시 법무부 장관 후보를 사퇴하지 않았다. 그러자 자유한국당은 조국이 청문회 없이 법무부 장관에 임명될 것을 염려하여 청문회 개최에 동의했고, 마침내 9월 6일 10시에 청문회가 열렸다. 문재인이 조국을 장관 후보자로 지명하고 무려 28일 만이었다.

청문회 과정에서 자유한국당은 그간 제기됐던 조국 일가를 둘러싼 각종 의혹에 대해 집중 추궁했지만, 조국은 담담한 말투로 매우 차분하게 대응했다. 그렇게 청문회는 자정까지 이어졌으나, 여당은 자유한국당이 '결정적인 한 방'을 터뜨리지 못했다고 평가했다. 또한 자유한국당 내부에서도 괜히 청문회에 참석하여 조국을 장관에 임명할 빌미만 줬다는 비판이 나오기도 했다.

그런데 청문회가 끝날 무렵에 예기치 않은 사태가 벌어졌다. 검찰이 조사도 거치지 않은 상황에서 조국의 부인 정경심을 사문서 위조 혐의로 전격 기소해버린 것이다. 조국의 딸이 받은 동양대 총장 이름의 표창장을 동양대 교수 정경심이 위조한 혐의가 있다는 것이 기소 이유였다. 검찰은 또 하필 청문회 날에 정경심을 기소한 이유에 대해 2019년 9월 6일 자정이면 사문서 위조죄의 공소시효 7년이 만료되기 때문이라고 해명했다.

하지만 출석요구나 조사도 하지 않은 상황에서 공소시효 만료를 이유로 정경심을 무리하게 기소한 것에 대해 비판 여론이 만만치 않았다. 당사자인 조국도 유감을 표명했고, 여권 일각에서도 조국 장관 임명을 막기 위한 행동으로 보인다며 검찰이 대통령의 인사권에 도전한 것이라고 규정하기도 했다. 또 진보 쪽 인사들 중에는 윤석열 검찰총장이 조국의 법무부 장관 기용을 막기 위해 일종의 쿠데타를 일으킨 것이라며 악평을 내놓는 사람도 있었다. 거기다 공소시효 때문에 급하게 기소한 것도 변명에 불과하다는 비판이 비등했다. 사문서 위조죄의 공소시효가 끝난다 하더라도 공소시효가 충분히 남아 있는 사문서 위조 행사죄로 기소하면 되는데, 군이 공소시효를 핑계 대며 청문회 날에 기소한 것이 납득되지 않는다는 것이다.

이런 이유로 진보 측에서는 윤석열이 검찰의 기득권을 지키기 위해 검찰 개혁을 단행하려는 조국이 법무부 장관이 되는 것을 막을 목적으로 정경심을 기소했다고 주장했다. 검찰이 정경심을 기소함으로써 문재인이 조국의 장관 지명을 철회하거나 조국 스스로 장관 후보에서 사퇴하도록 압력을 가했다는 논리였다.

이후로 국민 여론은 조국의 장관 임명을 두고 진보와 보수로 완전히 갈렸다. 청와대 국민청원 게시판엔 조국의 장관 임명 여부를 놓고 찬성 여론과 반대 여론이 팽팽한 대결 구도를 형성했다.

문재인은 이런 상황에서 9월 9일 조국을 법무부 장관에 임명했다. 그러자 야당에서는 "민주주의가 사망했다"며 삭발 투쟁에 나섰다. 삭발 투쟁은 무소속 이언주 의원을 시작으로 자유한국당 지도부로 이어졌다. 이후 그들은 거리 집회를 통해 조국 장관 임명 철회를 주장하였고, 기독교 우파를 중심으로 형성된 보수 단체들은 문재인 정권 퇴진 운동을 전개했다.

그러나 조국의 법무부 장관 임명을 찬성하는 여론도 반대 여론 못지않았다. 진보 세력은 '조국 수호'와 '검찰 개혁'을 외치며 대검찰청 앞에서 촛불 집회를 이어갔고, 진보 측 언론들은 검찰과 언론, 자유한국당이 합세하여 검찰 개혁을 막기 위해 고의적으로 '조국 죽이기'를 벌인다며 맹렬히 비난했다. 진보 일각에서는 검찰이 검찰 개혁을 막기 위해 조국을 상대로 가족 인질극을 벌이고 있다고까지 표현했다.

조국의 법무부 장관 임명을 두고 진보와 보수 간에 팽팽하게 세 대결을 벌이는 가운데, 검찰은 조국 일가의 비리 의혹 수사를 더욱 강도 높게 진행했다. 심지어 9월 23일엔 조국의 자택을 11시간 동안 압수수색 했다. 하지만 이것은 검찰에 엄청난 비난 여론을 불러왔고, 순식간에 진보 세력의 결집을 유발했다.

더불어민주당에서는 이 사건을 두고 "개인의 집을 11시간씩 압수수색 하는 경우는 들어보지 못했다"고 하면서 "이렇게 하면 세상에 성할 사람이 누가 있겠는가?"라며 검찰을 강하게 비판했다. 하지만 자유한국당에서는 "수천 명이 대검찰청에 떼로 몰려가서 검찰 수사를 압박하는 사법 테러를 벌인다"며 대검찰청 앞에서 시위를 벌이고 있는 진보 세력을 향해 비난을 퍼부었다.

그런 상황에서 9월 28일 서울 서초동 대검찰청 앞에서 7차 촛불 집회가 개최됐다. 이날 집회 주최 측은 검찰의 11시간 압수수색 사건 때문에 참석자가 많이 늘어날 것이라며 대충 5만 명 정도의 시민이 모일 것이라고 예상했다. 하지만 참석자는 예상을 훨씬 뛰어넘어 수십만을 넘었고, 이들은 '검찰 개혁'과 '조국 수호'를 외치며 검찰을 압박했다.

이후로 보수와 진보는 광장에서 본격적인 세 대결을 벌이기 시작했다. 7차 촛불 집회에서 조국을 지지하는 인파가 결집했고, 집회 주최 측이 모인 군중의 수가 200만을 헤아린다고 하자, 보수 측에서는 200만이 아니라 10만도 되지 않는다며, 더 많은 군중을 모아 대응하겠다는 의지를 천명했다. 그리고 호언한 대로 10월 3일 개신교 보수 단체 및 자유한국당이 연합하여 광화문 광장에서 집회를 열었는데, 그 숫자가 서초동 촛불 집회를 웃돌았다. 집회 주최 측은 300만이 넘는다고 하였다. 이후 촛불 집회 측 역시 이에 대항하여 8차 촛불 집회를 열었고, 7차 때보다 더 많은 군중이 참석했다. 이후로 서초동과 광화문에서 '검찰 개혁'과 '조국 구속' 구호가 서로 맞섰다.

이렇듯 보수와 진보가 광장에서 세 대결을 이어가는 가운데, 조국은 법무부 차원에서 할 수 있는 검찰 개혁 조치를 빠르게 진행했다. 기껏해야 검찰에 대한 법무부의 지휘 감독권을 강화하는 수준에 그칠 뿐이었지만 그것도 검찰청의 협조 없이는 용이한 일이 아니었다. 우선 정계에 막대한 영향력을 행사할 수 있는 특수부를 줄이고, 행정부 곳곳에 파견된 검사들을 복귀시켰으며, 검사장의 전용차 사용도 폐지했다. 또한 인권 침해 소지가 많은 공개 소환, 포토라인 설치, 피의사실 공표, 심야 조사 등의 관행을 철폐했다. 하지만 거기까지였다. 검찰은 여전히 조국 가족에 대해 강력한 수사를 진행하고, 부인 정경심에 대한 구속 영장 청구도 예정되어 있었다. 조국은 자신이 할 일은 검찰 개혁에 대한 '불쏘시개 역할' 정도라며, 그 역할은 끝났다고 선언하고 10월 14일에 사퇴했다.

조국의 사퇴를 기점으로 보수와 진보의 광장에서의 세 대결도 잦아들었다. 하지만 조국과 그의 가족을 향한 검찰 수사의 칼날은 여전히 단호했다. 정경심과 조국의 동생, 오촌 조카가 구속되었고, 자녀에 대한 조사도 진행했다. 결국 검찰의 칼끝이 조국을 정조준했고 그를 기소하기에 이르렀다. 조국과 그의 가족에 대한 재판은 여전히 진행형이다.

이로써 문재인이 몰고 가던 검찰 개혁의 쌍두마차는 산산이 부서지고 말았다. 그나마 희망은 공수처법이 통과되어 검찰 개혁의 초석은 마련되었다는 점이다. 하지만 개혁의 완성까지는 아직 험산준령들이 첩첩이 막고 있다. 그 산의 골짜기는 모두 기득권이라는 안개에 뒤덮여 있다. 안개를 걷어낼 수 있는 유일한 힘은 국민에게 있고, 그 국민의 힘은 결국 투표를 통해 드러날 것이다. 궁극적으로 검찰 개혁의 칼자루는 국민이 쥐고 있는 셈이다. 국민이 그 칼을 어떻게 쓸지 두고 볼 일이다.

벽에 부딪힌 소득 주도 성장론

문재인 정부의 핵심 경제 정책은 소득 주도 성장이다. 소득 주도 성장이라는 개념을 쉽게 설명하면 각 가정의 임금과 소득을 늘리면 소비가 늘게 되고, 그것이 경제 성장으로 이어진다는 것이다.

이는 포스트케인지언Post-Keynesian 경제학자들이 주장한 임금 주도 성장론에 이론적 기반을 두고 있다.

그런데 왜 임금 주도 성장론이 소득 주도 성장론으로 바뀌었을까? 그 배경엔 한국의 특수한 사정이 작용했다. 한국은 유달리 임금을 받지 않는 자영업자가 많다. 이들의 비율은 전체 취업자의 4분의 1을 차지할 정도다. 그러니 임금 주도 성장론이라고 하면 이들 자영업자를 배제하는 꼴이 되니, 단어를 바꿔서 소득 주도 성장이라 하게 된 것이다. 하지만 실제 정책에서는 임금 주도 성장론의 형태를 띨 수밖에 없다.

그렇다면 이 이론에서 가장 중요한 것은 무엇일까? 핵심은 노동자의 소득을 인위적으로 올리는 데 있다. 이는 기업의 성장에 따른 임금 상승이 아니라 국가가 의도적으로 임금을 올리는 것이 전제되어야만 실행 가능한 정책이라는 뜻이다.

한국 노동자의 임금은 지금껏 대기업의 성장에 의존해왔다. 즉 대기업의 성장에 따른 임금 인상이 중소기업의 임금 인상을 유도하는 형태로 진행되었다. 본질적으로 대기업의 성장에 따른 낙수 효과에 기댄 소득 구조인 셈이다. 고소득층의 소득이 증대되면 결과적으로 경제가 성장하고, 자연스럽게 그 혜택이 저소득층에게 돌아간다는 것이다. 하지만 이런 낙수 효과에 의한 경제 성장은 필연적으로 소득의 양극화를 유발하고, 그것은 다시 중산층의 붕괴로 이어진다. 따라서 이런 경제 구조에서는 경제 성장이 이뤄져도 그 이익이 골고루 분배될 수 없다.

일군의 경제학자들은 이런 경제 구조를 완화하기 위해선 낙수 효과가 아닌 분수 효과를 일으키는 정책을 도입해야 한다고 주장한다. 분수 효과란 곧 저소득층을 위한 경제와 복지 정책을 강화하여 아래로부터 소비가 촉진되는 것을 의미한다. 쉽게 말하면 저소득층의 소득을 늘려서 중산층을 만들고, 중산층의 소비를 늘려서 경제 성장을 이끌어내자는 뜻이다. 따라서 분수 효과 중심의 경제 정책과 소득 주도 성장은 같은 개념이라 할 수 있다.

그렇다면 이런 분수 효과를 일으킬 수 있는 방도는 무엇일까? 가장 먼저 떠오르는 것은 부유층에 대한 세금을 높여 저소득층의 복지를 강화하는 것이고, 다음은 법으로 최저임금을 올려 저소득층의 수입을 높이는 것일 게다. 그 외에 부수적으로 공공 일자리 확대, 공교육 강화, 독점자본 규제, 비정규직 노조 확대 등도 포함될 수 있다.

하지만 이런 정책은 반드시 부유층과 기업의 저항에 직면하기 마련이다. 부유층은 세금을 더 내게 될 테니 당연히 반대할 것이고, 기업은 노동자에게 더 많은 임금을 줘야 하니 역시 반대할 것이다. 따라서 소득 주도 성장의 성패 여부는 부유층과 기업의 저항을 얼마나 지혜롭게 극복하는가에 달렸다고 할 수 있다.

문재인 정부가 이런 소득 주도 성장 정책의 일환으로 가장 눈에 띄게 실시한 정책은 최저임금 인상과 근로시간 단축이었다. 그런데 이 두 정책은 근본적으로 한국의 경제 환경과 맞지 않는 측면이 있었다.

우선 최저임금 인상을 거론하자면, 한국은 자영업자의 비율이 매우 높고 이들 대부분이 영세하기 때문에, 최저임금을 높이면 당연히 자영업자들이 가장 먼저 타격을 입게 되는 구조다. 따라서 무턱대고 최저임금을 높이면 대기업보다는 자영업자들의 반발에 직면할 것은 불을 보듯 뻔한 일이다. 거기다 최저임금 상승 이후에는 자영업자들이 직원을 줄일 것이기 때문에 임시직 또는 저임금 노동자들이 실업자가 될 가능성이 커진다. 즉, 소상인들에게서 월급을 받는 노동자들이 일자리를 잃는 결과가 빚어질 것이니 역시 임시직 또는 저임금 노동자들의 반발이 뒤따를 수도 있다.

근로시간 단축 정책도 별반 다르지 않다. 우선 이 정책에 가장 크게 반발하는 측은 소기업 구성원들이 될 것이다. 대기업은 이미 근로시간 단축에 대한 준비가 되어 있는 입장이지만 소기업은 전혀 준비가 되지 못한 까닭이다. 소기업 경영자가 노동자의 근로시간을 단축시키려면 더 많은 인력을 확충해야 하는 고충이 따르고, 또 더 많은 인력을 고용하면 지출이 증대되어 경영이 어려워진다. 그리고 소기업 노동자는 야근이나 잔업을 통해 임금의 부족분을 채우기 십상인데, 일할 시간이 줄어듦으로써 결과적으로 임금이 줄어드니 불만이 생기는 것은 당연하다.

문재인 정부는 이런 문제를 제대로 예측하지 못했다. 조급하게 최저임금을 인상하고 주당 근로시간을 52시간으로 단축했더니 우려했던 문제들이 불거졌다. 저소득층을 위해 실시한 정책인데 정작 저소득층의 불만이 확대되었다. 특히 최저임금의 급격한 상승에 대한 부작용이 컸다. 이 때문에 여론이 크게 악화되어 문재인 정부의 정책 지지율이 대폭 떨어졌다. 그뿐만 아니라 소득 주도 성장 정책 전반에 대한 비판 여론도 비등했다.

사실, 임금 주도 성장이 효과를 보려면 각 기업의 생산성과 실질임금이 동시에 증가해야 하는데, 2008년 글로벌 금융 위기 이후 한국 경제의 생산성은 계속 정체될 뿐 증가할 기미가 없는 상태다. 그럼에도 실질임금만 계속 올랐기 때문에 이미 실질적으로 임금 주도 성장이 진행되는 상황이었던 것이다. 따라서 최저임금의 급격한 상승 정책은 임금 주도 성장을 지나치게 가속화하는 결과를 낳았다. 정책의 명분에만 치우치다 보니 면밀하고 용의주도한 측면이 약화된 결과였다. 하지만 다행스럽게 국민들은 소득 주도 성장 정책의 방향성에 대해서는 지지하는 편이다. 속도 조절과 면밀한 관리를 동반한다면 실패한 정책으로 남지는 않으리라는 희망을 품을 수 있게 된 것이다.

소득 주도 성장은 기본소득에서부터

문재인 정부가 지향하는 소득 주도 성장을 가장 혁신적으로 이끌기 위한 방도는 따로 있는 것으로 보인다. 바로 기본소득 제도를 도입하는 방안이다. 최저임금 정책이나 근로시간 단축, 공공 일자리 확대, 공교육 강화 같은 정책은 저항이 심하고 부작용도 적지 않은 데다 효과도 너무 늦게 나타나기 때문에 국민이 피부로 직접 느끼지 못한다는 한계성이 명확하다. 이에 비해 기본소득 제도는 국민 모두에게 직접 수입을 제공하는 것이므로 가장 확실하게 와닿는 정책이 될 수 있다. 따라서 한시라도 빨리 소득 주도 성장 정책의 중심에 기본소득을 포함시킬 필요가 있다.

기본소득이란 재산이나 소득의 많고 적음, 노동 여부나 노동 의사와 상관없이 개별적으로 모든 사회 구성원에게 균등하게 지급되는 소득을 일컫는다. 이 개념은 토머스 모어의 소설《유토피아》에 처음 등장했는데, 유럽에서는 실제로 이 제도를 도입하기 위해 1970년대부터 본격적인 논의를 시작했다. 그리고 2000년대에 들어서면서 기본소득을 도입하자는 여론이 유럽 각국에서 일어났다. 물론 아직까지 실제로 시행하는 나라는 없다. 만약 한국에 이 제도가 도입된다면 세계 최초가 될 것이다.

세계 각국에서 적극적으로 논의가 이루어지고 있지만 실제로 실행하는 나라가 없는 이유는 기본소득의 효과가 기대치에 미치지 못할 것이라는 우려 때문이다. 실제 핀란드에서 기본소득 제도를 실시하기 위해 국민 일부를 대상으로 실험을 진행한 적이 있다. 핀란드 정부는 2017년 1월부터 실업자 2,000명에게 월 560유로(약 76만 원)를 지급하여 기본소득 정책을 시범적으로 실시했다. 시범 기간은 2년으로 잡았다. 하지만 1년 만에 핀란드 정부는 이 실험을 중단했다.

핀란드 정부가 시범 운영을 통하여 기대한 효과는 두 가지였다. 하나는 기본소득 제도를 다른 복지 제도와 통합해 행정 비용을 줄이는 것이었고, 다음으로는 실업률 개선과 빈곤 해소였다. 하지만 막상 2,000명의 실업자를 대상으로 실시한 결과 소기의 성과를 얻지 못했으며, 결국 시범 기간도 채우지 못하고 실험을 중단했던 것이다.

그런데 핀란드의 실험은 처음부터 실패가 예정되어 있었을지도 모른다. 문제는 실험 대상이 실업자에 한정되었다는 것이다. 기본소득 제도는 근본적으로 남녀노소를 가리지 않고 모든 국민을 대상으로 했을 때 효과가 나타날 수 있는 제도다. 그런데 핀란드 정부는 오직 실업자만 대상으로 삼았다. 이는 기본소득 제도의 취지에 어긋날 뿐 아니라 기본소득을 제공했다고 말할 수도 없다. 이는 실업구제사업의 일환일 뿐이었다.

국가 전체가 기본소득 제도를 시행하지는 않지만 국가의 일부에서 이와 유사한 정책을 실시하는 곳도 있다. 바로 미국의 알래스카다. 알래스카는 거주자 전원에게 1년에 1,000~2,000달러를 지급하고 있다. 남녀노소 가리지 않는다. 따라서 4인 가족이라면 주 정부로부터 매년 4,000달러를 기본소득으로 받고 있는 셈이다. 물론 매년 일정한 것은 아니다.

알래스카에서 이런 제도가 실시되는 배경에는 석유 산업이 있다. 알래스카는 날씨가 너무 춥기 때문에 다양한 산업이 발전하지 못했는데, 다행히도 석유 생산량은 많다. 말하자면 알래스카의 거의 유일한 산업이 석유 생산이다. 알래스카는 석유 산업과 관련하여 주 정부에서 석유 파이프라인을 운영하는데, 여기서 나오는 영업이익을 주민들에게 나눠주는 것이다. 따라서 이익금에 따라 분배금이 달라질 수밖에 없다. 그래서 적을 때는 1인당 1,000달러 이하, 많을 때는 2,000달러 이하 정도로 분배된다. 더구나 알래스카주는 주민들에게 세금도 걷지 않으므로 이 분배금은 주민들의 튼튼한 생활 기반이 되고 있다.

그러나 알래스카는 주민의 숫자가 그리 많지 않다. 또한 알래스카에서 직업을 찾기가 쉽지 않기 때문에 알래스카로 이주해 오는 미국인의 수도 많지 않다.

따라서 알래스카의 영업이익 분배 제도는 엄밀히 말해 기본소득 제도라고 볼 수는 없을 것 같다. 특이한 환경에서 이뤄지는 제도를 일반화할 수 없기 때문이다. 그러니 여전히 기본소득 제도를 도입한 나라는 아직 한 곳도 없다고 하는 것이 옳을 것이다.

핀란드의 실험에서 보듯 기본소득 제도의 도입은 결코 쉽지 않은 일이다. 하지만 전혀 불가능한 것도 아니다. 그것도 한국에서 말이다.

근래에 이르러 한국에서도 기본소득 제도 도입에 대한 연구가 광범위하게 이뤄지고, 서울과 경기 등 일부 지방자치단체에서는 유사한 제도를 통해 실험을 진행하고 있다. 이런 연구 결과와 실험을 토대로 살펴보면 이 제도의 도입을 위한 전제 조건은 다섯 가지로 요약된다. 첫째는 국민 모두가 대상이어야 하고, 둘째는 국가 재정이 감당할 수 있어야 하고, 셋째는 현재보다 세금 부담이 크지 않아야 하며, 넷째는 가계의 실질소득 증대로 이어져야 하고, 다섯째는 국민의 동의가 있어야 한다는 것이다.

그런데 최근에 랩2050이라는 한국의 민간 싱크탱크에서 이 조건의 대다수를 충족시킬 수 있는 흥미로운 연구 결과를 내놓았다. 골자는 현 상태에서 세금을 전혀 올리지 않고, 정부 또한 별도의 재정을 투입하지 않고도 국민 모두에게 1인당 일정액의 기본소득을 제공할 수 있다는 것이다.

연구의 핵심은 세금 제도만 잘 손질하면 별도의 재정을 투입하거나 증세하지 않으면서도 2021년부터 모든 국민에게 월 30만 원의 기본소득을 제공할 수 있다는 것, 그리고 2028년에 이르면 월 65만 원까지 기본소득을 상승시킬 수 있다는 것이다. 물론 이 제도를 실시한다면 세금을 더 부담해야 하는 계층도 있다. 연간 소득이 4,700만 원이 넘는 사람은 현행보다 세금을 좀 더 내야 한다. 이들은 전체 국민의 12퍼센트 정도다. 즉, 12퍼센트는 주머니가 가벼워지고 88퍼센트는 주머니가 든든해진다는 이야기다. 따라서 고소득자 12퍼센트의 아량이 필요하다.

그러니 이들의 연구 결과가 틀리지 않는다면 기본소득의 전제 조건 다섯 가지 중에 네 가지가 충족되는 셈이다. 그렇다면 국민이 동의해야 한다는 조건만 남는데, 이에 대한 여론조사가 실시된 적이 있다. 다음은 2019년 10월 31일 〈오마이뉴스〉에 실린 최경준 기자의 기사를 발췌한 내용이다.

> 경기도(도지사 이재명)가 최초로 진행한 기본소득제 도입 공론화 조사 결과, '기본소득제 도입이 필요하다'는 의견이 75.8퍼센트로 나타났다. 또한 기본소득 제도가 전면적으로 시행될 경우 '세금을 더 낼 의향이 있다'는 답변도 75.1퍼센트를 기록했다. 앞서 경기도는 지난 7월 한 달간 도민 2,549명을 대상으로 '복지 정책의 미래와 기본소득'을 의제로 1차 여론조사를 했다. 이어 성·연령·지역 등을 고려해 선정된 165명의 도민참여단을 대상으로 8월 31일~9월 1일 '숙의 토론회'를 개최, 여론 변화 분석을 위한 2차, 3차의 여론조사를 진행했다. (…) 이번 기본소득 공론화 조사 결과, '기본소득의 개념, 긍정적·부정적 측면, 재원 마련 등의 측면을 모두 고려할 때, 기본소득제 도입이 필요하다고

생각하느냐'는 질문에 애초 1차 여론조사에서는 46.1퍼센트만 '필요하다'고 답했다. 그러나 숙의 토론회를 거친 뒤 진행한 3차 여론조사에서 '필요하다'는 의견이 29.7퍼센트포인트 상승했다. '불필요하다'는 의견도 1차 조사(29.7퍼센트)보다 17.6퍼센트포인트 낮아진 12.1퍼센트를 기록했다.

특히 도민참여단은 3차 조사에서 '만일 기본소득 제도가 전면적으로 시행된다면, 현재보다 세금을 더 낼 의향이 있느냐'는 질문에 75.1퍼센트가 '그렇다'고 답했고, '그렇지 않다'는 답변은 9.6퍼센트에 그쳤다. 기본소득제 도입을 위해 세금을 더 내겠다는 답변이 1차 조사(39.4퍼센트)보다 무려 35.7퍼센트포인트 높아진 것이다.

이에 대해 강남훈 경기도 기본소득위원회 공동위원장(한신대 교수, 기본소득한국네트워크 대표)은 "(기본소득제 도입을 위해) 세금을 내겠다는 사람이 절반을 훨씬 넘었다는 것은 굉장히 중요하다"며 "국가 정책을 수립할 때 국민에게 충분히 정보를 주고 토론을 하면 세금 증세에 대한 동의를 받을 수 있다는 것을 의미한다"고 설명했다. 강남훈 위원장은 이어 "충분히 설득하고 토론하면 국민의 동의를 얻어서 기본소득제 도입이 가능하다"고 강조했다. (…)

비록 숙의 토론회라는 과정을 거친 조사 결과이긴 하지만, 정책

도입 과정에서 기본소득에 대해 홍보만 잘한다면 75퍼센트의 국민에게서 찬성 의견을 이끌어낼 수도 있다는 내용이다. 국민을 잘 설득한다면 기본소득 제도 도입의 전제 조건 다섯 가지를 충족할 수 있다.

결론적으로 말해 문재인 정부가 진정으로 소득 주도 성장을 성공적으로 이끌고 싶다면 기본소득 제도를 도입하지 않고는 불가능하다. 그리고 다행스럽게도 한국 국민 상당수는 이 제도의 도입을 원하고 있는 듯하다. 거기다 다섯 가지 전제 조건까지 충족되어 있다. 그렇다면 문재인 정부는 더 이상 기본소득의 도입을 망설일 이유가 없다. 어쩌면 한국이 토머스 모어가 꿈꾸던 최초의 '유토피아'가 될 수 있을지도 모른다.

4년 중임제 개헌과 5년 단임제

노무현 정부에 이어 문재인 정부도 '국민주권적 개헌'이라는 이름으로 개헌을 주요 국정 과제로 삼고 있다. 그렇다면 과연 개헌은 가능할까? 결론부터 말하자면 회의적이다. 그리고 꼭 개헌을 해야만 하는 당위성도 없다. 그럼에도 불구하고 왜 문재인은 개헌을 하겠다고 하는 것인가?

문재인이 개헌을 하겠다고 하는 것은 1987년 체제, 즉 1988년

2월 25일부터 시작된 6공화국 체제가 한계에 이르렀다고 판단하기 때문이다. 그렇다면 6공화국 체제의 헌법이 어떻기에 한계에 도달했다고 보는 것일까? 문재인은 2016년 대선 과정에서 개헌의 필요성에 대해 현재 헌법에서 기본권 조항과 권력 구조, 그리고 선거 제도를 개선해야 한다면서 지방분권이 제대로 이뤄질 수 있도록 해야 한다고 말한 바 있다. 권력 구조와 선거 제도, 지방분권화 강화 등을 강조한 셈이다. 이는 개헌 내용이 대부분 정치 사안에 한정된다는 의미다. 더구나 선거 제도는 굳이 개헌을 하지 않더라도 선거법만 바꾸면 해결되는 만큼 개헌의 사유가 되지 못한다. 지방분권 문제 역시 마찬가지다. 연방 정부 구조로 개헌하는 수준이 아니라면 법률로 대부분 해결 가능하다. 국민의 기본권도 헌법에 대한 해석의 문제일 뿐 굳이 개헌 필요까지는 없다. 따라서 남는 것은 권력 구조 하나뿐이다.

권력 구조 개편의 구체적인 내용은 뻔하다. 내각책임제로 바꿀 가능성은 거의 없으므로 대통령 임기를 5년 단임제에서 4년 중임제로 바꾸자는 것이다. 즉, 헌법 제70조의 '대통령의 임기는 5년으로 하며, 중임할 수 없다'는 내용을 4년 중임제로 바꾸려 하는 것이다. 물론 개헌이 된다 하더라도 문재인이 다시 대통령에 출마할 수는 없다. 헌법 제128조 2항에 '대통령의 임기연장 또는 중임 변경을 위한 헌법 개정은 그 헌법 개정 제안 당시의 대통령에 대하여는 효력이 없다'고 명시하고 있기 때문이다.

즉, 표현은 '국민주권적 개헌'이지만 개헌의 진짜 목표는 대통령의 5년 단임제 체제를 4년 중임제로 바꾸는 것이다. '국민주권적'이라는 수식어는 사실 요식 행위에 불과한 셈이다.

누구나 알고 있듯이 5년 단임제란 대통령이 5년간 1회 재임할 수 있는 제도이고, 4년 중임제란 4년의 임기를 마친 후 한 번에 한하여 연임할 수 있는 제도다. 대통령 중심제를 실시하는 세계 95개국 가운데 한국처럼 단임제를 택한 나라는 15개국이다. 나머지 80개국은 중임제와 연임제를 택하고 있다.

한국이 단임제를 채택한 이유는 당연히 장기 집권과 독재를 막기 위함이다. 한국은 해방 이후로 이승만, 박정희 등의 독재와 장기 집권을 경험했다. 신군부 정권인 전두환은 5공화국 헌법에서 7년 단임제를 채택하여 장기 집권을 하지 않겠다는 의지를 표명했다. 그리고 1987년 6월 민주 항쟁 이후 다시 5년 단임제를 채택한 6공화국 헌법이 출현했고, 현재도 이 헌법 체제 아래 있다.

5년 단임제는 장기 집권을 막기에는 아주 좋은 제도이지만, 책임 정치 실현이 되지 않는다는 문제점을 안고 있다. 또한 5년이라는 길지 않은 기간 동안 국가 정책을 제대로 구현할 수 없다는 한계성도 노출했다. 거기다 5년의 임기 중 3년 정도 지나면 레임덕이 시작되기 때문에 정부의 안정성을 해치는 면도 있다. 그래서 4년 중임제로 개헌하려는 것인데, 실제 개헌이 이뤄질 가능성은 별로 없다. 개헌을 하려면 당연히 여당과 야당의 합의가 필수적이고, 합의를 하려면 양쪽 다 집권 가능성이 비슷해야 하는데, 그런 상황은 쉽게 도래하지 않기 때문이다. 과거 노무현도 대통령 임기를 5년 단임제에서 4년 중임제로 바꾸는 것을 골자로 한 원 포인트 개헌을 주장했지만 실패한 바 있다. 따라서 향후에도 개헌은 요원한 일이다.

그런데 지난 30여 년을 되돌아보면 굳이 4년 중임제로 바꿀 이유도 없어 보인다. 레임덕 문제야 어차피 대통령의 국정 운영 결과에 달린 것이고, 또 4년 중임제로 개헌하고자 하는 주된 목적이 책임 정치 실현이라고 한다면 5년 단임제 아래서도 나름 책임 정치는 구현되어왔기 때문이다. 그것은 1987년 이후의 대선 결과를 보면 명확하게 확인된다.

1987년 6월 민주 항쟁 이후 보수와 진보는 5년 단임 2회로 10년씩 집권해왔다. 6공화국이 시작된 이래 먼저 보수에서 노태우와 김영삼이 연이어 10년 집권했고, 그다음엔 진보에서 김대중과 노무현이 연이어 10년을 집권했다. 이후 보수에서 이명박과 박근혜가 집권했고, 또 그다음엔 진보에서 문재인이 집권했다. 순서대로라면 문재인 다음에 진보가 한 번 더 집권할 차례인 셈이다. 물론 국민들이 진보의 손을 한 번 더 들어줄 때의 이야기다.

이렇듯 지난 30여 년 동안 한국 정치는 나름대로 책임 정치를 구현했다. 비록 대통령은 바뀌지만 진영은 유지되는 상황이었던 것이다. 이를 굳이 규정하자면 '진영의 중임'이라고 할 수 있을 것이다.

어쩌면 한 대통령이 4년씩 중임하는 것보다 5년 단임제 아래서 사람이 아닌 진영의 중임이 이뤄지는 현재 상황이 더 나을 수도 있다. 비록 같은 진영이 연속해서 집권하긴 하지만 다른 인물이 행정부의 수장이 된다는 것은 훨씬 참신한 인물이 선택될 가능성을 키우기 때문이다. 거기다 한 사람의 장기 집권도 막을 수 있으니 일석이조일 수도 있다.

흔히 권불십년이라고 한다. 권세는 10년을 가지 못한다는 말인데, 이를 뒤집어 해석해보면 10년 이상 권좌에 있으면 부패한다는 뜻과 상통한다. 역사 이래 오래된 권력이 부패하지 않은 적은 없었다. 그 '오래된 권력'의 기준이 아마 10년이 아닌가 싶다. '10년이면 강산도 변한다'는 말도 있지 않은가? 그만큼 짧지 않은 세월이다. 그래서 한국 국민은 현명하게도 한 진영이 10년 이상 권좌에 앉아 있지 못하도록 조절해온 것이 아닐까 싶다. 그런 의미에서 보자면 현재의 5년 단임제가 오히려 인물 중심의 정치를 구현해온 한국의 정치 풍토에서는 제격일 수도 있다. 굳이 개헌이 필요치 않다는 뜻이다.

판문점에서 만난 남북미 세 정상

문재인과 김정은, 김정은과 트럼프

2018년 4월 27일 판문점 남쪽 '평화의 집'에서 문재인과 김정은의 남북 정상회담이 개최되었다. 2000년에 김대중과 김정일이 평양에서 1차 회담을 가지면서 물꼬를 튼 남북 정상회담은 2007년에 노무현과 김정일의 2차 회담으로 이어졌고, 다시 이날 3차 회담에 이르렀다. 특히 3차 회담은 남쪽 진영의 평화의 집에서 이뤄져 북한 정상이 최초로 남한 땅을 밟는 역사적인 사건으로 기록되었을 뿐 아니라 남북 대립과 전쟁의 상징이던 DMZ가 평화의 상징으로 거듭날 수 있는 가능성을 보여주기도 했다. 거기다 정치적으론 김대중, 노무현, 문재인 등 진보 진영의 대통령이 모두 북한과 정상회담을 열게 됨으로써 진보 진영이 집권해야 북한과 평화 관계를 유지할 수 있다는 등식을 성립시킨 일이기도 했다.

두 정상은 이날 '한반도의 평화와 번영, 통일을 위한 판문점 선언'을 발표했는데, 핵심은 세 가지였다. 첫째, 관계 개선을 통해 남북의 화합을 도모한다는 기조 아래 개성에 남북연락사무소를 설치하고 이산가족 상봉을 추진하며 동해선 및 경의선 철도를 연결한다는 것, 둘째, 군사적 긴장 상태를 완화하기 위한 조치로 상대방에 대한 적대 행위를 중단하고 서해 북방한계선 일대를 평화 수역으로 만들어 자주 군사당국자회담을 개최하자는 것, 셋째, 평화 체제 구축을 목적으로 남과 북이 무력 사용과 관련한 불가침 합의를 재확인하고 정전협정을 평화협정으로 전환하며 군축과 한반도의 비핵화를 실현하자는 것이었다.

사실 이런 내용들은 이미 1차 회담 결과인 6·15 선언과 2차 회담 결과인 10·4 선언의 내용과 상당 부분 겹친다. 즉, 같은 내용을 다시 확인한 측면이 강한데 이는 과거의 협상안들이 제대로 이행되지 않았음을 의미한다. 두 정상의 선언만으론 구체적인 결과를 얻기가 쉽지 않음이 엄연한 현실이었던 것이다. 특히 미국의 동의 없이는 어느 하나도 제대로 진행할 수 없다는 사실을 두 정상 모두 지난날의 경험을 통해 잘 인식하고 있었다. 그래서 문재인은 스스로 중재자를 자처하며 미국과 북한의 정상회담을 주선했다.

다행히 트럼프는 선뜻 정상회담 제의를 받아들였고, 결국 2018년 6월 12일 싱가포르에서 북미 정상회담 개최를 합의했다. 그런데 정상회담 개최를 앞두고 북한과 미국 양측이 기 싸움을 벌이다 상황이 악화되었고 급기야 5월 24일 트럼프는 정상회담 파기를 선언했다. 그러자 문재인은 김정은의 요구에 따라 이틀 뒤인 5월 26일에 비무장지대 북측 통일각에서 4차 남북 정상회담을 가졌다. 이후 문재인의 중재에 의해 6월 12일에 싱가포르에서 역사적인 북미 정상회담이 개최되기에 이르렀다. 이 자리에서 김정은과 트럼프는 합의문을 도출했다.

합의문 내용은 모두 네 가지였다. 첫째, 양국의 평화를 위해 새로운 관계를 수립하자는 것, 둘째, 한반도 평화 체제 구축을 위해 노력하겠다는 것, 셋째, 북한은 한반도의 완전한 비핵화를 위해 노력할 것, 넷째, 북한은 미군 전쟁포로와 전시 행방불명자에 대해 유해 발굴 및 신원이 확인된 유해를 즉각적으로 송환한다는 것이었다. 따라서 당장 구체적으로 실행 가능한 부분은 미군 유해 송환 하나뿐이었고, 나머지는 향후 회담을 지속하면서 구체화한다는 정도였다. 그래도 어쨌든 역사적인 만남에서 합의문까지 도출했으니, 성공적인 회담이었다.

적극적인 김정은, 미온적인 트럼프

북미 정상회담 이후 남북의 평화 분위기는 더욱 무르익었다. 판문점 선언의 합의를 이행하기 위한 고위급회담이 계속 이어졌고, 2018년 9월 18일부터 20일까지 평양에서 5차 남북 정상회담이 개최되었다.

이 회담의 주요 의제는 북미 싱가포르 회담의 후속 조치를 실행하는 문제와 종전 선언 일정을 조율하는 것이었다. 그 결과로 '9월 평양 공동선언문'과 남북의 국방장관이 서명한 '판문점 선언 이행을 위한 군사 합의서'가 발표되었다. 또한 김정은의 2018년 내 서울 답방을 추진하는 한편, 동창리 핵 시험장과 미사일 발사대, 영변 핵 시설 폐쇄에 합의했다. 그 외에도 동서 철도 연결, 개성공단과 금강산 관광 재개, 이산가족 상설 면회소 개소, 보건의료 분야 협력, 2032년 하계 올림픽의 공동 개최 추진 등에 합의했다.

이런 과정을 거치면서 북한은 싱가포르 회담의 약속들을 이행하기 시작했다. 트럼프 역시 이에 대한 상응 조치로 한미 연합 훈련을 축소하거나 중단했다. 하지만 더 이상의 조치는 없었다. 트럼프는 북한이 좀 더 확실한 비핵화 조치를 실시할 것을 촉구했고, 북한은 자신들의 가시적 조치에 걸맞은 미국의 더 적극적인 상응 조치를 촉구했다. 이를테면 북한을 테러 지원국 명단에서 제외하고 경제 금수 조치의 일부를 해제해주리라 기대했던 것이다. 하지만 미국은 미온적이었다. 미국은 북한의 조치들이 미흡하다며 국제기구의 사찰을 통해 영변의 핵 시설을 완전히 폐기할 것을 요구했다.

이런 미국의 태도에 대해 미국 내부에서도 비판이 제기되었다. 캘리포니아대학의 한국학연구소 소장인 데이비드 강은 〈뉴욕 타임스〉에 실린 기고문에서 '트럼프 행정부가 북한 측에 핵무기를 포기할 것을 요구하려면 미국 측이 그에 상응하는 조치를 단행해야 한다'고 주장했다. 그는 북한은 이미 비핵화를 위해 다양한 조치를 한 데 반해 미국은 기껏 주한 미군의 전쟁 훈련을 취소한 것 이외에 아무런 조치도 하지 않았다고 비판했다. 그는 북한이 싱가포르 회담 결과를 이행하기 위해 최소 여덟 가지 조치를 취했다 넌서 미사일과 핵 실험 중지, 풍계리 원자력 시험 기지 및 위성 발사 기지 해체, 평양 근처의 ICBM 조립 시설 폐쇄, 6·25 전쟁에서 사망한 55명의 미군 병사 유해 송환, 북한 내의 반미 선전 중단, 북한에 억류된 미국 시민 세 명의 조건 없는 석방 등을 열거했다.

데이비드 강의 비판처럼 미국은 사실상 아무런 상응 조치도 취하지 않았다. 한미 연합 훈련을 중단하긴 했지만 그것은 어디까지나 훈련 비용을 줄이기 위한 조치에 지나지 않았다. 또한 일시적인 조치에 불과한 까닭에 북한의 비핵화 조치에 대한 상응 조치라고 하기에는 턱없이 미흡했다.

이 때문에 북한 내부의 불만이 고조되었고, 답답한 마음에 김정은은 트럼프에게 2차 북미 회담을 요청했다. 이에 트럼프는 2018년 12월 이전에 2차 회담을 열겠다고 공언했다. 하지만 이번에도 트럼프는 자신의 말을 뒤집고 회담 기일을 확정하지 않고 연기했다. 그러다 가까스로 베트남 하노이에서 2월 27일, 28일 양일간에 걸쳐 회담이 개최되었다. 주요 안건은 북한의 비핵화와 한반도에서의 종전 선언이었지만, 회담은 아무런 성과 없이 끝나고 말았다.

2차 회담은 첫날의 저녁 식사와 둘째 날의 정상 간 일대일 회담으로 구성되었다. 첫날 식사는 화기애애한 분위기 속에서 서로에게 덕담을 건네는 수준으로 비교적 평탄하게 진행되었다. 하지만 둘째 날의 회담은 정상 간의 짧은 만남 이후 합의문을 도출하지 못하고 별 소득 없이 끝나고 말았다.

2019년 2월 베트남 하노이에서 2차 북미 정상회담이 개최되었으나 비핵화와 경제 제재 조치 등 주요 안건에 대한 합의는 이루어지지 않았다.

트럼프는 회담 이후 기자 회견에서 정상회담이 결렬된 이유에 대해 "북한이 경제 제재 조치 중단을 원했기 때문"이라고 답했다. 트럼프는 또 "북한이 경제 제재를 완전히 해제하길 원했으나 우리 미국은 그런 북한과 합의를 할 수가 없었다"고 덧붙였다. 그러나 북한의 말은 이와 달랐다. 리용호 북한 외무부장은 "미국 측에 일부 제재 해제만을 제안했다"고 설명했다. 북한은 유엔의 11가지 제재 조치 전부가 아니라 그중 5건의 조치만 풀어달라고 했고, 이에 대한 상응 조치로 영변의 주요 원자력 시설을 영구적

으로 그리고 완전하게 해체할 것을 제안했다는 것이다. 또한 리용
호는 "북한이 모든 핵 실험과 장거리 미사일 시험을 끝내는 것에
대해서는 미국 측에 추가적인 보상이 필요함을 제시하였다"고 덧
붙였다.

냉랭해진 김정은, 기다리는 문재인

이렇게 하노이 회담은 합의문 없이 종결되었지만 김정은은 트럼
프를 비난하지 않았고, 트럼프 역시 여전히 김정은에 호의적인 태
도를 유지했다. 쌍방이 적어도 싱가포르 회담의 합의는 유지하겠
다는 의미였다. 덕분에 4개월 뒤인 6월 30일 판문점에서 그들은
극적으로 3차 정상회담을 개최했다. 이번에도 물론 문재인이 중
재했다.

하지만 이날 회담은 분단의 상징인 판문점에서 북미 정상이 만
났다는 역사적 의미 이외에 별다른 결과를 도출하지는 못했다.
기껏해야 북미 양국이 비핵화 협상을 재개한다는 내용이 전부
였다.

이후로 북한과 미국은 비핵화 협상을 이어가고 있지만, 뚜렷한
진전은 없다. 그러자 북미 관계는 물론 남북 관계도 냉랭해졌다.
김정은의 입장에서는 잇따른 남북 정상회담과 북미 정상회담 이
후 여러 가시적인 조치를 취하며 북한이 비핵화 의지를 드러냈음
에도 불구하고 미국도 남한도 이에 상응하는 조치가 전혀 없다고

오사카 G20 정상회의 이후 판문점에서 3차 북미 정상회담이 개최되어 남측 평화의 집에서 남북미 정상이 회동했다. 김정은의 제안으로 잠시 군사분계선을 넘은 트럼프는 북한에 방문한 최초의 미국 대통령이 되었다.

인식하게 된 것이다. 특히 문재인이 기대와 달리 트럼프만 쳐다보는 것을 몹시 답답해하며 원망스러운 시선을 보내고 있다.

그러나 문재인의 입장도 답답하긴 매한가지다. 현실적으로 미국의 제재가 풀리지 않으면 북한과 어떠한 경제적 교류도 쉽지 않은 상황이다. 금강산 관광이나 개성공단 재개가 경제 교류의 물꼬를 트는 시발점인 것은 분명한데, 미국이 강하게 반대하고 있는 상황이라 독자적으로 추진하기가 여의치 않다. 그래서 문재인은 미국 대선전이 시작될 2020년의 상황에 기대를 걸고 있다.

트럼프가 대선을 유리하게 이끌기 위해서라도 또 한 번 북미 정상회담을 개최해 전향적인 태도를 취할 것이라고 판단하고 있는 것이다.

문재인의 판단대로 북미 회담이 열릴 가능성은 아주 크다고 본다. 하지만 비록 북미 정상회담이 다시 열린다고 해도 트럼프는 북한에 대한 금수 조치를 해제하지 않을 것이다. 본질적으로 트럼프는 북한을 자신의 정치를 위한 수단적 존재로 보고 있기 때문이다. 그는 미국의 이익이 그 무엇보다도 위대한 가치라고 생각하는 인물이다. 따라서 미국의 이익에 반하는 행동을 할 리 없다. 그는 북한이 핵을 포기하고 한반도에 평화가 정착되는 것은 미국에 이로운 일이 아니라고 생각하는 인물이다. 그런 인물이 한반도에 평화를 안겨다 줄 일을 앞서서 행할 이유가 없다. 그런 기대는 트럼프를 몰라도 너무 모르는 아주 순진한 착각일 뿐이다. 따라서 문재인은 트럼프만 바라보며 기다리기만 해서는 안 될 것이다.

이제 문재인의 용기가 필요한 시점이다. 아니 이미 늦었는지도 모른다. 김대중이 국내외적으로 아주 어려운 여건 속에서도 개성공단과 금강산 관광을 일궈냈듯이 한국이 주도적으로 남북 관계를 개선하지 않는 한 한반도에 평화가 정착되는 것은 요원한 일이다. 남북 교류를 전면 중단한 5·24 조치 해제, 금강산 관광과 개성공단 재개, 개성공단 확대, 개성 관광, 평화수역 조성, 철도와

도로 연결, 남북의 평화협정 체결, 정상회담의 정례화 등 한국 정부로서 할 수 있는 조치는 남김없이 다 해야 한다. 필요한 것은 문재인의 용기와 행동이다. 여전히 스스로를 김정은과 트럼프를 태운 운전자라고 생각한다면 더 이상 나아갈 길은 없다.

역사는 늘 현재형이다

지금껏 30여 권의 역사서를 저술했지만 현직 대통령과 현재 진행형인 사안들을 주제로 책을 엮긴 처음이다. 더구나 동시에 한국, 미국, 일본의 과거와 현실을 각국 세 정상의 인생에 담아 짧은 원고 속에 압축하였으니 여기저기 빈틈이 많아도 너무 많을 것이다. 글쟁이가 가장 싫어하는 것이 이런 빈틈을 남기는 것일진대, 그럼에도 모험을 감행하는 것은 지금 하지 않으면 안 될 이야기가 있기 때문이다.

역사란 때론 강물처럼 흘러가 버리기도 하지만 때로는 하늘에서 내리는 비처럼 우리 머리 위에 떨어지기도 한다. 흘러간 강물이 바다에 모여 다시 수증기가 되고 하늘에서 내리듯이 역사는 흘러간 과거가 아니라 늘 우리 머리 위로 다시 떨어지는 현재다. 그래서 역사는 늘 현재형이다.

고종이 흘러가 문재인이 되어 다시 떨어지고, 히로히토가 흘러가 아베가 되어 다시 떨어지고, 루스벨트가 흘러가 다시 트럼프가 되어 떨어지는 것이 곧 역사의 이치다. 그런 의미에서 보자면 오늘의 고종은 어제의 문재인이고, 오늘의 히로히토는 어제의 아베이며, 오늘의 루스벨트는 어제의 트럼프라 할 것이다. 그런 까닭에 이 책이 문재인을 다뤘지만 고종을 되새기게 할 것이고, 아베를 다뤘지만 히로히토를 떠올리게 만들 것이며, 트럼프를 다뤘지만 루스벨트를 다시 불러낼 것이다.

역사는 규정하는 것이 아니라 해석하는 것이다. 규정은 바뀔 여지가 없지만 해석은 늘 달라질 수 있다. 그래서 너무나 잘 알고 있던 사건이 낯선 사건이 되고, 너무나 분명했던 기억이 전혀 다른 기억으로 바뀔 수 있다. 시각이 변하면 사물이 달리 보이고 시야가 넓어지면 보이지 않던 것도 보이는 법이다. 이 책을 읽고 나면 우리가 익히 알던 사건과 집요하게 간직한 기억이 전혀 다른 사건과 기억으로 바뀌기도 할 것이다. 그 때문에 어떤 이는 책을 집어던지거나 욕설을 쏟아놓을지도 모른다. 하지만 그것이 '규정된 역사'를 '해석하는 역사'로 바꾸는 진통의 과정이라 믿고 비난과 욕설을 달게 받을 것이다.

모쪼록 이 글이 우리의 현실과 역사를 논하는 자리에서 막걸리 받침으로라도 쓰이길 빈다.

2020년 2월
일산 우거에서 박영규

참고문헌

강철구 저, 《일본 경제 고민없이 읽기》, 어문학사, 2019
김만흠 저, 《민주화 이후의 한국정치와 노무현 정권》, 한울아카데미, 2006
노무현재단·유시민 공편, 《운명이다》, 돌베개, 2019
노가미 다다오키 저, 김경철 역, 《아베 신조, 침묵의 가면》, 해냄, 2016
데이비드 프럼 저, 박홍경 역, 《트럼프공화국》, 지식의숲, 2018
도널드 트럼프 저, 이재호 역, 《거래의 기술》, 살림출판사, 2016
도널드 트럼프 저, 김태훈 역, 《불구가 된 미국》, 이레미디어, 2016
문재인 저, 《문재인의 운명》, 가교, 2011
박영규 저, 《한 권으로 읽는 일제강점실록》, 웅진지식하우스, 2017
스가노 다모쓰 저, 우상규 역, 《일본 우익 설계자들》, 살림출판사, 2017
아오키 오사무 저, 이민연 역, 《일본회의의 정체》, 율리시즈, 2017
이우광 저, 《일본 재발견》, 삼성경제연구소, 2010
장경준 저, 《아베 신조의 정신분석》, 한솜미디어, 2017
최승표 저, 《메이지 이야기 1》, BG북갤러리, 2007
최승표 저, 《메이지 이야기 2》, BG북갤러리, 2012
하토야마 유키오 저, 김화영 역, 《탈대일본주의》, 중앙북스, 2019
최경준, '기본소득 도입 필요 75.8%, 세금 더 내겠다 75.1%', 〈오마이뉴스〉, 2019. 10. 31